Cativeiro sem Fim

CONSELHO EDITORIAL
Ana Paula Torres Megiani
Eunice Ostrensky
Haroldo Ceravolo Sereza
Joana Monteleone
Maria Luiza Ferreira de Oliveira
Ruy Braga

CATIVEIRO SEM FIM

As histórias dos bebês, crianças e adolescentes
sequestrados pela ditadura militar no Brasil

Eduardo Reina

Prefácio de Caco Barcellos

Copyright © 2019 Eduardo Reina

Grafia atualizada segundo o Acordo Ortográfico da Língua Portuguesa de 1990, que entrou em vigor no Brasil em 2009.

Edição: Haroldo Ceravolo Sereza/Joana Monteleone
Editora assistente: Danielly de Jesus Teles
Projeto gráfico, diagramação e capa: Danielly de Jesus Teles
Assistente acadêmica: Bruna Marques
Revisão: Alexandra Collontini
Imagem da capa: Montagem com fotografias referenciadas no livro
Leitura crítica: Glenda Mezarobba

CIP-BRASIL. CATALOGAÇÃO NA PUBLICAÇÃO
SINDICATO NACIONAL DOS EDITORES DE LIVROS, RJ
R289c

REINA, Eduardo
Cativeiro sem fim: as histórias dos bebês, crianças e adolescentes sequestrados pela ditadura militar no Brasil / Eduardo Reina. - 1. ed. - São Paulo : Alameda, 2019.
21 cm.

Inclui bibliografia
ISBN 978-85-7939-575-6

1. Ditadura - Brasil - História - Séc. XX. 2. Crime contra as crianças. 3. Sequestro - Estudo de casos. I. Título.

18-53120   CDD: 981.063
                          CDU: 94(81).088

*Editora filiada à Liga Brasileira de Editoras (LIBRE) e
à Aliança Internacional dos Editores Independentes (AIEI)*

ALAMEDA CASA EDITORIAL
Rua 13 de Maio, 353 – Bela Vista
CEP 01327-000 – São Paulo, SP
Tel. (11) 3012-2403
www.alamedaeditorial.com.br

SUMÁRIO

APRESENTAÇÃO	7
PREFÁCIO	11
INTRODUÇÃO	17
AS 19 VÍTIMAS, CASO A CASO	27
FILHOS DE CAMPONESES DO ARAGUAIA	37
GIOVANI E JURACY	83
LIA CECÍLIA	145
ÍNDIOS MARÃIWATSÉDÉ	173
IRACEMA E OUTROS CASOS	195
ROSÂNGELA	215
OUTRO LADO	259
BIBLIOGRAFIA DE REFERÊNCIA	283

APRESENTAÇÃO
NAS TRINCHEIRAS PELO DIREITO À MEMÓRIA E À VERDADE

Rogério Sottili[1]

Entre os anos de 1954 e 1989, os países do Cone Sul viveram sob a dominação de ditaduras militares que fizeram recair sobre todas as pessoas envolvidas com a resistência ou oposição política aos governos uma violenta e aterrorizante repressão.

A falta de escrúpulos daqueles que comandavam e punham em prática os extensos e muito bem articulados aparatos de controle dos regimes militares sul-americanos fez com que, indistintamente, homens, mulheres e até crianças fossem vítimas de sequestros, prisões arbitrárias, torturas, desaparecimentos forçados, assassinatos e outras tantas formas de degradação física e psicológica.

Hoje, sabe-se que a violência perpetrada especificamente às mulheres não se limitou à violação sexual. As agressões e os abusos foram extensivos às crianças. Em todo o continente, muitas mães foram torturadas na frente de seus filhos ou os viram serem torturados. Outras, ainda grávidas no momento da

---

1   Diretor Executivo do Instituto Vladimir Herzog.

prisão, sofreram abortos ou foram separadas de seus bebês ainda recém-nascidos.

Nesse cenário de horror e obscurantismo, causam especial estarrecimento os casos envolvendo os mais jovens. São relativamente comuns, nos países vizinhos, relatos de sequestros de bebês durante esse período, especialmente na Argentina, no Chile e no Uruguai. Graças a um processo contínuo e permanente de elucidação dos fatos, propiciado pela onda de redemocratizações, foram reveladas diversas histórias de crianças sequestradas no momento da prisão ou assassinato de seus pais biológicos e que depois foram destinadas à adoção por simpatizantes do totalitarismo.

Curiosamente, no entanto, apesar de ter tido uma das mais violentas e vigorosas ditaduras do continente, com milhares de mortos e desaparecidos, o Brasil tem em seus registros oficiais um único caso de criança sequestrada por motivos políticos durante o regime militar.

Trata-se de Lia Cecília da Silva Martins, hoje uma empresária de 44 anos, conforme registro dos pais adotivos. Lia, que atualmente mora no Rio de Janeiro, foi sequestrada ainda bebê e levada a um internato em Belém, no Pará, por militares que atuaram na repressão à Guerrilha do Araguaia. Em 1974, ela foi para uma creche e, anos depois, foi adotada.

O tempo passou e, em 2009, Lia teve acesso a uma matéria de *O Estado de S. Paulo* sobre crianças sequestradas no Araguaia. O jornal citava a existência de um bebê que estava desaparecido e seria, supostamente, filho de um guerrilheiro morto no confronto. Um exame de DNA feito em 2010 indicou 90% de compatibilidade genética entre Lia e os irmãos de Antônio Teodoro de Castro, militante filiado ao Partido Comunista do Brasil (PC do B), que desapareceu no Araguaia quando tinha 29 anos. Lia, assim, encontrava sua família biológica.

Essa discrepância de dados entre o Brasil e seus vizinhos sul-americanos despertou o faro jornalístico e investigativo de Eduardo Reina. Logo que assumi a diretoria executiva do Instituto Vladimir Herzog, tive o prazer de receber a visita dele e me deparar com essa realidade.

Reina não se conformava com o fato de haver uma série de documentos, livros e filmes contando histórias de crianças sequestradas durante as ditaduras latino-americanas, mas praticamente nada em relação ao Brasil. Nas pesquisas preliminares, ele se deparava com afirmações taxativas de que essa não foi uma prática utilizada por aqui.

No entanto, Reina teve a firmeza e a teimosia necessárias para negar essa versão e levar a cabo uma incansável e minuciosa investigação que revelou os 19 casos de crianças sequestradas durante a ditadura militar no Brasil que compõem *Cativeiro sem Fim*.

O legado de graves e sistemáticas violações gera obrigações aos Estados, não apenas em relação às vítimas, mas às próprias sociedades. É dever do poder público investigar, processar e punir os violadores de direitos humanos; oferecer reparação adequada e afastar os criminosos de órgãos relacionados ao exercício da lei e de outras posições de autoridade; e – na mesma medida – revelar a verdade para as vítimas, seus familiares e toda a sociedade.

Mas o Estado brasileiro não se mostra capaz, historicamente, de cumprir essa função. Foi assim com as populações indígenas dizimadas pelos colonizadores portugueses e, até hoje, alvo de massacres em todo o território nacional; com os negros covardemente trazidos da África, escravizados e excluídos dos processos de reinclusão social; e, mais recentemente, com as milhares de vítimas da ditadura militar.

Seja por falta de coragem, de vontade política ou qualquer outro motivo, o fato é que o país não se esforça para promover políticas públicas de grande abrangência e eficiência para resgatar a sua própria memória. E foi especificamente a resistência a essa invariável tentativa de se fazer com que tudo caia no esquecimento que uniu o Instituto Vladimir Herzog a este livro.

Desde 2009, o Instituto Vladimir Herzog tem como missão a defesa irrestrita da democracia, dos direitos humanos e da liberdade de expressão. O contexto político e econômico do nosso país tem colocado sérios desafios para nossa existência, mas são justamente essas dificuldades que fortalecem o caráter imprescindível das nossas atividades.

Ao longo desses quase dez anos de atuação, nos tornamos uma referência na luta pelo direito à memória, à verdade e à justiça. É nosso compromisso fazer com que a História do país seja profundamente conhecida, especialmente pelos jovens, para que possamos compreender os reflexos da ditadura nos dias de hoje e, assim, defender irrestritamente a democracia.

Iniciativas como a de Eduardo Reina nos colocam nessa mesma trincheira e asseguram o resgate da memória e da verdade sobre as graves violações de direitos humanos ocorridas nos anos de chumbo, contribuindo para o preenchimento das lacunas existentes na História do Brasil e, assim, fortalecendo os valores democráticos.

Essa é uma luta longa e repleta de dificuldades. As pedras no caminho são muitas, mas, para quem tem o ideal de justiça como meta, as conquistas – como a publicação de *Cativeiro sem Fim* – nos impulsionam a fazer cada vez mais.

Prefácio

Caco Barcellos[1]

A motivação da barbárie vai além da morte, há que varrer do mapa os sinais de uma categoria da existência humana subversiva (à ordem militar).

Médica e psicanalista argentina Gilou Garcia Reynosso

Escrevo este prefácio a partir de leitura e de releituras do *Cativeiro Sem Fim*. Na primeira vez, a narrativa me impressionou pelo ineditismo da história: um crime hediondo praticado contra bebês e crianças por agentes da Ditadura Militar nos anos 1970 e escondido nos arquivos do antigo regime por 46 anos.

Nas releituras acabei envolvido pela atualidade da narrativa, que nos remete inevitavelmente ao momento histórico do ano de 2018, em que os brasileiros travaram nas ruas e nas redes sociais longo combate dialético de ódio e intolerância até eleger pelo voto um presidente político-militar-patriota, que nos discursos extremistas da campanha eleitoral prometeu varrer do mapa seus oponentes esquerdistas.

---

1   Repórter e escritor.

Cativeiro Sem Fim conta a história de uma ação extremista do Exército contra os filhos de pais mortos e desaparecidos, especialmente durante as ações de combate aos militantes do Partido Comunista do Brasil, que atuavam na chamada guerrilha do Araguaia, no sudeste do Pará.

Trata-se de um remoto crime hediondo contra 19 bebês, crianças e adolescentes vítimas de sequestro, um segredo militar tornado público graças à coragem e a persistência do autor. Eduardo Reina percorreu mais de 20.000 quilômetros em áreas da Amazônia e de três estados do país atrás dos inocentes que sobreviveram e das provas dos crimes camufladas nos arquivos do antigo regime.

A investigação levou à identificação e ao encontro de 6 das 19 crianças desaparecidas. A narrativa de Eduardo Reina é repleta de atrocidades cometidas por soldados e agentes secretos, que se apresentavam na zona rural como nacionalistas militares em defesa da família, da propriedade dos fazendeiros e da Pátria. A varredura se estendeu também aos filhos dos camponeses que aderiram ao movimento guerrilheiro de resistência à ditadura. Outras oito crianças foram raptadas, apropriadas, pelas mesmas razões, nos estados do Mato Grosso, do Rio de Janeiro, do Paraná e de Pernambuco.

Adepto do chamado Jornalismo de Redescoberta, Reina se utiliza desse método essencial de pesquisa para elucidar fatos propositadamente imersos na escuridão do autoritarismo. No caso aqui revelado, ele investiga a motivação do crime e descobre que, na ótica da caserna, ele obedece a uma lógica de guerra, desenvolvida para manter o poder e de derrotar os seus inimigos. Esta versão ainda era negada pelos comandos das Forças Armadas, procurados pelo autor em 2018. Eles repetiram o conteúdo das antigas notas oficiais dos governos de cinco ditadores que estiveram no poder de 1964 a 1985. Em síntese: nada a declarar.

A pesquisa histórica de Reina mostra que apenas um ditador, o general Ernesto Geisel, admitiu parcialmente em livro biográfico a prática de terrorismo de estado no combate aos oponentes do regime, mas dividiu as responsabilidades dos crimes com os empresários de São Paulo: "Acho que a tortura em certos casos torna-se necessária para obter confissões... houve aí muita cooperação do empresariado e dos governos estaduais. A organização que funcionou em São Paulo, a OBAN, foi obra do empresariado paulista..."

Em outra declaração reproduzida de um diálogo com o general Dale Coutinho, então no comando do 4º Exército, Geisel fala da execução dos oponentes do regime, história tratada neste livro.

"Coutinho: Ah o negócio melhorou muito... aqui entre nós, quando nós começamos a matar".

"Geisel: Oh Coutinho, esse negócio de matar é uma barbaridade mas tem que ser... Sabe que agora pegaram o tal líder e liquidaram com ele, não sei qual o nome dele".

"Coutinho: É o Chicão, Luizão".

Os generais queriam se referir a Osvaldão, líder dos guerrilheiros do Araguaia. Osvaldão foi morto dia antes dessa conversa dos generais, numa operação que envolveu 200 soldados do Exército.

Os militares teriam recebido ordens de acabar com toda a família do guerrilheiro. Dias depois mataram uma mulher e sequestraram quatro crianças, duas delas por engano, pois não eram filhas do militante comunista.

A morte de Oswaldão ficou registrada nos documentos da Ditadura e a de seu filho foi apagada, desaparecida, como se ele fosse varrido da categoria de ser humano.

Assim como no caso do filho de Oswaldão, os sequestros e apropriações das 19 crianças se transformaram, segundo Reina, num "segredo dentro do segredo" dos ditadores brasileiros. "Porque se não se fala, não é. Nunca existiu". Juridicamente o nome desse segundo crime é precluir, que quer dizer não incluído na ordem da lei.

Cativeiro Sem Fim, cuja leitura recomendo com ênfase, também pode servir de fonte de pesquisa para descobertas de outros crimes de governos militares da América Latina. O autor afirma que a "guerra" dos ditadores brasileiros contra as crianças serviu de "laboratório, uma espécie de operação assistida", para atrocidades semelhantes cometidas pelos repressores do Chile, do Uruguai, do Paraguai.

Nos chamados anos de chumbo na Argentina, eles mataram 30.000 militantes e sequestraram ou desapareceram com mais de 500 de seus filhos. As Forças Armadas na Argentina tinham até um manual de procedimento para o sequestro de pais e filhos, chamado de *Instruciones sobre procedimiento a seguir com menores de edad hijos de dirigentes politicos o gremiales cuando sus progenitores se encuentran detenidos o desaparecidos.*

Lá, crianças com até quatro anos de idade deveriam ser entregues aos orfanatos ou às famílias de militares. E os acima dessa faixa, principalmente acima de dez anos, deveriam ser mortas porque já estariam "contaminadas" pelo espirito subversivo de seus pais.

O jornalista também questiona a motivação supostamente patriótica e nacionalista como justificativa dos militares para dar um sumiço nas crianças. Um exemplo contundente é o caso do sequestro e desaparecimento de cinco filhos de indígenas, da etnia Marãiwatsédé, que se recusaram a entregar aos militares e empresários as suas terras ricas em jazidas minerais, no norte do Mato Grosso: "Foi quando o governo militar escancarou as portas, ou melhor, as terras amazônicas, às empresas estrangeiras. O capital internacional se sobrepôs ao pobre camponês, ao índio e ao pequeno produtor rural. As terras foram cedidas aos montes aos grupos internacionais".

O autor cita os dados do Incra para provar de que os militares no poder se transformaram de nacionalistas a entreguistas. Somente no estado do Pará, entre 1972 e 1976, época da eliminação dos guerrilheiros que atuavam no Araguaia, o número de empresas estrangeiras na região subiu de 21 para 463, o que significou uma entrega de 1 milhão e 300 mil hectares para empresas como United Steel Corporation, King's Ranch, John Davis, Nixdorf. A lista dos beneficiados envolve também grandes bancos nacionais, empreiteiras, seguradoras e até montadoras de automóveis.

No norte do Pará, o multimilionário americano Daniel Ludwig, sozinho, tomou posse de 1 milhão e meio de hectares de terras, inclusas as de reservas minerais. Cada posse estrangeira envolvia a expulsão de famílias de lavradores ou de etnias indígenas inteiras. As que resistiram à expulsão de suas terras pagaram um preço brutal.

Quarenta e seis anos depois, em dezembro de 2018, os "rebeldes" Xavantes Marãiwatsédé ainda reclamavam dos militares patriotas que levaram suas crianças para um *Cativeiro Sem Fim*.

Introdução

É balela que a ditadura brasileira foi simples e singela, incruenta, com pouca violência.

Depois de 33 anos de seu fim, um dos episódios mais bárbaros, hediondos e desumanos que ficou escondido pelos militares vem à tona: o sequestro e apropriação de bebês, crianças e adolescentes por pessoas ligadas às Forças Armadas.

Este livro relata as histórias de 19 pessoas vítimas desse crime escondido dentro da história da ditadura no Brasil. Os relatos humanos e sofridos desses sequestrados e/apropriados demonstra de forma clara e simples a perversão dessas ações executadas ou apoiadas pelos militares.

Há casos de bebês que foram levados logo ao nascer desapareceram ou foram entregues a instituições como orfanatos e acabaram adotados de forma irregular por famílias. Ou então as vítimas são crianças ou adolescentes levados para quartéis em outros estados, onde passaram por uma espécie de lavagem cerebral, sendo cooptados para um mundo totalmente diferente do que conheciam. Há ainda casos de bebês, filhos de pais não identificados nesta investigação, mas que foram apropriados e registrados como filhos legítimos de militares. Houve ainda a simples apropriação de crianças sob a anuência dos militares, e hoje tais vítimas estão desaparecidas.

Em todos os casos aqui narrados há depoimentos das próprias vítimas, de seus familiares diretos e/ou de pessoas que estiveram envolvidas com os algozes e com essas vítimas durante a ditadura.

Dos 19 casos revelados nesta obra, 11 estão diretamente relacionados à guerrilha do Araguaia, no sudeste do Pará. São filhos de militantes políticos ligados ao Partido Comunista do Brasil e também filhos de lavradores que aderiram ao movimento guerrilheiro. Há ainda 5 casos no Mato Grosso, 1 no Rio de Janeiro, 1 no Paraná e 1 em Pernambuco.

A guerrilha do Araguaia é um episódio da história da ditadura brasileira pouco conhecido. Desenvolveu-se sob forte censura e violência a partir de 1966, quando militantes do PCdoB resolveram se instalar na região que fica no sudeste do Pará, divisa com o atual Estado de Tocantins. Aos poucos foram chegando à região, comprando terras e se misturando com o povo local. O objetivo era formar uma zona livre do governo militar, onde se desenvolveria o início da resistência que deveria, no projeto dos guerrilheiros, resultar na implantação de um governo socialista sob os auspícios do socialismo.

Os integrantes do PCdoB agiam de forma disfarçada. Apresentavam-se como garimpeiros, madeireiros, bodegueiros, vendedores, agricultores. Eram, em sua maioria, universitários, médicos, mas todos militantes políticos. Chegaram a somar entre 70 e 100 pessoas no Araguaia. Ganharam a confiança do povo local, explorado por fazendeiros, mineradores e outros empresários.

O governo militar chamou essa ação de guerrilha rural. Que foi tratada e combatida do mesmo modo que a denominada guerrilha urbana. Todos os integrantes do PCdoB e as pessoas locais que simpatizavam com os militantes eram considerados subversivos, um perigo para a segurança nacional. Deveriam ser exterminados. Foi o que aconteceu. As forças militares precisaram de aproximadamente cinco mil homens divididos em três grandes etapas de ações para conseguir prender ou matar os comunistas subversivos. A imensa maioria dos guerrilheiros foi barbaramente assassinada. Muitos tiveram suas cabeças cortadas. Lavradores que estiveram junto aos guerrilheiros foram igualmente executados. Os corpos de quase todos os guerrilheiros mortos pelos militares continuam desaparecidos até hoje. As histórias desses assassinatos estão contadas em vários livros, trabalhos acadêmicos e reportagens. O Araguaia ainda vive, hoje, o peso da censura e da violência desenvolvida, pelos militares. Os moradores locais continuam com medo de falar. Pensam que o interlocutor é um agente secreto militar e temem ser vítimas de violência, desaparecimento ou morte.

Por conta dessa situação muitas das verdadeiras histórias da guerrilha continuam ocultas, invisibilizadas. Mas aos poucos o silêncio vai sendo quebrado. Histórias de violência, morte, sequestros vão aparecendo.

Um garimpeiro-guerrilheiro chamado Dejocy Vieira da Silva, de 60 anos, que hoje mora em Serra Pelada no Pará, conta em entrevista realizada em 2017 que foram onze as crianças sequestradas na época da guerrilha do Araguaia. Eram filhas de guerrilheiros com camponesas e também filhos de camponeses que aderiram à luta na selva.

Dejocy havia lutado inicialmente junto com os comunistas do PCdoB. Depois, durante um combate com forças militares, levou um tiro.

Sobreviveu, mas ficou com sequelas que carrega até hoje. Entrou para o garimpo de Serra Pelada como "furão", para escapar ao esquema liderado pelo Coronel da Reserva do Exército Sebastião Rodrigues de Moura Curió, conhecido como o Major Curió. Foi ele que chefiou expedições para caçar guerrilheiros do Araguaia e se envolveu em muitas mortes. No garimpo, Dejocy encontrou muitas pessoas que estavam do lado dos guerrilheiros, e outras que eram do lado do Curió. Travam uma guerra surda que perdura até hoje. É uma peça importante na montagem desse enorme quebra-cabeças que se tornou o levantamento, descoberta e comprovação da existência de um crime raramente citado no Brasil: o sequestro de bebês, crianças e adolescentes por militares durante a ditadura.

O garimpeiro confirma a existência de ordem para sequestrar e desaparecer com os filhos dos guerrilheiros e de camponeses do Araguaia na década de 1970. Afirma que se lembra da história do sequestro de Giovani, filho de um dos comandantes da guerrilha, Osvaldo Orlando da Costa, o Osvaldão, cuja história está contada em capítulo deste livro.

Dejocy confirma que os militares sequestraram o filho de Osvaldão com uma mulher local. Mas alega que não chegou a presenciar o crime. Ele faz outras revelações. Diz que as operações de sequestro dos filhos de guerrilheiros e de lavradores que ficaram do lado dos comunistas foram realizadas em segredo, sem alarde pelas forças militares que mataram dezenas de guerrilheiros do Araguaia nos anos 1970. "Fizeram tudo às caladas", diz o garimpeiro.

Vai mais longe. Relata a existência de documentos das forças militares que registram as operações que envolveram os agentes do governo e as vítimas sequestradas. São relatórios que mostram e comprovam que onze crianças e adolescentes foram levados pelos militares durante as ações de extermínio da guerrilha. Tal papelada não foi localizada. Talvez tenha sido destruída. Mas pode haver cópias com algum militar.

Este livro reportagem busca fazer um Jornalismo de Redescoberta, auxiliando na reconstrução da história da ditadura do Brasil. E tem como objetivo jogar luz sobre este tema e abrir caminhos para novas descobertas e para o resgate das histórias de várias vítimas da ditadura brasileira que foram esquecidas ou estão escondidas.

***

Mas qual era o objetivo do governo militar que chegou ao poder em 31 de março de 1964 e apeou do posto em 1985 ao realizar o sequestro e apropriação de bebês, crianças e adolescentes filhos de militantes políticos ou de famílias contrárias às ações de exceção?

Os sequestros de bebês, crianças e adolescentes filhos de militantes políticos compõem uma lógica de guerra. Esses crimes compunham um rol de ações de terror de Estado desempenhadas pelos governos militares com o objetivo de manter o poder e derrotar o que chamavam de inimigos.

Como diz a médica e psicanalista argentina Gilou Garcia Reynosso, o sequestro de bebês e filhos de militantes políticos tinha como objetivo matar sem que houvesse a morte. "Fazer desaparecer, apagar, negar até a própria morte. Apagar as categorias do ser humano em suas duas vertentes de existência: a da vida e a da morte, indissolúveis", descreve no ensaio "Matar a morte".[1]

O desaparecimento de pessoas, de seus corpos, de seus nomes, de sua existência jurídica é negar a existência de um cri-

---

1 RODRIGUEZ, Sérgio Aldo e BERLINK, Manoel Tosta (orgs.). *Psicanálise de sintomas sociais*. São Paulo: Editora Escuta, 1988.

me por duas vezes. Há o desaparecimento e o desaparecimento do desaparecimento.

Os dezenove casos de sequestros e apropriações narrados neste livro eram o segredo dentro do segredo da ditadura militar brasileira. Porque, se não se fala, não é. Nunca existiu. Mas agora são revelados, perdem o silêncio e a invisibilidade.

Tal crime, praticado pelos militares no Brasil durante o período da ditadura, verdadeiro terror de Estado, tem um nome. Juridicamente é chamado como percluir. Que quer dizer não incluído na ordem da lei. Isto é, não incluído no campo da constituição do sujeito.

Mas ainda há quem diga que a violência praticada pelos militares brasileiros durante os vinte e cinco anos de ditadura recente e alguns subsequentes foi muito menor do que a registrada na história de outros regimes militares na América Latina.

Pergunto: Seria possível existir uma violência ruim e outra válida?

Utilizavam o discurso pedagógico e propagandístico de que, em meio aos sequestros, tortura, mortes, desaparecimentos, só era usado para conter as chamadas ações terroristas. E ainda o usam.

É preciso destacar que crer nessa "verdade" oficial defendida à época e atualmente é como aceitar o impensável. E dar seu apoio é ser cúmplice de uma montagem perversa. É ser coautor de um crime hediondo:

> A arrogância do poder militar exclui toda lei que não seja a sua. Mas seria uma lei a que ele impõe? Ou seria sua autoridade, seu autoritarismo, e a ausência de lei? O arbitrário de sua autoridade que se erige como sendo a própria lei, autoridade que se impõe como 'verdade'. E recorre, para apresentar-se como legíti-

mo, a um discurso de imposição, pelo qual infringe todas as leis: as do pensamento racional, as da ética, as da justiça dos homens, que, mesmo defeituosas, são um limite que sujeita o poder a seus procedimentos. Discurso perverso que não respeita nem mesmo as leis da linguagem, discurso que se pretende sem mácula, impondo calar, esquecer, não saber.[2]

A defesa desse período da história brasileira é a negação da realidade, do real, do traumatismo e da verdade. Trata-se de um passado que permaneceu oculto por muitos anos, ao custo de muita censura, de muita tortura, mortes e mentiras.

As dezenove vítimas descobertas até agora foram sequestradas e apropriadas nos meados das décadas de 1960 e de 1970. São casos levantados através de pesquisa, entrevistas, cruzamento de dados e documentos, registros históricos, certidões em cartórios, jornais, arquivos.

Foram percorridos aproximadamente 20 mil quilômetros pelo Brasil atrás desses personagens perdidos e esquecidos. Levantadas informações arquivadas no fundo de gavetas, adormecidas nas memórias de muitas pessoas no interior do país e em grandes capitais.

As ações das forças militares brasileiras durante a ditadura serviram de laboratório, uma espécie de operação assistida. E posteriormente formaram a base para atividades semelhantes e cruéis desempenhadas pela repressão argentina, chilena, uruguaia, paraguaia e de outros países do Cone Sul naqueles anos de chumbo.

---

2 RODRIGUEZ, Sérgio Aldo e BERLINK, Manoel Tosta (orgs.). *Psicanálise de sintomas sociais*, p. 151.

As Forças Armadas na Argentina, por exemplo, tinham até um manual de procedimentos a serem aplicados quando havia o sequestro de pais e filhos. Chamava-se *Instrucciones sobre procedimiento a seguir com menores de edad hijos de dirigentes políticos o gremiales cuando sus progenitores se encuentran detenidos o desaparecidos.*[3]

A conduta dos agentes da repressão argentina era diferenciada de acordo com a faixa etária da criança. Aquelas com até quatro anos deveriam ser entregues a orfanatos ou família de militares. Isso porque os teóricos da segurança nacional consideravam que as crianças nessa faixa etária estariam livres do que chamavam "má influência" política de seus pais.

Já as crianças acima dessa faixa etária tinham outro destino, macabro. As mais velhas, em especial aquelas com mais de dez anos, deveriam ser mortas. Pois já estariam "contaminadas" pela subversão de seus pais.

O sequestro de bebês, crianças e adolescentes filhos de militantes políticos ou de pessoas ligadas a eles tinha como objetivo difundir o terror entre a população; vingar-se das famílias; interrogar as crianças; quebrar o silêncio de seus pais, torturando seus filhos; educar as crianças com uma ideologia contrária à dos seus país e a apropriação dessas crianças. Elas se transformaram num verdadeiro butim de guerra.

Aqui no Brasil também houve ordem para matar os filhos de guerrilheiros e opositores do regime militar. Mas acabou sendo desobedecida em alguns casos. Para algumas das

---

3   QUADRAT, Samantha Viz. "O direito à identidade: a restituição de crianças apropriadas nos porões das ditaduras militares no Cone Sul". In: *História*, 2003, v. 22, n.2, p.167-181.

vítimas, a sobrevivência provocada pelo não cumprimento da ordem de extermínio funcionou como um prêmio. Mas as manteve longe das famílias biológicas e com um passado desconhecido. Esses brasileiros sequestrados vivem até hoje num cativeiro sem fim.

Receberam um novo nome e documentos (falsos). E teve quem ficou sem nenhum documento. Contra a lei, realizou-se a "legalização" da adoção de bebês e crianças, baseada em infraestrutura integrada por militares e agentes da repressão, médicos, advogados, religiosos, funcionários públicos e de cartórios, de hospitais, de orfanatos e outras instituições envolvidas. Alguns dos sequestrados continuam desaparecidos. Parte dos que sobreviveram ainda procuram por seus pais biológicos, numa busca surda e muda, alheia à sociedade e à história. Simplesmente acabaram ignorados no decorrer da vida.

Ao serem entregues a famílias vinculadas à repressão ou a instituições onde depois foram adotadas de forma ilegal, perderam sua história, sua memória e, principalmente, sua identidade.

Como disse Dom Paulo Evaristo Arns em texto sobre os desaparecidos políticos durante a ditadura, publicado no livro *Desaparecidos Políticos*, do Comitê Brasileiro pela Anistia, em 1979: "Não tenho muita esperança de que alguém volte. Mas tenho consciência de que eles fazem parte de nossa vida, e assim nos obrigam a alertar a nação, para que tais fatos não se repitam". Me aproprio da frase inserindo-a no contexto dos bebês, crianças e adolescentes sequestrados no mesmo período.[4]

Continua Arns:

---

4   CABRAL, Reinaldo e LAP, Ronaldo (orgs.). *Desaparecidos políticos – prisões, sequestros, assassinatos*. Rio de Janeiro: Edições Opção, Comitê Brasileiro pela Anistia, 1979, p. 34.

> Creio que é importantíssimo formarmos, em toda parte, Comissões de Justiça e Paz, ou centros de promoção e defesa dos direitos humanos, para que a população esteja vigilante e tenha meios para pressionar, na hora mesma em que começam processos iníquos contra algum desprotegido. Os juízes, por sua vez, deveriam fazer um exame de consciência e dar contas ao público, por que se calaram, quando eram advertidos. Os executivos, responsáveis pelos desaparecimentos, deveriam chegar a um momento de lucidez, mesma em clima de anistia, para que os métodos empregados chegassem à plena luz. A imprensa, por sua vez, não deve descansar enquanto nem tudo for elucidado. E, apesar de tudo, não deve desaparecer da terra a confiança no homem, porque dentro dele existe mais do que um sopro de vida terreno. Existe uma eternidade.

Palavras escritas há quatro décadas. E que se encaixam tão bem nesta nova realidade brasileira, dentro dessa descoberta sobre os dezenove sequestros de bebês, crianças e adolescentes durante a ditadura.

Quero neste trabalho, além de recuperar fatos escondidos sobre a ditadura brasileira, tornar públicas as tristes histórias dessas pessoas que vivem até hoje num cativeiro sem fim, sem conhecer sua verdadeira identidade ou seus pais biológicos. E também despertar o interesse de pessoas envolvidas nesse período a poder contar o que sabem e o que ficou guardado até hoje.

Que novos possíveis casos de sequestro de bebês, crianças e adolescentes pelas Forças Armadas sejam denunciados.

As 19 VÍTIMAS, CASO A CASO

Dos 19 casos de sequestro e apropriação de bebês, crianças e adolescentes pelos militares identificados até agora no Brasil, 11 são ligados à guerrilha do Araguaia. As vítimas são filhos de guerrilheiros e de camponeses que aderiram ao movimento. Os 11 sequestros no Araguaia foram realizados entre 1972 e 1974, durante as gestões dos generais-presidentes Emílio Garrastazu Médici – quando o ministro do Exército era Orlando Geisel, irmão do sucessor de Médici – e de Ernesto Geisel. Era a fase mais grave de repressão da guerrilha do Araguaia.

Há também casos originados no Rio de Janeiro ou Rio Grande do Sul, Paraná, Pernambuco e de mais cinco crianças indígenas levadas de aldeia no Mato Grosso.

Há bebês e crianças entregues a famílias de militares ou a orfanatos, que acabaram adotados de forma irregular. Crianças e adolescentes levadas para quartéis e outras abandonadas após seus pais biológicos terem sido presos e desaparecidos.

Das 19 vítimas foi possível encontrar seis delas. Todas prestaram longos depoimentos, forneceram documentos, identificaram pessoas envolvidas nos crimes de sequestro. Apontaram locais que viveram e o que passaram até descobrir suas condições de vítimas. As demais não foram localizadas, embora exista depoimento de parentes que contém o que passaram e o que ocorreu durante a ditadura nas mãos dos militares. Essas pessoas não localizadas podem estar vivas ou mortas.

Em todos os casos aqui narrados há depoimentos das próprias vítimas, de seus familiares e de pessoas que estiveram envolvidas com os algozes ou com os próprios sequestrados durante a ditadura. Para chegar a essas histórias e para comprovar a veracidade dos fatos foi levantada e analisada enorme quantidade de documentos, certidões, fotos das vítimas que vivem um cativeiro sem fim.

Antônio José da Silva, Antoninho

Documentos do Exército mostram que Antoninho, um menino que andava com os guerrilheiros no Araguaia, foi preso em 1974. Não há data exata da prisão. Antoninho era muito próximo de um dos líderes do PCdoB na região, Osvaldo Orlando da Costa, o Osvaldão. José Vieira conta que o rapaz foi levado inicialmente para um quartel no estado do Rio de Janeiro. Depois os contatos foram perdidos. Não foi localizado.

Bebê sequestrada ao nascer

Em 1968, a filha de uma militante política que atuava no interior do Paraná foi sequestrada por militares logo ao nascer. Essa mulher, que hoje mora em São Paulo, prefere não se identificar, embora tenha dado depoimento espontâneo para este livro e fornecido muitos documentos que comprovam sua situação de vítima de sequestro. Após o nascimento, a bebê foi levada para

Curitiba e entregue a uma instituição religiosa. A partir desse local, foi apropriada por um casal. O homem era um militar de alta patente do Exército, já falecido. Foi registrada oficialmente numa certidão de nascimento fraudada, pois aparece como filha legítima de um general do Exército, que trabalhou no Brasil e em outros países. Todos os documentos obtidos sobre esse caso – certidão de nascimento, papeis do orfanato, cartas, exames de DNA e outros documentos que a própria vítima pesquisou e disponibilizou para esse livro – comprovam a apropriação irregular e o sequestro da bebê no fim dos anos 1960. Hoje, ela procura o pai biológico. Conheceu a mãe biológica, mas não mantém contato com ela.

Giovani Viana da Conceição

Era filho de Maria Viana da Conceição com o guerrilheiro Osvaldo Orlando da Costa, Osvaldão. Tinha entre quatro e cinco anos de idade quando foi levado pelas forças militares, segundo conta outro filho de Maria, Antonio Viana da Conceição. O sequestro ocorreu em 1973, na cidade de Araguaína, atual Tocantins. A existência desse filho do guerrilheiro no Araguaia é revelada também pelo militar Sebastião Rodrigues de Moura, o Major Curió, hoje coronel da reserva do Exército e responsável pela caçada aos guerrilheiros do PCdoB a partir de 1973 no Araguaia. Está desaparecido desde então. A família não tem esperança de encontrá-lo.

Iracema de Carvalho Araújo

A professora Lúcia Emília de Carvalho Araújo e sua filha Iracema foram presas em Recife, Pernambuco, em 1964. Lúcia Emília, a professora Mila, era filiado ao Partido Comunista Brasileiro (PCB) e dava aulas para filhos de camponeses na região agrícola de Jaboatão dos Guararapes. Iracema viu a mãe ser torturada no DOI-CODI do Recife. Também apanhou e chegou a ser seviciada. Depois acabou abandonada na praça do Derby, em Recife. Um casal de advogados a ajudou inicialmente. Foi entregue a outro casal que a levou para o Rio de Janeiro. Somente aos 19 anos de idade teve seu primeiro documento de identidade, lavrado em São Paulo. Mas com o nome que pensava ter: Iracema Alexandre de Souza. O nome foi retificado na década de 2000, depois que moveu uma ação judicial. Ela se casou duas vezes, tem quatro filhos e hoje vive em São Paulo e Pernambuco. Pessoalmente contou detalhes de todo processo e perseguição que ela e a mãe sofreram logo no início do período de ditadura. Contou como foi torturada e seviciada dentro do DOI-CODI no Recife. Não se conforma com tudo que aconteceu com ela e a mãe.

José de Ribamar, Zé Ribamar

Adolescente, foi preso pelo Exército em 7 de novembro de 1973, junto com o amigo Zé Wilson. Também esteve preso na base militar de Bacaba, à beira da Transamazônica. Na sequência foi transferido para o quartel general do Exército em Belém do Pará, onde foi obrigado a trabalhar para os militares. Não foi localizado, embora moradores na região do Araguaia atestem que ele mora ainda próximo à região e está vivo.

José Vieira

José Vieira é filho de Luiz Vieira, agricultor que foi morto pelas forças militares durante a guerra no Araguaia. José foi preso junto com o guerrilheiro Piauí, então subcomandante do Destacamento A, em São Domingos do Araguaia, em 24 de janeiro de 1974. Foi levado para quartel do Exército em Belém do Pará. Depois transferido para outro quartel na região do Araguaia. Teve seu certificado de reservista elaborado pelo Exército com data de nascimento falsa, para possibilitar sua prestação de serviços à força militar como se tivesse 19 anos de idade. Foi encontrado morando numa cidade do interior do Pará, Anapu. Deu grande depoimento sobre o que aconteceu com ele e sua família durante a ditadura. Forneceu documentos que o Exército fez para ele, com dados falsos. Contou a história de outros cinco filhos de camponeses que, como ele, também foram sequestrados quando eram adolescentes.

José Wilson de Brito Feitosa, Zé Wilson

Foi um dos primeiros adolescentes filhos de camponeses a ser preso no Araguaia. Detenção aconteceu em 7 de novembro de 1973, segundo relatório do Exército. O primeiro local onde ficou preso foi a base militar de Bacaba, à beira da Transamazônica. Depois, foi levado junto com José Vieira para o quartel general do Exército em Belém do Pará. Não foi localizado.

Juracy Bezerra de Oliveira

Estratégia mal sucedida e muita confusão fizeram com que o menino Juracy, quando tinha cerca de oito anos de idade, fosse sequestrado pelos militares no Araguaia, em 1972. O crime ocorreu em São Geraldo do Araguaia ou Xambioá. As forças militares pensavam que ele era o verdadeiro filho do guerrilheiro Osvaldo Orlando da Costa, Osvaldão. A mãe da vítima era Maria Bezerra de Oliveira, o pai Raimundo Mourão de Lira. Foi levado para Fortaleza pelo tenente do Exército Antônio Essílio Azevedo Costa, que o registrou em cartório como se fosse seu filho legítimo. Atualmente vive numa ilha no rio Araguaia, região para onde retornou quando tinha pouco mais de 20 anos de idade, à procura da mãe biológica. Prestou importante depoimento para este livro e forneceu documentos que comprovam que seu registro de nascimento foi feito pelo militar do Exército em Fortaleza.

Lia Cecília da Silva Martins

Foi o primeiro caso de sequestro de bebê filho de militante político que se tem notícia. Depois de retirada dos braços da mãe, acabou levada quando tinha poucos meses de vida para uma casa de acolhida de crianças em Belém do Pará por dois agentes da repressão. A genitora, ainda desconhecida, morava na região da guerrilha do Araguaia. O pai era o guerrilheiro Antônio Teodoro de Castro, conhecido como Raul. Na década de 1970, foi adotada por um casal que participava da administração do orfanato em Belém, onde foi deixada pelos militares. Em 2009, ela mesma descobriu que poderia ser filha de Castro ao ver fotos de irmãs do guerrilheiro num jornal. Manteve contato elas. Já fez dois exames de DNA que constataram que os genes de todos têm quase 100% de compatibilidade. Hoje ainda aguarda tramitação judicial de ação que possibilitará sua inclusão como filha de Antônio Teodoro de Castro. Seus depoimentos para este livro proporcionaram novas descobertas sobre a trama. Só não foi possível identificar quem é sua mãe biológica e quais os militares que a levaram do Araguaia para Belém.

Miracy Bezerra de Oliveira

Irmão de Juracy, Miracy tinha a pele clara e olhos claros. Foi levado pelo sargento João Lima Filho para a cidade de Natal, no Rio Grande do Norte, também em 1973. Anos mais tarde, Juracy e a mãe, Maria Bezerra de Oliveira, foram à procura de

Miracy. Mas não encontraram nenhuma pista do sargento que o levou; nem informações em quarteis do Exército em Natal sobre o paradeiro do militar. Continua desaparecido desde que foi sequestrado por integrante do Exército. O irmão Juracy não acredita que possa reencontrá-lo.

Os cinco índios Marãiwatsédé

São cinco os casos de bebês e crianças da etnia Xavante Marãiwatsédé sequestrados com a anuência de militares da Força Aérea Brasileira (FAB) e do Exército em 1966. Os crimes ocorreram quando uma tribo inteira dos Marãiwatsédé foi transferida de sua terra natal no norte de Mato Grosso, ocupada por grileiro e depois adquirida por empresários paulistas. A aldeia Suiá Missu onde habitavam ficava entre os rios Xingu e Araguaia.

Os índios foram levados para a missão religiosa São Marcos, na cidade de Barra do Garças e ficariam sob a responsabilidade de padres salesianos. Foram levados em três viagens feitas por avião da FAB que faziam o serviço de correio na região. Nessas operações, quatro bebês desapareceram nas mãos dos militares. Na missão, foram acometidos por surto de sarampo. Uma das enfermeiras que cuidava dos índios levou uma criança – a quinta – do sexo feminino para a cidade de Campo Grande, também com a anuência dos militares. O desaparecimento das cinco crianças é confirmado pelo padre Bartolomeo Giaccaria, que recebeu os índios na missão São Marcos. Os indígenas, anos depois, identificaram a localização da menina sequestrada pela enfermeira. Estava em Campo Grande. Mas não conseguiram trazê-la de volta à tribo. Hoje, a família não tem mais contato com essa quinta vítima.

Osniel Ferreira da Cruz, Osnil

Era outro adolescente que acompanhava os guerrilheiros no Araguaia. Foi preso no mesmo dia e na mesma localidade que José Vieira, em 12 de janeiro de 1974, na lugar chamado de Tabocão. Como todos os outros colegas, foi levado inicialmente para a base militar de Bacaba, depois para Belém do Pará. Acabou transferido na sequência para quartel da 53ª Batalhão de Infantaria de Selva (BIS) na cidade paraense de Itaituba. Não foi localizado.

Rosângela Serra Paraná

Caso emblemático de sequestro de bebê por militares é o de Rosângela Serra Paraná. Foi pega assim que nasceu, no Rio Grande do Sul ou Rio de Janeiro. Acabou entregue a Odyr de Paiva Paraná, ex-soldado do Exército pertencente a tradicional família de militares. Seu pai – Arcy - foi sargento; e seu tio-avô Manoel Hemetério Paraná, médico que chegou ao posto de major e ex-superintendente do Hospital Geral do Exército em Belém do Pará. Odyr manteve relações de trabalho, através de prestação de serviços, com o ex-presidente da República e general Ernesto Geisel. Foi seu motorista por algum tempo no Rio de Janeiro. Também trabalhou na Petrobras e Ministério de Minas e Energia, ao mesmo tempo que tinha carteira de trabalho com registro de motorista em uma aviação na cidade do Rio de Janeiro. Rosângela descobriu sua condição de sequestrada em 2013, depois de uma discussão em família. Hoje, debilitada fisicamente e emocionalmente, procura seus pais biológicos. Sua certidão de nascimento é falsificada. Foi registrada em 1967 em cartório no bairro do Catete (RJ). O documento aponta 1963 como ano de nascimento. Contou toda sua história com detalhes: o que sofreu nas mãos dos pais adotivos, o casamento arranjado com um homem com mais de 30 anos que ela e a ligação das pessoas em seu casamento com os governos militares.

Sebastião de Santana, Sebastiãozinho

Foi preso na localidade de Tabocão, no Araguaia, em 12 de janeiro de 1974 junto com Osniel e José Vieira, segundo documentos do Exército. Morava na região de Brejo das Pacas. Não foi localizado.

Ficou escondido na mata com o guerrilheiro João Araguaia. Quando o cerco militar apertou, o integrante da guerrilha retornou para o povoado e entregou Sebastiãozinho de volta aos pais. Foi o próprio pai – José Atanásio Santana – que avisou aos militares que o menino estava de volta em casa. Não foi localizado.

Yeda Viana da Conceição

Uma das filhas de Maria Viana da Conceição, era meio--irmã de Giovani, por parte de mãe. Em 1973, quando tinha oito anos de idade, os soldados do Exército a levaram embora, junto com Giovani. Ambos estavam em Araguaína, fugindo do cerco militar. De acordo com outro irmão, Antonio Viana da Conceição, nunca mais foi visto. A família não tem esperança de encontrá-la.

FILHOS DE CAMPONESES DO ARAGUAIA

Quem vê a placidez do Araguaia, a beleza de suas margens, das suas praias, não pode imaginar tanta violência e tanto sangue derramado. A história é forjada a ferro e a fogo.

Padre Ricardo Rezende Figueira, que foi jurado de morte no Araguaia, na introdução de seu livro *Posseiros e padres do Araguaia – a justiça do lobo*

Um dos objetivos mais perversos e cruéis desse sistema de sequestro e apropriação de bebês e crianças filhos de militantes políticos ou pessoas ligadas a eles pela ditadura era criá-los sob a ótica de uma ideologia contrária à dos pais e construir uma sociedade harmônica.

Havia um projeto por trás dessas ações. Obviamente dentro dos preceitos militares. De acordo com Maria José de Rezende, "seguindo orientação do sociólogo Antônio Carneiro Leão, a Escola Superior de Guerra (ESG) batalhava para que o regime estabelecesse uma determinada ordem social na qual fosse possível controlar desde a emoção até a moral dos diversos indivíduos e grupos sociais. A ditadura, segundo os doutrinadores da ESG, conseguiria, assim, construir sua aceitabilidade, se ela fosse capaz de corrigir os desvios de hábitos e de comportamentos que fosse surgindo no transcorrer de sua vigência".[1]

---

1 REZENDE, Maria José de. *A ditadura militar no Brasil – repressão e pretensão de legitimidade – 1964-1984*. Londrina: Eduel, 2013, p. 45.

E, dentro dessa perspectiva, foram realizados sequestros de meninos filhos de camponeses que se aliaram aos guerrilheiros na região do Araguaia. Foram, pelo menos, seis os adolescentes levados pelos militares para dentro de quartéis, num trabalho de cooptação e lavagem cerebral. Eles tiveram documentos adulterados para legitimar e retificar de forma ilegal as datas de nascimentos, de modo que pudessem permanecer dentro dos quartéis como se estivessem prestando o serviço militar.

Foi feito um intenso trabalho para reeducar os rapazes, fazê-los esquecer e refutar tudo o que haviam apreendido junto aos militantes políticos do PCdoB, contrários ao regime militar que governava o Brasil à época. Foi também desenvolvida uma intensa ação psicossocial junto a esses adolescentes e aos moradores de onde foram retirados. Por trás disso, a ideia de que a educação tinha que ser estruturada de forma que ela fosse capaz de criar as condições de legitimar o regime, o que significava adaptar e ajustar as gerações vindouras aos valores concebidos como essenciais pela nova ordem social que estaria sendo criada.[2] Mais que isso, as ações psicossociais agiriam como uma espécie de salvaguarda dos objetivos nacionais, de acordo com os preceitos defendidos pelos militares da ESG. E tinham o objetivo maior de minar toda e qualquer possibilidade de ação adversa a eles.

No caso do combate à guerrilha no Araguaia, as Forças Armadas queriam convencer a população de que ela necessitava ser orientada "por aqueles que tivessem condições de assegurar-lhe proteção, ou seja, as Forças Armadas", conforme descreve Maria José de Rezende.

---

2   REZENDE, Maria José de. *A ditadura militar no Brasil – repressão e pretensão de legitimidade – 1964-1984*, p. 46.

De acordo com os estrategistas e doutrinadores da ESG, o trabalho junto ao povo brasileiro deveria criar uma ordem social em que não cabiam diferenças de pensamento, comportamento, atitude ou sentimento. O regime estava imbuído do projeto de abolir os chamados antagonismos, os conflitos e as diferenças de maneira geral. Havia um amplo apelo anticomunista nessas ações militares, como aspectos centrais da estratégia psicossocial da ditadura.

Thomas Skidmore, em *Brasil de Castelo a Tancredo*, afirma que a doutrina da Escola Superior de Guerra promovia e desenvolvia ações para "neutralizar e extirpar através de ações decisivas" todas as categorias e pessoas que representassem, no entender deles, ameaça ao Brasil. Entre tais ações, cremos poder incluir os sequestros e apropriações de bebês, crianças e adolescentes filhos de militantes contrários e de pessoas ligadas e eles.

O trabalho de cooptação e reeducação de jovens, militantes ou não, baseado em ações psicossociais, também foi adotado por outras ditaduras de países da América do Sul, de forma semelhante. Houve uma disseminação dessas ações militares entre os países do Cone Sul. O então chefe de polícia da província de Buenos Aires em 1977, o general Ramón Juan Alberto Camps, declarou, em depoimentos durante o processo, que o condenou a 25 anos de prisão, que naquele país houve sequestro e apropriações de bebês, crianças e adolescentes como forma de reeducar essas pessoas sob outro prisma de vida. Mas que pessoalmente não eliminou nenhuma criança. "O que fiz foi dar algumas a organizações benéficas para que lhes encontrassem novos pais. Os subversivos educam seus filhos na subversão. Isso devia ser impedido".[3] Camps foi condenado à prisão, acusado de 214 se-

---

3   Ver: MONTENSANTI, Beatriz. "Por que a ditadura argentina roubava crianças de militantes contrários ao regime". *Nexo*, 1/7/2016.

questros extorsivos, com 47 desaparições, 120 casos de torturas, 32 homicídios, 2 violações sexuais, 2 abortos provocados por torturas, 18 roubos e 18 subtrações de menores.

Aqui no Brasil, entre novembro de 1973 e o início de 1974, seis filhos de camponeses aliados aos guerrilheiros do Araguaia foram sequestrados: José Vieira de Almeida, Antônio José da Silva (Antoninho), José Wilson de Brito Feitosa (Zé Wilson), José de Ribamar (Zé Ribamar), Osniel Ferreira da Cruz, (Osnil) e Sebastião de Santana (Sebastiãozinho). Eram adolescentes que trabalhavam na roça para o sustento de suas famílias. Todos foram levados a quartéis em vários estados brasileiros. Permaneceram nesse cárcere disfarçado de prestação de serviço militar durante pelo menos um ano. Mas antes ficaram detidos em quartéis trabalhando de graça para o Exército.

A prisão e o registro dos nomes dessas seis vítimas constam de relatório que foi considerado secreto pelo Exército, incluído no relatório final da Comissão Nacional da Verdade, denominado *Subversivos que participaram da guerrilha do Araguaia*.[4] São listados 104 nomes. O documento foi produzido pelo Serviço Nacional de Informações (SNI) em 14 de março de 1986. Está protocolado no órgão sob o número ACE 54730/86.

Camponeses ligados à guerrilha também eram considerados subversivos. Os militares acreditavam que eram um perigo para a população local. Havia o temor de que pudessem divulgar o comunismo, criar células de resistência num pra-

---

4 Ver: Comissão Camponesa da Verdade. Relatório Final. Violações de direitos no campo (1946-1988). Brasília, 2014; e e cópia do ACE 54730/86. O relatório secreto ACE 54730/86 foi divulgado em STUDART, Hugo. *Em algum lugar das selvas amazônicas: As Memórias dos Guerrilheiros do Araguaia (1966-1974)*. Doutorado. Universidade de Brasília, 2013, p. 87.

zo médio ou distante. Então era preciso eliminá-los. Assim foi feito. Exemplo é o pai de José Vieira, Luiz Vieira, que foi assassinado numa emboscada no meio do mato. Joana, sua esposa, mãe de José Vieira, foi presa e torturada. Os irmãos também sofreram nas mãos dos militares.

Os casos dos seis filhos de camponeses simpatizantes das ações dos militantes do PCdoB, que foram sequestrados pelos militares, demonstram todo o sortilégio dessa ação originada de ideologia de ESG e comando do regime de março de 1964. Eram garotos e tinham entre 13 e 18 anos. José Vieira era o único maior de idade, embora sua aparência frágil e franzina fizesse com que aparentasse ser um adolescente.

Esses atos de exceção eram tidos pelos militares como um modo de proteção ao povo. Os sequestros e apropriações estão inseridos numa espécie de "lógica de guerra" contrarrevolucionária, intimamente ligada ao terror de Estado.

**

A descoberta desses seis casos de sequestro dos adolescentes pelos militares no Araguaia foi obra do acaso. Informações sobre alguns dos adolescentes envolvidos estão citadas rapidamente ou parcialmente e sem detalhes em oito livros sobre a ditadura no Brasil. Mas em nenhum há o uso da palavra sequestro.

Quatro livros têm como base documentos vinculados a militares e advindos das próprias Forças Armadas – *A ditadura escancarada,* de Elio Gaspari; *A lei da selva,* de Hugo Studart, *Operação Araguaia – os arquivos secretos da guerrilha,* de Taís Moraes e Eumano Silva, e *Mata! O major Curió e as guerrilhas do Araguaia,* de Leonêncio Nossa. Todos contam superficialmente a história do Luiz Vieira, o pai, e citam rapidamente José Vieira.

Há um quinto livro, escrito por um autor ligado à defesa dos direitos dos trabalhadores rurais: *A justiça do lobo – posseiros e padres do Araguaia*. E é exatamente esse livro assumidamente com vertente de esquerda, lançado em 1986 e escrito sob forte influência da censura, que narra que o filho de um lavrador fora levado pelas Forças Militares. É obra do religioso e professor universitário Ricardo Rezende Figueira.

Existe ainda uma sexta obra, de 2015, de autoria do também professor Romualdo Pessoa Campos Filho, da Universidade Federal de Goiás, que vai além da informação publicada por Figueira. A publicação registra as principais pistas para a identificação e localização desses seis casos de sequestro de filhos adolescentes de camponeses do Araguaia. Apesar de ser a mais importante obra reveladora desses crimes de guerra, é a que publica menos informação, pois sequer cita o ocorrido. Apenas descreve narrativa sobre o filho de um camponês que aderiu à guerrilha, cujo pai foi morto pelo Exército. Era José Vieira, filho de Luiz Vieira.

É importante ressaltar ainda o livro de memórias escrito por um dos principais atores que atuaram no palco da guerrilha do Araguaia, o tenente José Vargas Jimenez. Comandante de grupo de combate do Exército na captura e extermínio dos guerrilheiros, atuou sob o codinome Chico Dólar. Informa ele na página 60 de sua obra independente, lançada em 2007, *Bacaba – memórias de um guerrilheiro de selva da guerrilha do Araguaia*, a data da morte do pai de José, Luizinho: ela teria ocorrido em 31 de dezembro de 1973.

Pequena parte da história de José Vieira também é narrada por Nilmário Miranda e Carlos Tibúrcio no livro *Dos filhos deste solo – mortos e desaparecidos políticos durante a ditadura militar: a responsabilidade do Estado*, de 1999. Os fatos estão incluídos no item sobre seu pai, Luís Vieira, na página 270, com sete linhas de texto. Dão mais uma pista do que realmente aconteceu com esse homem entre 1973 e 1974.

Novamente, entretanto, o nome de José Vieira não é citado e a referência a ele aparece na última frase: "(...) seu filho foi preso e, apesar de já estar com 24 anos, teve a idade reduzida nos documentos e foi forçado a prestar serviço militar". Antes, na página 261, onde está narrada a história do guerrilheiro Piauí – Antônio de Pádua Costa – é citado que o militante do PCdoB fora preso na casa de Antônio Almeida, irmão de Luís Vieira e tio de José Vieira.[5]

Com essas pistas na mão o quebra-cabeça sobre a vida de José Vieira ganhou forma, e caminhos para construir sua história foram abertos. Ele foi realmente sequestrado pelo Exército. Mas a situação só ficou esclarecida em 2017, quando a vítima foi encontrada morando numa cidadezinha no interior do Pará. E em entrevista tudo ficou claro. E comprovado.

Para chegar à conclusão da existência do crime de sequestro deste filho de lavrador e de outros cinco adolescentes moradores no Araguaia foi necessário obter mais informações sobre o caso de José Vieira e sobre seu pai assassinado. Foi preciso buscar personagens escondidos na selva e em vilarejos.

A história toda surge com a leitura do depoimento de José Vieira ao professor da Universidade Federal de Goiás Romualdo Pessoa Campos Filho. Essa entrevista foi feita por Campos Filho com José Vieira há 23 anos, em 25 de fevereiro de 1995, durante trabalho de campo para sua dissertação de mestrado sobre

---

5   MIRANDA, Nilmário; TIBÚRCIO, Carlos. *Dos filhos deste solo – mortos e desaparecidos durante a ditadura militar: a responsabilidade do Estado*. São Paulo: Boitempo, 2008, p. 261.

a guerrilha do Araguaia. Grande parte do que foi dito não foi aproveitada na dissertação: ficou arquivado junto aos documentos obtidos pelo professor. O próprio professor enviou a íntegra da entrevista para mim, em 2017. O não publicado, para este caso, foi mais revelador do que o que ficou nas páginas do livro. Na terceira página do depoimento, de dez laudas, José Vieira cita o nome de quatro rapazes, todos camponeses seus amigos, que foram levados para quartéis do Exército, além dele próprio. Era o começo da história de sequestro de adolescentes filhos de lavradores no Araguaia pelas forças militares.

De posse das informações, o próximo passo seria encontrar o próprio José Vieira, para comprovar o ocorrido e obter detalhes de sua história. Foram semanas de procura, telefonemas, conversas, troca de e-mails e entrevistas com moradores da região do Araguaia, militantes de direitos humanos e pessoas ligadas a este episódio da história da ditadura brasileira.

Depois de várias semanas de pesquisas, consegui encontrar José Vieira. Ele morava na cidade de Anapu, no meio da floresta amazônica, no Pará. É a mesma cidade onde foi assassinada a freira norte-americana naturalizada brasileira Dorothy Mae Stang, em 12 de fevereiro de 2005. Irmã Dorothy fazia trabalho em defesa dos moradores pobres da região. Acabou morta por pistoleiros, a mando de fazendeiros locais.

Nesta entrevista com José Vieira, realizada em outubro de 2017, ele revelou ainda a existência de um sexto adolescente sequestrado pelos militares durante os combates da guerrilha do Araguaia.

O professor e pesquisador Campos Filho diz que nunca associou os relatos de José Vieira ao crime de sequestro durante a ditadura. Ele é ligado ao PCdoB. Sua pesquisa de mestrado estava focada na guerrilha do Araguaia e nos guerrilheiros desaparecidos. "Agora, tudo leva a crer", ressalta o professor, "pela existência desse crime".

É o que já havia relatado o próprio José Vieira em 1995 a Campos Filho na entrevista que ficou arquivada: "Teve, aliás o Antoninho, acho que levaram ele pro rumo do Rio. E o Zé Ribamar, Zé Wilson, tiveram no QG. Mas também não sei de vida de nenhum. Sebastião tirou os tempos junto comigo lá em Altamira, também não vi mais, depois que nós saímos de lá, demos baixa, não vi mais ele".[6]

Campos Filho diz acreditar que José Vieira teria "não mais que 16 anos" quando tudo ocorreu, no início da década de 1970. "Não tenho informações sobre esses citados. O Zé Vieira foi levado pelos militares, e até ser liberado ficou servindo ao Exército. A mãe dele também foi presa por trinta dias em Bacaba e sofreu torturas psicológicas. Ficou com traumas e sequelas", relata o professor.

O único livro que cita que Forças Militares haviam levado o filho de um lavrador no Araguaia – *Posseiros e padres do Araguaia – a justiça do lobo* –, de Ricardo Rezende Figueira, também não faz nenhuma alusão direta aos crimes de sequestro cometidos pelos militares. Figueira era integrante da Comissão Pastoral da Terra na região da guerrilha do Araguaia.

O texto cita brevemente, em duas linhas, com outras palavras, que um religioso testemunhou militar levando um filho de camponês que apoiava o movimento guerrilheiro: "Houve mesmo, conforme o padre francês Robert de Valicourt, um lavrador e seu filho de 16 anos que participaram da luta. O pai morreu e

---

6   Entrevista concedida em 25 de fevereiro de 1995 a Romualdo Campos Filho.

o filho foi levado pelas Forças Armadas, segundo a versão que corre, para Goiânia, onde teria ingressado na carreira militar".[7]

Atualmente com 84 anos de idade, Valicourt mora no Estado do Amazonas e disse não se lembrar de detalhes desse caso. Contudo, o religioso confirma a existência do sequestro de adolescente filho de camponês no Araguaia durante a guerrilha.[8] A ação foi testemunhada pelos religiosos que atuavam no local à época e muito se comentou sobre o fato dentro da comunidade. Depois, o assunto foi ficando esquecido até quase desaparecer. Poucos comentam sobre isso hoje no Araguaia. "Infelizmente deixei São Domingos do Araguaia e o sudeste do Pará há muitos anos. Eu me lembro perfeitamente desse fato. Mas não lembro dos nomes. Teria que voltar a São Domingos e entrevistar umas pesso-as conhecidas e de confiança, pois ainda existe medo e desconfian-ça lá. O povo ficou horrivelmente marcado", declara o religioso.[9] Naquela época, Valicourt e outros missionários foram presos e torturados pelas forças militares no Araguaia.

O filho de lavrador a que Valicourt se refere, no relato descrito no livro de Ricardo Rezende Figueira, é, quase que cer-tamente, José Vieira. O religioso se enganou apenas em relação ao destino do rapaz. Foi inicialmente levado para Belém, e não para Goiânia. O nome completo de José Vieira contém Almeida no fim. É assim que está descrito no relatório secreto do Exército *Subversivos que participaram da guerrilha do Araguaia*. Ele é apontado como morador "local", na cidade de São Domingos

---

7   FIGUEIRA, Ricardo Rezende. *A justiça do lobo – posseiros e padres do Araguaia*. Petrópolis: Vozes, 1985, p. 28.

8   Entrevista concedida ao autor em 3 de outubro de 2017.

9   *Idem.*

do Araguaia. Foi preso em 24 de janeiro de 1974, segundo tal documento. Outro morador "local" incluído pelo Exército no relatório secreto é José Wilson de Brito Feitosa, o Zé Wilson, citado por José Vieira na entrevista ao professor Campos Filho e cuja história foi detalhada pela própria vítima para este autor em outubro de 2017. Há também outros três filhos de camponeses sequestrados e que estão relacionados nessa lista das forças militares, cujas histórias estão descritas mais adiante. Zé Wilson foi preso pelo Exército em 7 de novembro de 1973, dois meses e meio antes que o amigo José Vieira fosse levado pelos militares, aponta o relatório secreto militar citado acima. Antes, já havia escapado da emboscada em que morreu a guerrilheira Lúcia Maria de Souza, a Sônia.

O pelotão que participou dessa ação envolvendo Zé Wilson e Sônia foi comandado pelo major Lício Augusto Ribeiro. Sônia, segundo relato do jornalista Hugo Studart, baseado no discurso dos militares, ao se deparar com combatentes do regime no meio da mata, atirou primeiro. Alvejou o major Lício no rosto e também o coronel Sebastião de Moura Curió, este no braço. No revide, cerca de vinte disparos a acertaram naquela tarde de 24 de outubro de 1973, segundo relatórios do Exército.[10]

Zé Wilson surge em outro registro militar. Esse documento, do Centro de Informações do Exército (CIE), descreve que ele fora preso dias depois do combate com Sônia. Que só sobreviveu porque conseguiu fugir pela mata.[11] E que tinha treze

---

10 STUDART, Hugo. *Em algum lugar das selvas amazônicas: as memórias dos guerrilheiros do Araguaia (1966-1974)*. Tese de doutorado. Brasília: Universidade de Brasília, 2013.

11 *Ibidem*, p. 115.

anos de idade na época. Mas semanas depois acabou preso pelo Exército, levado para a base de Bacaba. Hoje estaria morando no interior do Amapá. À época, ficou trancado num quartel do Exército, como se estivesse prestando serviço militar.

Há um terceiro morador local que o documento secreto também comprova o que José Vieira conta sobre os sequestros dos meninos filhos dos lavradores. É José de Ribamar, conhecido como Zé Ribamar. Esse rapaz foi levado pelas forças militares no mesmo dia em que Zé Wilson foi preso, em 7 de novembro de 1973. Este filho de camponês também recebe a alcunha de "Local" no documento.[12]

Zé Wilson e Zé Ribamar eram amigos de José Vieira. Trabalhavam em roçados junto com a família para angariar recursos para a própria subsistência e, assim, fazer algum dinheiro. Mantinham cotidianamente contato com os guerrilheiros, assim como seus pais. Andavam pelas matas com os militantes do PCdoB. Moravam em casebres na localidade de São Domingos do Araguaia.

Os militantes políticos frequentavam suas casas, faziam algumas refeições. Ajudavam-nos com medicamentos. Curavam algumas doenças que acometiam crianças e adultos. Ensinavam princípios de higiene básica e pessoal, cidadania. Alfabetizavam jovens e adultos.

A família de José Vieira tinha terras num lugar denominado Beira do Cruzeiro, em Oiteiro. Nesse lugar plantavam arroz, milho e mandioca. A memória dessa vítima da ditadura demonstra relação de pertencimento ao lugar e à família dizimada pelas forças militares. Comprova sua inserção nessa comunidade que

---

12 Cópia do ACE 54730/86.

hoje não existe mais. "Nós trabalhava de roça. Botava roça, colhia. Nós tinha paiol de arroz. Lá em casa mesmo nós tinha linha de mandioca. Dois alqueire de roça. Só que depois que meu pai se acabou, acabou tudo", explica o sequestrado.

As terras da família Vieira iam do Brejo das Antas até Itaquari. A casa ficava na beira do Caracol. Luiz Vieira de Almeida, o chefe da família, foi morto – de acordo com relatório do Exército – em 30 de dezembro de 1973. Essa data é diferente dos relatos do filho, que foi preso duas semanas antes. A data de 30 de dezembro consta do relatório enviado ao Alto Comando do Exército sob o protocolo número 72067/74 e número 54730/86.[13]

Depois que Luiz Vieira foi morto e José Vieira preso, os militares tomaram posse das terras da família. Queimaram a casa, as plantações e todo o estoque de mantimento (arroz, mandioca, milho). Prenderam e torturaram a matriarca: Joana Almeida. Os irmãos foram maltratados também. "Só que depois que meu pai se acabou, acabou tudo". "Nossas terra foi dividida e fomos dados para os outros. E nossas coisas foi queimado tudo", reclama.

"[Com] Minha irmã [Maria] não fizeram nada assim, mas deram pressão nela. Tanto que ela adoeceu. Meu irmão [Antônio Raimundo Almeida] foi embora. Foi ficar num lugar de nome Carolina. Fica na região de Goiás [hoje estado do Tocantins]", conta José Vieira.

O episódio da morte do pai é descrito assim por José Vieira: eles estavam andando no meio do mato na região de São Domingos, quando um grupo de combate iniciou perseguição e os cercou. "Teve um tiroteio e aí eu corri. Deu para mim escapar. O meu pai, não deu. Ele se acabou lá mesmo, no meio do mato".

---

13 *Idem.*

Apesar de defender o Exército hoje, José Vieira reclama do que aconteceu com ele e a família na década de 1970. Pensou que também seria morto pelos militares.

> [Foi] Um grande atraso sobre isso daí, porque basta ser que a gente perdeu o pai da gente, e o negócio fica bem difícil, né? Aí eu não sabia como era que ia acontecer comigo, eu pra mim que eu ia morrer também, eles me pegaram e diziam que eu ia passar uns tempos mais eles e depois ia voltar a estudar, mas eu.... a minha impressão é que eu ia morrer também, eu pensei, meu pai morreu então tudo tá morrendo, o pessoal que tá comprometido no mato aí tá morrendo também, e eu pensei que ia morrer também. Mas, graças a Deus, eu voltei pro lado de minha mãe.[14]

José Vieira vive hoje uma dualidade. Ora pode ser o filho do lavrador sofrido, homem da terra, ora é um militar de baixa patente, cujos ensinamentos foram-lhe impostos durante os meses que ficou em cativeiro nos quartéis.

Em 1974, o destino de José Vieira depois da morte do pai foi a casa do tio Constantino Almeida, num lugar chamado Boa Esperança. Permaneceu nessa casa por algum tempo, até que o guerrilheiro chamado Piauí – Antônio de Pádua Costa – chegou e foram juntos até a casa de sua mãe, Joana, onde também morava o irmão Antônio Raimundo Almeida. "Sai de lá com o Piauí. Ele era o comandante do grupamento dos guerrilheiros. Aí eu fiquei lá e a tropa chegou e me cercou. Soube que eu estava lá. Que eu tinha ido lá para falar com a minha mãe. Mas aí antes de a minha mãe chegar em casa, a tropa chegou e cercou. Aí me pegaram. Eu

---

14 Entrevista a Romualdo Pessoa Campos Filho. *Guerrilha do Araguaia: a esquerda em armas*. São Paulo: Anita Garibaldi, 2012.

mais ele, o Piauí", descreve José Vieira. Este relato mostra que o Exército planejou a captura do filho do lavrador, com levantamento de dados sobre a vítima e sua perseguição até a captura.

Piauí era o subcomandante do Destacamento A, cuja área de atuação era São Domingos do Araguaia. O grupo de combate que rendeu José e Piauí foi o do tenente José Vargas Jimenez, o Chico Dólar. "Os grupos de 'Piauí' e 'Zé Carlos' tinham prioridade 'um', para sua captura e destruição e suas presenças nas áreas estavam confirmada", escreveu Jimenez em seu livro de memórias.[15]

O militar Jimenez descreve ainda que a captura de José Vieira e de Piauí se deu no dia 24 de janeiro de 1974. A prisão ocorreu com a ajuda de dois soldados e um outro tenente (Miracis Rogério Flores) numa cabana a cerca de cinco quilômetros de São Domingos das Latas, hoje rebatizada de São Domingos do Araguaia. Cercaram o local e o invadiram. Depois teriam travado luta corporal, de acordo com a narrativa de Jimenez:

> Capturamos Antônio de Pádua Costa 'Piauí', chefe de um dos grupos guerrilheiros e encarregado de manter a moral deles e elevada, e 'Zézinho', um camponês jovem que havia sido recrutado pelos guerrilheiros, um inocente útil. Ambos estavam magros e desnutridos, com suas roupas em farrapos. 'Piauí' tinha um revólver cal. 38, uma espingarda cal. 44, e 'Zézinho' uma espingarda cal.20 e um facão. Retornamos para nossa base em Bacaba, porém quando passamos pelo povoado de São Domingos das Latas os conduzimos

---

15 JIMENEZ, José Vargas. *Bacaba – memórias de um guerreiro de selva da guerrilha do Araguaia*. Campo Grande: Edição do Autor, 2007, p. 36.

a pé, com uma corda amarrada no pescoço para que a população os visse.[16]

A narrativa do tenente aponta ainda que Piauí foi capturado vivo. E que o camponês Zézinho (José Vieira), recrutado pelos guerrilheiros, permaneceu vivo e "passou a nosso colaborador". A expressão "passou a nosso colaborador" é, neste caso, um eufemismo para o crime de sequestro.

**

A ordem para captura e destruição dos militantes políticos e pessoas ligadas a eles, que significa matar o capturado, era parte do planejamento secreto do Exército. Nele constavam dados levantados pelo Centro de Informações do Exército (CIE). As prioridades para captura e/ou destruição eram dadas de acordo com o grau de importância e periculosidade de cada guerrilheiro ou camponês, segundo explica o tenente Jimenez.

"Piauí, um dos quadros mais qualificados do PCdoB, andou pelo mato por várias semanas, até que um dia um menino que o acompanhava (cujo pai aderira à guerrilha e fora morto) resolveu levá-lo à casa de um tio. Estava faminto, seminu. Foi entregue à tropa, que o encapuzou, amarrou e levou para a Bacaba", descreve o jornalista Elio Gaspari em seu livro *A ditadura escancarada*,[17] mais uma pesquisa que confirma, a seu modo, a versão contada por José Vieira.

As forças militares, escreve Gaspari, "pouparam pelo menos seis lavradores que, com suas famílias, internaram-se na mata a

---

16   JIMENEZ, José Vargas. *Bacaba – memórias de um guerreiro de selva da guerrilha do Araguaia*, p. 55, 56 e 57.

17   GASPARI, Elio. *A ditadura escancarada*, São Paulo: Companhia das Letras, 2002, p. 458.

convite da guerrilha e, semanas depois, dispersaram-se. Pouparam também três adolescentes recrutados pelo PCdoB". Ainda segundo Gaspari, não há notícia de jovem atraído pelos guerrilheiros que, depois de capturado, tenha sido assassinado pelo Exército. O menino José Vieira, que foi preso com Piauí, sobreviveu à terceira campanha e contou sua história. Passou um tempo na cadeia. Levaram-no para Belém e de lá para Altamira, onde o alistaram no Exército. Serviu por um ano e retornou para casa. Ele guardou a lembrança de dois outros que foram alistados".[18]

Gaspari, em entrevista ao autor deste livro em 3 de abril de 2018, admitiu se lembrar da existência do episódio de sequestro de seis filhos adolescentes de camponeses da região do Araguaia em 1973 e 1974. Disse que as histórias descritas por este autor a ele, com tantos detalhes, era "uma revelação". Mas em seus livros sobre memórias da ditadura optou por tratar o fato com apenas duas citações em nota de pé de página. "Eu soube da história dos meninos, mas sem a precisão das tuas pesquisas", afirmou o jornalista.

***

De acordo com documentos da Marinha, Piauí foi morto pela guerrilheira Rosinha, codinome de Maria Célia Corrêa, no dia 5 de março de 1974. "A versão não faz sentido", ressalta Nilmário Miranda no livro *Dos filhos deste solo*.[19] Na mesma obra, Nilmário cita que o guerrilheiro foi preso quando estava na casa do tio de José Vieira, o que também atesta a veracidade da versão narrada pela vítima sequestrada pelos militares. A data de 5 de

---

18 *Ibidem*, p. 458.

19 MIRANDA, Nilmário; TIBÚRCIO, Carlos. *Dos filhos deste solo*, São Paulo: Boitempo, 2008, p. 261.

março está descrita nos relatórios secretos do Exército protocolos ACE 72067/74 e PGR 5127/74.[20]

ACE, Alto Comando do Exército, é um órgão de assessoramento superior do comandante do exército e de órgãos de assistência direta e imediata, como o CIE. No Brasil, o ACE é formado pelo comandante do Exército e pelos generais quatro estrelas que se encontram em serviço ativo.

Uma lista do Exército de abril de 1973 mostrava a existência de cinquenta e um moradores da região como "possíveis integrantes das forças de sustentação da guerrilha. Essa lista integra o Anexo B da Operação Sucuri, a primeira incursão das Forças Armadas no Araguaia, entre abril e outubro de 1972. O comandante desta etapa da operação foi o tenente-coronel Carlos Sérgio Torres. O relatório de informações é assinado pelo major Gilberto Airton Zenkner.[21]

***

Os três Josés – Vieira, Ribamar e Wilson – inicialmente foram levados para a base militar de Bacaba, à beira da Transamazônica, no km 68. Depois foram transferidos para quartéis do Exército em outros estados. Era a continuação do plano organizado pelos militares para o sequestro dos filhos de lavradores que haviam aderido à guerrilha do Araguaia.

Bacaba era uma base militar constituída de seis a oito barracões de madeira e duas casas de madeira, que funcionavam como celas, além de outras dependências militares, inclusive um campo de pouso de aviões e helicópteros. O local mais temido pelos prisioneiros era um enorme buraco no chão onde homens,

---

20 Relatório do Exército. *Subversivos que participaram da Guerrilha do Araguaia.*

21 *Idem.*

adolescentes e crianças eram deixados por vários dias, quase sempre nus, ao relento. Recebeu a alcunha de Vietnã.

Mais de duzentos moradores da região passaram por essa base militar e sentiram o drama de ficar preso no Vietnã. Na terceira etapa da guerrilha, iniciada em 7 de outubro de 1973, foi realizado um "arrastão" para capturar todos os moradores da região suspeitos de colaborar com a guerrilha. Essas pessoas haviam sido apontadas por agentes infiltrados nas comunidades. Foram colocadas nesses buracos que tinham três metros de comprimento, dois de largura e três de profundidade.[22]

O Vietnã era cercado por arame farpado e grades. Os prisioneiros não recebiam alimentos ou água. Precisavam fazer as necessidades fisiológicas lá mesmo. Ficavam à mercê do tempo, do sol muito forte dessa região do Brasil, dos insetos e animais.

"Me espancaram quando cheguei na base de Bacaba. Fiquei um bocado de tempo preso lá na Bacaba. Bateram muito n'eu e nele [Piauí]. Espancaram nós dois. E depois deram um sumiço nele. Que eu não vi mais", conta José Vieira. "Eles me trataram, nos começos assim na ponta do pé, no mal, aí depois eles me trataram bem. Eles me levaram pra mim, disse que [para] estudar. Aí passar uns tempos fora. Eu trabalhei uns tempos mais eles lá, andando de um lado pro outro. E depois eles me liberaram pra mim tirar meus tempos de reservista".

Depois de permanecer um tempo em Bacaba, José Vieira foi levado para outro ponto na região. Era uma marcenaria à beira do rio Araguaia, na cidade de Xambioá, chamada Marcelinense. Essa marcenaria pertencia a um fazendeiro da re-

---

22   STUDART, Hugo. *A lei da selva*. São Paulo: Geração Editorial, 2006, p. 217.

gião, Antônio Martins, o Antoninho da Marcelinense, e foi tomada pelos militares.[23]

O ponto à beira do rio era usado para encontro dos guerrilheiros. O empresário Antoninho foi preso por ordem do general Antônio Bandeira, que comandou a primeira e segunda campanhas contra a guerrilha do Araguaia, em 1972 e 1973. Depois do combate à guerrilha no Araguaia, o militar se tornou diretor-geral da Polícia Federal.

Na marcenaria, já comandada pelos militares, os prisioneiros eram obrigados a trabalhar carregando madeira e, às vezes, fazer algum serviço artesanal com toras de madeira. Também há relatos de torturas realizadas na Marcelinense pelos militares. José Vieira ficou bastante tempo preso na marcenaria, mas não sabe precisar quantos dias ou semanas. Depois voltou para Bacaba.

No retorno a Bacaba, foi obrigado a trabalhar. Foi levado para o que no jargão militar é chamado de rancho, ou seja, a cozinha. Deveria ajudar a fazer a alimentação dos militares. "Eles me botaram para mim trabalhar. Ajudar a fazer comida. Só que não tinha ganho nenhum. Era só trabalhando, fazendo comida. Trabalhando mais eles. Tudo junto com eles", descreve José Vieira.

Ele conta que ficou um tempo trabalhando na cozinha da base e depois foi liberado. Essa liberação, realizada em algum mês entre o começo e o fim de 1974, coincide com o "fim" da guerrilha do Araguaia e também com o assassinato de Piauí, quando o guerrilheiro tinha trinta anos de idade. Foi visto pela última vez com vida em 14 de janeiro de 1974. O corpo foi encontrado por mateiros no meio da selva.

---

23   STUDART, Hugo. *A lei da selva*, p. 157.

Outro livro, dos jornalistas Taís Morais e Eumano Silva –
Operação Araguaia – os arquivos secretos da guerrilha –, informa
que "o ex-guia do Exército Manoel Leal de Lima, o Vanu, afirmou, em depoimento ao Ministério Púbico, tê-lo visto [Piauí]
na base de Bacaba. Algum tempo depois, encontrou o corpo
na mata, ao lado de outros guerrilheiros". E o jornalista Hugo
Studart, em *A lei da selva*, informa que a data da execução de
Piauí é 24 de janeiro de 1974.[24]

***

A operação de sequestro de José Vieira, José de Ribamar
e José Wilson de Brito Feitosa – os dois últimos adolescentes –,
levou-os para o quartel general do Exército na cidade de Belém
do Pará, localizado na antiga Praça da Bandeira, hoje chamada
de praça Saldanha Marinho. Foram de avião entre o sudeste do
estado e a capital.

O preparo da viagem de José Vieira junto com os militares do Araguaia até Belém, que consumaria a primeira etapa
da operação de sequestro, foi organizado por um militar que a
vítima chama de Doutor Jonas. "Era o Doutor Jonas. E lá no QG
o major Pio. Tinha mais gente, o Doutor Jerry ou Jefe, o Major
Cacá", descreve.

José Vieira ficou um mês e doze dias no QG do Exército
em Belém. Nessa breve passagem esteve sob as ordens do Major
Rocha Lima. Zé Wilson e Zé Ribamar, segundo conta José
Vieira, também eram obrigados a trabalhar no quartel general
do Exército. "Ficaram lá pro outro lado do QG. Daí não sei o que
eles faziam. Mas quando a gente estava na base tinha que trabalhar. E não ganhava nenhum dinheiro", reclama.

---

24 *Ibidem*, p. 356.

Enquanto moravam no quartel em Belém, os três Josés filhos de camponeses no Araguaia receberam duas mudas de roupa cada um para poder trabalhar. Não era farda. Apenas uma camisa e uma calça que eram trocados semanalmente enquanto um conjunto estava sendo lavado. Usavam uma muda de roupa a cada sete dias. Depois, José Vieira foi transferido para o quartel da 5ª Companhia de Guardas, localizado no bairro de Marambaia, também em Belém do Pará. Os outros dois permaneceram no quartel sede. "Quando eu vim de Belém, eles (Wilson e Ribamar) ficaram lá no QG em Belém".

José Wilson e Ribamar não foram localizados durante nossa pesquisa. José Vieira não consegue quantificar quanto tempo ficou no quartel da 5ª Companhia de Guardas. Diz que na sequência foi levado de avião para a cidade de Altamira, no Pará.

Esse município, até 2009, foi o maior do mundo em extensão territorial, com uma área de 159 mil quilômetros quadrados. Essa área é maior que dez estados brasileiros, além do Distrito Federal, e também maior que vários países europeus, como Portugal, Suíça, Irlanda, entre outros.

***

A saída de José Vieira de Belém para Altamira – a segunda e mais importante etapa da operação de sequestro desse lavrador – deve ter acontecido em fins de fevereiro ou início de março de 1975. Isso porque foi incorporado oficialmente ao Exército como soldado em Altamira no dia 3 de março de 1975. Serviu no 51º Batalhão de Infantaria de Selva, na 1ª Companhia, de acordo com o Certificado de Reservista que o Exército fez para ele. Em Altamira, foi recebido pelo Tenente Goulart, que o designou para prestar serviço na 1ª Companhia do Batalhão de Caçadores.

A operação tinha como objetivo afastar os rapazes da região do Araguaia. Os seis foram cooptados pelo Exército. Foi realizada ação de aliciamento e uma espécie de lavagem cerebral dos rapazes, que tiveram de se submeter ao regulamento militar. Receberam promessa, não cumprida, de que poderiam estudar. Foram premiados pelos serviços prestados e "esqueceram" – em parte – a vida livre na selva, as agruras passadas juntos aos guerrilheiros e os maltratos recebidos dos próprios militares no Araguaia.

Foram feitas falsas promessas, conforme relata José Vieira, de estudar em escolas grandes, aprender uma profissão, morar numa cidade com alguma infraestrutura que não fosse as vilas campesinas no meio da floresta amazônica. Mas ficou tudo na promessa. A profissão aprendida dentro do quartel foi manejar vassoura e rodo, além de cozinhar. De concreto, receberam, como mostra José Vieira, um diploma de mérito e uma carta de apresentação, que estão descritos mais à frente.

Na parte educacional, passaram por ensinamentos militares básicos para manejo de armas, ordem unida, asseio pessoal, educação física –; além de muita educação moral e cívica. Talvez com o objetivo de que passassem a odiar os comunistas do PCdoB e as "atividades socialistas" que presenciaram na floresta junto com os guerrilheiros.

O resultado, no entanto, é dúbio. José Vieira, por exemplo, mantém sua opinião positiva e apreço sobre os guerrilheiros. Esses homens contrários ao governo militar continuam sendo vistos como pessoas boas, que ajudavam o povo. Por outro lado, é mantida a crítica aos militares, pelo menos quando o assunto diz respeito ao que sua família sofreu com a perda de propriedade, de plantações e outros bens. Além, obviamente, sobre o assassinato de seu pai e a tortura da mãe.

A tentativa de cooptação do filho de camponês sequestra-do incluiu a elaboração de um documento de reservista para José Vieira. Esse certificado de reservista foi feito em Altamira pelo Exército. E possui dados falsos. As famílias pobres de camponeses não tinham documentos. Tampouco os filhos desses agricultores, homens da floresta. Informação essa que o Exército tinha conhecimento, conforme descreve o coronel Aluísio Madruga de Moura e Souza, que trabalhou no SNI e no Centro de Informações do Exército (CIE):

> Há que se destacar que a retirada dos componentes da rede de apoio da região, aí incluídos esposa e filhos, teve os seguintes objetivos: negar aos guerrilheiros informações, alimentos (principalmente o sal e óleo) e o querosene, além de tentar até mesmo proteger estas pessoas, já que muitas, sob suspeitas de estarem apoiando nas forças legais estavam sendo ameaçadas. Aqui é importante deixar claro que estas pessoas residiam em pequenas palhoças de chão batido e quase sempre sem portas e janelas. De uma maneira geral não possuíam certidão de nascimento nem de casamento, sendo lógico que com seus filhos não era diferente.[25]

O Exército "legalizou" o camponês José Vieira, que não tinha documentos de identificação. Caso tenha tido, anteriormente, alguma coisa, foi queimado junto a seus pertences em São Domingos do Araguaia. O documento elaborado

---

25 SOUZA, Aluísio Madruga de Moura e. *Movimento comunista brasileiro – Guerrilha do Araguaia – revanchismo, a grande verdade.* Brasília: Edição do autor, 2002, p. 161 e 162.

pelo Exército deu novo rumo à vida do filho do agricultor do Araguaia e o transformou num militar.

Isso possibilitou que José Vieira ficasse dentro dos quartéis, longe da guerrilha e dos comunistas. Mas, principalmente, distante de sua comunidade. José Vieira, porém, acredita que serviu o Exército normalmente, numa ação beneficente da instituição que o aceitou para trabalhar.

O principal e mais importante ato de falsificação do certificado de reservista refere-se ao ano de nascimento. Tal alteração possibilitou incorporá-lo ao Exército como recruta, como se estivesse prestando serviço militar obrigatório normal.

José Vieira nasceu em 15 de novembro de 1950, segundo afirma. Para se alistar no serviço militar obrigatório, deveria ser incorporado em 1969, após ter completado 18 anos de idade. Mas o Certificado de Reservista feito no quartel em Altamira registra a data de nascimento como 30 de junho de 1956.[26] A alteração da data permitiu que entrasse no quartel oficialmente, sem levantar suspeitas ou qualquer outro problema legal em 3 de março de 1975. Um ano depois do fim dos combates no Araguaia, longe da mãe, da família e dos amigos.

"A minha data de nascimento: a data foi tirada errada. Porque eu falei a verdade, mas não tinha documento nenhum para comprovar. Aí disseram que não era verdade, não. Então fizeram do jeito que fizeram. Eu num tinha documento nenhum para comprovar nada. Eu não tinha papel nenhum. Mas a minha idade mesmo, eu sou de [19]50. Do dia 15 de novembro de 50. Foi o que falei pra eles. Só que não acreditou", conta José Vieira.

---

26 Cópia do documento entregue ao autor em 3 de outubro de 2017.

O filho de Luiz Vieira e Joana Almeida serviu no 51º Batalhão de Infantaria de Selva (BIS) em Altamira, no Pará, de 3 de março de 1975 até 2 de março de 1976. Depois foi dispensado. Hoje, diz sentir orgulho de ter trabalhado esses 365 dias no Exército. Fazia comida no quartel. Mas também saía para realizar operações militares na mata. Eram operações contra índios. Passou a defender cegamente a doutrina de segurança nacional, obedecendo ordens de seus superiores. Dormia nos mesmos alojamentos que os soldados. Orgulhava-se de usar farda.

Em Altamira, diz que teve mais contato com o sargento Feliciano, com o major "Aldapar Lopez", que era o comandante do quartel de Altamira, cujo nome correto é Aldo da Paz Lopez; com o major Rocha Lima e com o tenente Eudo, Eudo Silveira de Souza, comandante da 1º Companhia, onde estava lotado.

> Eu trabalhei logo no quartel, até que um dia teve um ataque dos índios. Mataram um monte de gente depois de Altamira. O cabo Delmiro, o major [Aldo da Paz Lopes] falou para ir numa missão. E ele [Delmiro] disse que só ia se eu fosse na missão. Aí o major mandou me chamar lá no comando. Mas não autorizou eu ir não. Ele perguntou assim: você quer ir na missão pra nós cumprir agora? Que os índios mataram um bocado de gente e é pra nóis juntar o pessoal. E eu falei: major, o que que tem que levar? E ele falou: leva um [fuzil] FAL, uma Beretta de oito tiros e os caibro de boca da arma e os carregador. E eu falei: é para matar os índios? E ele falou: não. Então, falei, pra que essas armas? Ele falou que é para se proteger.[27]

José Vieira disse que foram até o local onde os índios teriam matado as pessoas. Ele ajudou a cortar o mato para abrir

---

27 Entrevista concedida ao autor por José Vieira.

uma clareira para o helicóptero do Exército pousar. Mas não teria precisado atirar em ninguém. "Não teve tiroteio nenhum lá. Também os índios não vieram atacar nós".

Ao dar baixa no serviço militar no 51° BIS, José Vieira recebeu um diploma de "Mérito" assinado por Eudo Silveira de Souza, 1° tenente comandante da 1ª Companhia de Fuzileiros, onde ele serviu. O papel tem a rubrica também do comandante chefe diretor do quartel, major Aldo da Paz Lopes.

Com o brasão da República brasileira, o diploma está hoje plastificado e José Vieira o mostra com orgulho. Consta em destaque no alto da página: "Para que sejais útil à Pátria, deveis manter como Cidadão, comportamento semelhante ao que mantivestes como Militar".[28] É quase uma ordem essa informação inscrita dentro de um box, como se fosse um carimbo.

O texto do diploma é só elogios: "Em homenagem ao mérito, declaramos que o José Vieira de Almeida durante a prestação de Serviço Militar inicial, manteve excelente atividade e modelar comportamento, como o confirmam as suas alterações e a observação do modo como desempenhou os encargos que lhe foram atribuídos, fazendo jus a esta prova de distinção dos superiores hierárquicos".

José Vieira também recebeu uma carta de apresentação, igualmente plastificada, assinada pelo major Aldo da Paz Lopes e com o carimbo do Ministério do Exército, 8ª Região Militar.

A declaração diz: "O portador da presente é o reservista José Vieira de Almeida, que serviu nesta Unidade de 3 de março de 1975 a 2 de março de 1976, tendo demonstrado durante este período ser dotado de grande sentimento de responsabilidade, amor ao trabalho, muito disciplinado e cumpridor de suas obrigações.

---

28 Cópia do documento entregue ao autor em 3 de outubro de 2017.

66   EDUARDO REINA

Em consequência, este Comando lhe faz entrega deste documento por ser merecedor de tal consideração e visando patentear face ao meio civil a sua capacidade de trabalho e facilitar a sua colocação profissional".[29]

Depois que deixou o Exército, José Vieira só conseguiu subempregos e colocações de serviços básicos no Pará. Foi obrigado a retornar à casa de seu irmão, para morar junto com a mãe. Dona Joana faleceu em 2010. Um ano depois ele foi considerado anistiado político pelo Governo Federal e recebeu uma indenização do Estado brasileiro pelo que sofreu durante a ditadura.

José Vieira mantém sua simplicidade de gente do campo. Diz não ter mágoa do Exército. Admite ter gostado da vida militar exercida na década de 1970.

***

Em fins de 1975 e começo de 1976, o mesmo percurso realizado por José Vieira entre São Domingos do Araguaia até Belém do Pará e depois Altamira foi percorrido por outro filho de lavrador sequestrado pelos militares. Trata-se de Sebastião de Santana, que José Vieira chama de Sebastiãozinho ou Tião. Esse rapaz também ficou preso e foi torturado na base de Bacaba.

Tião tem o mesmo apelido que o registra no relatório secreto do Centro de Informações do Exército (CIE) ACE 72067/74. Esse documento mostra que Sebastião foi preso pelas forças de repressão em 12 de janeiro de 1974.[30]

---

29 Cópia do documento entregue ao autor em 3 de outubro de 2017.

30 Relatório do Exército. *Subversivos que participaram da Guerrilha do Araguaia*.

São doze dias antes da captura de José Vieira, que conta ter ficado junto com Sebastião em Bacaba, no QG em Belém do Pará e em Altamira.

José Atanásio Santana, chamado como Zé dos Santos, lavrador que cooperou com os guerrilheiros no Araguaia, é o pai de Sebastião. Moravam na região de Brejo das Pacas, também conhecida como Tabocão. É a mesma área onde residia e trabalhava a família Vieira. Sebastião ficou escondido na mata com o guerrilheiro João Araguaia até o começo de 1974. João Araguaia era o codinome de Demerval da Silva Pereira, integrante do Destacamento A.

Quando o cerco militar apertou, João Araguaia voltou para a cidade e entregou o adolescente a seus pais, no Tabocão, de acordo com depoimento dos tios do rapaz, Zulmira Pereira Neres e Luiz Martins dos Santos, à Procuradoria Regional dos Direitos do Cidadão no Estado do Pará em julho de 2001.[31]

Assim que o menino foi entregue aos pais, Zé dos Santos [José Atanásio Santana] caminhou até a localidade de Brejo Grande para pegar um carro e conseguir chegar à base de Bacaba a fim de avisar os militares que seu filho havia voltado para casa. Estava sob pressão psicológica e física dos militares, que já tinham avisado que era necessário entregar o filho, considerado um subversivo por estar junto com os guerrilheiros. "[Ele foi até] Bacaba avisar aos militares que seu filho havia voltado, já que sabia que este seria preso caso não informasse", revela o depoimento dos tios de Sebastião a procuradores da República no Pará, em julho de 2001.

---

31 Cópia dos depoimentos de Zulmira Pereira Neres e Luiz Martins dos Santos. Ministério Público Federal. Procuradoria Regional dos Direitos dos cidadãos no Estado do Pará.

Assim que avisou as forças militares em Bacaba, Zé dos Santos retornou junto com duas equipes de doze soldados até sua casa no Tabocão. Sebastião foi detido e interrogado lá mesmo. Os dois grupos de militares permaneceram na casa do menino até a madrugada, quando, às quatro da manhã, saíram para a mata levando Sebastião.[32]

Horas depois, foram ouvidas rajadas de tiros no meio da floresta. Os soldados retornaram trazendo um corpo dentro de um saco plástico azul, envolto numa rede. Sebastião e os militares disseram a Zulmira e Luiz Martins dos Santos que o cadáver era do guerrilheiro Manoel, codinome de Rodolfo de Carvalho Troiano, de acordo com o depoimento de ambos os tios em 2001. Relatório da Marinha aponta que essa execução ocorreu no dia 12 de janeiro de 1974, mesma data da prisão de Sebastião, conforme relatório secreto do Exército.

Na tarde desse mesmo dia, um helicóptero foi buscar o cadáver e a tropa. De acordo com o depoimento dos tios de Sebastião à Procuradoria da República, o menino foi levado inicialmente para Bacaba e de lá para Belém, onde permaneceu por "uns dois anos".[33] No ano de 2001, Sebastião morou em São Félix do Xingu. Não consegui, na pesquisa para este livro, localizá-lo.

O caso de Sebastião também é citado em nota de rodapé pelo jornalista Elio Gaspari no livro *A ditadura escancarada*. Escreve que o menino "tirou uns tempos [no quartel de Altamira]".

---

32 Comissão Especial sobre mortos e desaparecidos políticos. Ficha descritiva de Rodolfo de Carvalho Troiano.

33 Depoimento de Zulmira Pereira Neres e Luiz Martins dos Santos ao Ministério Público Federal, Procuradoria da República do Estado do Pará, Procuradoria Regional dos Direitos do Cidadão, inquéritos civis públicos MPF/SP/n° 01/2001 e MPF/DF/n° 05/2001.

CATIVEIRO SEM FIM   69

Segundo Gaspari, Sebastião foi um dos três adolescentes recrutados pelo PCdoB poupados pelas forças militares.[34]

***

Outro adolescente filho de lavrador que foi citado como poupado pelas forças militares que atuaram no Araguaia, mas que na realidade foi sequestrado e cooptado, é Osniel Ferreira da Cruz, chamado de Osnil. Esse rapaz foi preso no mesmo dia e na mesma localidade que José Vieira e Sebastião: 12 de janeiro de 1974, na região do Tabocão.

A prisão de Osniel é confirmada pela lista que consta do relatório secreto do Exército. O nome dele está no item 79. Consta ainda de outros dois relatórios oficiais. O chamado Infão 956/16/ABE/74 e o PRG 72067/74.[35]

José Vieira não sabe dizer quem são os pais de Osniel. Confirma que ficou preso junto com ele na base de Bacaba e que depois foram levados para Belém do Pará. "O Osnil estava comigo lá na base. Esteve com o Sebastião", descreve. Conta ainda, que quando foi para o quartel de Altamira, Osniel foi levado para o quartel de Itaituba, interior do Pará. É o 53º Batalhão de Infantaria de Selva, em Itaituba. Osniel não foi localizado pelo autor. "Ele [Osniel] era de uns pessoal que morava num local de nome Tabocão. De lá de Belém ele veio trabalhar nesse quartel daqui de Itaituba. E eu vim para cá para Altamira", diz José Vieira.

Conforme conta José Vieira, um sexto adolescente levado pelas forças militares é Antônio José da Silva, o Antoninho. José Vieira também descreve a captura desse rapaz no mesmo perí-

---

34 GASPARI, Elio. *A ditadura escancarada*, p. 458.

35 Relatório do Exército. *Subversivos que participaram da Guerrilha do Araguaia*.

odo em que ele foi sequestrado. A confirmação desse episódio é feita pelo próprio Centro de Informações do Exército, em seu relatório de número 72378/74,[36] que cita a prisão de Antoninho, chamado pelos militares como Antônio Mineiro, em 1974. Não está descrita a data exata.

"Tinha um [menino] do nome de Antoninho. Eu não vi para onde levaram ele. Mas eu soube [depois] que levaram ele para o Rio de Janeiro", aponta José Vieira. Antoninho era um rapaz que acompanhava Osvaldão, Osvaldo Orlando da Costa, um dos precurssores do PCdoB no Araguaia e que foi pai de criança também sequestrada pelos militares. Não consegui localizar Antoninho durante a pesquisa para este livro.

Os quartéis – 51º BIS e 53 BIS – para onde foram levados os adolescentes filhos de camponeses sequestrados no Araguaia foram criados no período da guerrilha e da implantação da rodovia Transamazônica.

***

Há enorme dificuldade para se obter informações que resgatem a história dos envolvidos na guerrilha do Araguaia junto à população local. Passados mais de quarenta anos do movimento guerrilheiro, ainda persiste a atuação de agentes militares na região. Há nítida intenção de intimidação sobre as pessoas que têm algum tipo de informação que possa esclarecer fatos sobre a guerrilha e sobre o sequestro de bebês, crianças e adolescentes filhos de guerrilheiros e de camponeses que estiveram ao lado daqueles que lutavam contra o regime militar.

---

36 Relatório do Exército. *Subversivos que participaram da Guerrilha do Araguaia.*.

"Fomos vigiados o tempo todo. Mesmo depois do fim da guerrilha do Araguaia e dos outros levantes. Esse processo de vigiar a gente foi ficando, ficando. Sempre com agentes de olho em tudo. Aconteceu pelo menos até o fim do governo de Fernando Collor de Mello [1992]. Mas pode ter prosseguido", explicou Luiza Canuto ao autor, em maio de 2017. Ela é filha de João Canuto de Oliveira, ex-presidente do Sindicato dos Trabalhadores Rurais de Conceição do Araguaia. O sindicalista foi assassinado em dezembro de 1985, quando, oficialmente, seria o último ano da ditadura, de acordo com o processo de transição lenta e gradual definido pelo então presidente Ernesto Geisel.

A ação de intimidação desenvolvida pelos agentes militares foi descoberta pelo Ministério Público Federal no início da década de 2000. Tal constatação se transformou numa ação civil pública assinada pelo promotor Marlon Weichert, encaminhada ao juiz federal da Subseção Judiciária de Marabá (PA) em 8 de agosto de 2001. Essa intimidação dos moradores das cidades localizadas na região onde se desenvolveu a guerrilha no Araguaia já era uma constatação feita por pesquisadores e por familiares dos desaparecidos desde os anos 1990, quando começaram a ser realizadas expedições nessas localidades. Foram expedições efetuadas pela Comissão Especial sobre Mortos e Desaparecidos Políticos e pela Comissão de Mortos e Desaparecidos na Guerrilha do Araguaia.

A presença de agentes ligados ao Centro de Informações do Exército era uma constante. Segue abaixo trecho de depoimentos do camponês e ex-guia do Exército José Veloso de Andrade e do morador Marciano Mariano Pereira de Assunção, que demonstram o clima tenso existente entre os moradores da região do Araguaia quando o assunto nas conversas é a guerrilha do Araguaia. Esse trecho do depoimento consta da ação do MPF.

Logo os membros do Ministério Público Federal notaram que a população mantinha grande receio em fornecer dados objetivos sobre localização de sepulturas. Elucidativo é o comentário do popular Marciano Mariano Pereira de Assunção, ao prestar o depoimento: "... até hoje moradores que avisam que se contarem alguma coisa sobre a guerrilha vão voltar a apanhar."

No dia 10 de julho de 2001, o morador de Brejo Grande do Araguaia e ex-guia do Exército José Veloso de Andrade revelou o motivo, em depoimento gravado. Indagado se poderia dar algum esclarecimento sobre a guerrilha, respondeu:

> José Veloso - (...) eu não posso dar informação nenhuma.
> MPF - Por que o senhor não pode?
> JV - Porque eu fui proibido.
> MPF - Quem proibiu o senhor?
> JV - Pelo Exército.[37]

O mais grave, segundo o MP, e que a proibição é que não se trata de proibição da época da guerrilha, mas recente, constantemente reiterada. Segundo Veloso, essa proibição foi reforçada em 1997, após a publicação da primeira edição do livro *Guerrilha do Araguaia: a esquerda em armas*, de Romualdo Pessoa Campos filho.

> MV (servidor do MPF) – Mas depois que ele veio eles falaram para o senhor não falar mais sobre isso, foi?

---

37 CAMPOS FILHO, Romualdo Pessoas. *Guerrilha do Araguaia – a esquerda em armas*. São Paulo: Anita Garibaldi, 2015, p. 270 e 279.

CATIVEIRO SEM FIM

- JV (José Veloso) – Ah, foi, teve um pessoal foi de Brasília aqui, rapaz.

MV – Depois que ele veio falar com o senhor?

JV – É.

MV – Quer dizer que ele veio aqui, fez esse livro, o pessoal de Brasília veio aqui para dizer para o senhor não falar mais nada.

JV – Vieram.

MV – E quem é que veio?

JV – Quem veio foi uns... Só veio oficiais.

MV – Oficiais? Lá de Brasília. Se identificaram para o senhor?

JV – Olha, não, é que eles se identificaram, mas é outros nomes.

M (Marlon, Procurador da República) – Eles não usam o nome verdadeiro não, quando vem falar com o senhor?

MV – Tudo nome de guerra.[38]

Na sequência do depoimento, o lavrador José Veloso relata que as visitas dos agentes do Exército em sua casa e na casa de outros camponeses era rotina ainda em 2001. E disse mais. Informou que viriam naquela mesma semana para vê-lo.

JV – Mas se, olha, vocês fazem o seguinte, no dia 13...

MV – 13?

JV – Sim, sexta-feira. Eles ficaram de, de, de chegaram aqui.

MV – Os militares?

JV – É, o dr. Bezerra, dr. Adriano, Flávio, o Caco."[39]

"M – Para que eles ficaram de vir aqui?

---

38   *Ibidem*, p. 270.

39   Esse militar do Exército de codinome Caco também é citado por José Vieira em sua entrevista ao autor deste livro.

JV – Porque sempre eles viajam, sempre eles vêm aqui. Eles vêm aqui pra saber como é que tá passando a região. Como é que tá, o que tá acontecendo. Sempre eles vêm.

M – Sei.[40]

Seguindo a informação do lavrador, integrantes do Ministério Público Federal compareceram no dia 13 de julho de 2001 na casa de José Veloso, para flagrar os agentes do Exército e identificar o propósito dessa constante presença do local. Mas, surpreendentemente, esses agentes militares, ao se depararem com os Procuradores da República, simplesmente negaram a condição de militares. Disseram ser jornalistas.

Os integrantes do MPF constataram ainda que o veículo em que esses agentes do Exército chegaram, com placa fria, estava repleto de alimentos que seriam distribuídos nas localidades de São Geraldo do Araguaia, Xambioá, São Domingos do Araguaia e em Brejo Grande. Os ex-guias do Exército residem em todas essas localidades.

No prosseguimento das investigações sobre essas visitas constantes, intimidação e ameaças aos moradores locais durante o período de aparente normalidade democrática, o MPF descobriu também que eram distribuídas armas de fogo para os ex-colaboradores, além de quantias em dinheiro. Foram confirmados os casos de Pedro Alves, chamado de Pedro Galego, e de Antônio do Tênis como recebedores de armas frias e alimentos.

Essa ação de repressão foi denominada "Operação Anjos da Guarda", para monitoramento dos ex-colaboradores do Exército no

---

40 CAMPOS FILHO, Romualdo Pessoas. *Guerrilha do Araguaia – a esquerda em armas*, p. 270-271.

Araguaia. Na cidade de Marabá era mantido um escritório que se passava como centro de elaboração e distribuição de notícias. Seria uma falsa agência de notícias.

Dentre os vários documentos apreendidos nesse local há um que revelou os principais alvos do Exército na Operação Anjo da Guarda: "Apoio junto ao CIE [Centro de Inteligência do Exército] referente à aprovação das operações Anjo da Guarda [desmobilização dos ex-guias do Araguaia], Castanheira [crime organizado e madeireiras] e Gaviões [ONGs e índios]".[41]

Depois das movimentações, das ações civis abertas pelos Procuradores da República e solicitações junto aos órgãos federais, essas ações de intimidação diminuíram ou ficaram mais sofisticadas, sem denotação de repressão e contrainformação. Pelo menos aparentemente.

Um dos objetivos do Exército ao manter a "mão pesada" sobre os moradores locais é dar continuidade ao caráter secreto com que se desenvolveram as ações de repressão à guerrilha do Araguaia e o silêncio dos vários personagens envolvidos e sobreviventes. O sigilo com que o Exército protegeu suas operações no Araguaia tinha o propósito de negar aos adversários do regime "o reconhecimento de que efetivos das Forças Armadas estavam sendo empregados num problema de defesa interna dessa natureza". Inúmeros depoimentos dão conta de que a ditadura temia que a propagação das notícias de combates, mesmo ocorrendo apenas no exterior e em canais semiclandestinos, desse notoriedade à guerrilha. Era o medo

---

41 SOUZA, Josias de. "Araguaia, 27 anos. Exército chama sua operação de 'Anjo da Guarda'". *Folha de S. Paulo*, 2/8/2011.

76 EDUARDO REINA

de que o Araguaia se transformasse numa "zona liberada", como sucedera nas guerras do gênero no Sudeste da Ásia.[42]

O presidente da República do Brasil num dos períodos mais sangrentos e violentos dessa guerra, o general Emílio Garrastazu Médici, determinara que as ações seguissem em silêncio. "Era preciso esconder as operações para que elas tivessem sucesso", afirmou o próprio general em entrevista anos depois.[43] A lógica de Médici e dos militares era a de que "guerrilha se combate com guerrilha".[44]

---

42 GASPARI, Elio. *A ditadura escancarada*, p. 435, e PINHEIRO, Álvaro de Souza. "Guerrilha na Amazônia: uma experiência no passado, o presente e o futuro". In: Edição brasileira da *Military Review*, primeiro trimestre de 1995, p. 58 a 79.

43 SCARTEZINI, Antonio Carlos. *Segredos de Médici*, São Paulo: Marco Zero, 1985, p. 36.

44 PINHEIRO, Álvaro de Souza Pinheiro. *Guerrilha na Amazônia: uma experiência no passado, o presente e o futuro*, p. 58-79.

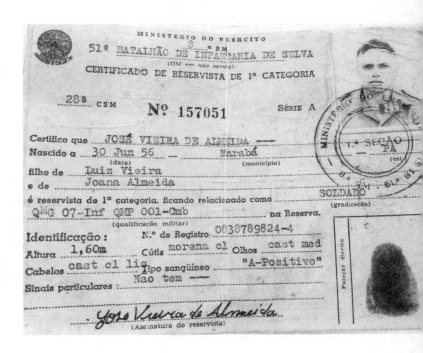

Acima: certificado de reservista criado pelo Exército para José Vieira em março de 1975; ao lado: José Vieira em 2017. Fonte: arquivo do autor e de José Vieira

Diploma recebido por José Vieira ao deixar o quartel em Altamira, em 1976.
Fonte: arquivo do autor e de José Vieira

Carta de apresentação dada a José Vieira ao deixar o Exército, assinada pelo major Aldo da Paz Lopes. Fonte: arquivo do autor, de José Vieira e da Associação dos Torturados do Araguaia

SUBVERSIVOS QUE PARTICIPARAM DA GUERRILHA DO ARAGUAIA

Nº	NOME	CODINOME	SITUAÇÃO	FONT
1	ADRIANO FONSECA FILHO	CHICO	Morto - Dez 1973	ACE 72378/74 AC
2	ALFREDO FRANCISCO DE LIMA	ALFREDO	Morto - 33 Out 73	ACE 62812/73
3	ALUÍSIO NUNES FERREIRA	UETO	Morto - 13 Mai 74	PRG-10516/74 e P
4	AMADEU ALVES DE LARMOS		Preso em 1974	ACE 72378/74
5	ANAURY DE AZEVEDO SIQUEIRA	ANAURY	Morto em 27 Fev 74	ACE 72378/74 e 7
6	ANDRÉ GRABOIS	ZÉ CARLOS	Morto em 13 Out 73	ACE 68812/73
7	ÂNGELO ARROIO	JOAQUIM	Morto em 16 Dez 76	INFRO 7023/116/A
8	ANTÔNIO CARLOS MONTEIRO TEIXEIRA	ANTÔNIO	Morto em 1972	ACE 62812/73
9	ANTÔNIO FERREIRA PINTO	ANTÔNIO	Morto em 30 Abr 74	
10	ANTÔNIO TEODORO DE CASTRO	RAUL	Morto em 27 Fev 74	ACE 72378/74 e A
11	ANTÔNIO JOSÉ DA SILVA	ANTÔNIO-MINEIRO	Preso em 1974	ACE 72378/74
12	ANTÔNIO GUILHERME RIBEIRO RIBAS	ZÉ FERREIRA	Morto em 19 Dez 73	ACE 72067/74 PRG
13	ANTÔNIO PÁDUA COSTA	PIAUÍ	Morto em 05 Mar 74	ACE 72067/74 PRG
14	AÍDO HUDSON PYLES		Preso em 1974	ACE 72378/74
15	ARILDO VALADÃO	ASI	Morto em 23 Nov 73	ACE 72067/74 - A
16	ÁUREA ELISA PEREIRA	ÁUREA	Presa em 30 Abr 74	PRG-9564/74
17	BERGSON GURJÃO FARIAS	JORGE	Morto em 03 Jun 7C	ACE 45474/72
18	CARLOS ALVES DELANÔNICA	CAZUZA	Pres. Banco Central	INFRO 338/79/DSI
19	CÉLIA SANCHES DE CRISTIE	CRISTINA	Morta em 08 Fev 74	ACE 72067/74 - PR
20	CELON CUNHA BRUM	SIMÃO	Morto em 27 Fev 74	ACE 72067/74 - PR
21	CÍCERO DANIEL	C. JOGADOR	Desertou em 1973	
22	CIRO FLÁVIO SALAZAR DE OLIVEIRA	FLÁVIO	Morto em 1972	Relação do CBA

Nº	NOME	CODINOME	SITUAÇÃO	FONT
45	JOÃO AMAZONAS DE SOUZA PEDROSO	CID	Encontra-se na ALBÂNIA	INFRO O 86/16/AC/
46	JOÃO BISPO FERREIRA BORGES	JOCA	Morto em 28 Mar 74	ACE 72067/74 - F
47	JOÃO CARLOS HASS SOBRINHO	JUCA	Morto em 1972	PRG-3209/74
48	JOÃO CARLOS CAMPOS MINUZZI	PAQUETÁ	Desertou em 1971	
49	JOÃO UVALREIRO CALATRONI	ZERÃO	Morto em 13 Out 73	ACE 62812/73
50	JOÃO MOACIR SANTIAGO DE MENDONÇA	SANTIAGO	Morto em 18 Ago 72	ACE 51015/72
51	JOSÉ ANUNZÍLIO PATRÍCIO	MANÉ	Morto em Set 74	INFRO 2227/16/A
52	JOSÉ ANTÔNIO BOTELHO	ANTÔNIO	Morto em 28 Abr 74	PRG-9564/74
53	JOSÉ DE RIBAMAR	ZÉ RIRAMAR	(LOCAL) Preso em 7 Nov 73	
54	JOSÉ DE LIMA PIAUÍ DOURADO	ZÉ IVO	Preso em 23 Jan 74	PRG-2926/74
55	JOSÉ FRANCISCO CHAVES	ZÉ FRANCISCO	Morto em 29 Set 72	Relação do CDA
56	JOSÉ HUMBERTO BRONCA	ZÉQUINHA	Morto em 13 Mai 74	ACE 72067/74 - P
57	JOSÉ GENUÍNO NETO	OSVALDO	Encontra-se em SÃO PAULO	PRG-11473/79
58	JOSÉ TOLEDO DE OLIVEIRA	VICTOR	Morto em 1972	
59	JOSÉ VIEIRA DE ALMEIDA	ZÉ DO L	(LOCAL) Preso em 24-01-74	
60	JOSÉ WILSON DE BRITO FEITOSA	ZÉ WILSON	(LOCAL) Preso em 07-11-73	
61	JOSIAS GONÇALVES DE SOUZA	JONAS	Preso em 02 Fev 74	ACE 72067/74 P
62	LOURIVAL SOUZA PAULINO		Morto em 28 Mai 72	ACE 49474/72
63	LÚCIA MARIA DE SOUZA	SÔNIA	Morta em 25 Out 71	ACE 72067/74 DI
64	LÚCIO PETIT DA SILVA	BETO	Morto em 28 Abr 74	
65	LUIZ RENÉ SILVEIRA E SILVA	DUDA	Morto em 14 Mar 74	ACE 72067/74 - P
66	LUIZ VIEIRA	LUIZINHO	Morto em 30 Dez 73	ACE 72067/74 - P

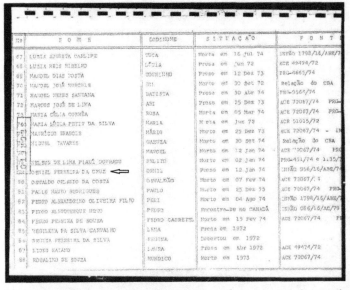

Páginas do relatório elaborado pelo Exército que lista os nomes de mais de uma centena de pessoas consideradas "subversivas" na região do Araguaia durante a guerrilha. No rol estão os nomes dos seis filhos de camponeses sequestrados pelos militares. O documento foi denominado como "Relação de subversivos que participaram da Guerrilha do Araguaia". Estava entre os documentos secretos da ditadura. Arquivado na agência central do SNI sob o protocolo ACE 54730/86, de 14 de março de 1986. Fonte: Associação dos Torturados do Araguaia.

GIOVANI E JURACY

"Eu tinha seis anos, aí nesse dia, quando cheguei [no nosso barraco], tinha acontecido isso. [Os militares] Tinham matado minha mãe e carregado o irmão meu, mais minha irmã, que sumiu também"

Antônio Viana da Conceição, irmão de Giovani [filho de Osvaldão], e de Yeda, ambos sequestrados por militares em 1973.

"A mágoa que eu tenho deles [militares] é de terem me tirado da minha família biológica. Hoje em dia meus irmãos, todos, têm condições. Têm terra, têm gado. E eu tenho nada. O Exército tinha prometido me dar meio mundo e fundos. E não deu. Hoje eu tenho esperança de sair uma indenização para eu voltar lá para minhas filhas e tudo. E começar minha vida de novo"

Juracy Bezerra de Oliveira [irmão de Miracy], levado e sequestrado por um integrante do Exército em 1973.

Antônio Viana da Conceição, o Zezinho Barqueiro, e Juracy Bezerra de Oliveira, de acordo com suas certidões de nascimento, nasceram com 48 dias de diferença em 1966, no mesmo ano que o general Arthur da Costa e Silva era eleito pelo Congresso Nacional, de forma indireta, para a Presidência da República. No mesmo 1966 que a Inglaterra vencia a oitava edição da Copa do Mundo de futebol, disputada em terras anglo--saxônicas, depois de derrotar a Alemanha Ocidental – na época a Alemanha era dividida em duas, a Ocidental, ligada ao lado capitalista do planeta Terra, e a Oriental, que seguia os ditames da ainda existente União das Repúblicas Socialistas Soviéticas.

Antônio Viana e Juracy são protagonistas de um dos maiores erros das forças militares brasileiras nos combates da Guerrilha do Araguaia. A confusão ocorreu durante execução do plano de sequestrar o filho do guerrilheiro mais procurado no Araguaia, Osvaldão, Osvaldo Orlando da Costa, morto em 1974. Os agentes foram buscar um garoto e levaram outro, por engano. Além do filho de Osvaldão e Juracy, sequestram também outras duas crianças nessas operações.

Osvaldão foi o mais emblemático guerrilheiro do Araguaia. Era negro e tinha quase dois metros de altura. Uma simpatia sem limites, segundo moradores da região. Nasceu em Minas Gerais, em 1938. Depois migrou para o Rio de Janeiro. Jovem, jogava basquete, mas foi no boxe que se tornou campeão, na década de 1950. Formou-se oficial da reserva do Exército ao concluir curso no Centro de Preparação de Oficiais da Reserva (CPOR), no Rio de Janeiro.

Depois de ingressar na militância comunista, foi para a cidade de Praga, capital da extinta Tchecoslováquia. Cursou até o terceiro ano da Faculdade de Engenharia Mecânica de Praga. Também fez treinamento em guerrilha na Academia Militar de Pequim, China.

No Brasil teve a missão de iniciar a guerrilha de resistência à ditadura na região do Araguaia. Chegou à região do Bico do Papagaio em 1966. Instalou-se como camponês. Trabalhou como garimpeiro e mariscador (caçador que vendia peles dos animais). Ganhou a confiança dos lavradores e o coração de algumas mulheres. Era um grande líder. Camponeses acreditavam que Osvaldão era uma espécie de feiticeiro. Praticava Terecô, religião afro-brasileira do interior do Maranhão e das matas do Araguaia. Morreu assassinado pelo Exército em 1974. Teve seu corpo içado por corda em helicóptero que percorreu os vilarejos da região, uma exibição macabra. O corpo continua desaparecido até hoje.

Teve um filho com Maria da Conceição Viana, mãe de Antônio também. Junto com sua morte, o Exército queria capturar o menino, que na época tinha em torno de quatro a cinco anos de idade. Chamava-se Giovani.

A missão dos militares para sequestrar o filho de Osvaldão tinha alta prioridade entre as tropas de combate, de acordo com um militar que atuou no conflito e que prefere não se identificar. Era uma das maiores e mais importantes ações planejadas pelo comando.

Só que os militares e os agentes secretos das forças de combate fizeram uma confusão enorme na etapa de identificação das crianças nos vilarejos. Confundiram as mães de ambos; as duas se chamavam Maria e eram mulheres brancas. Então, levaram um garoto de forma enganada, no caso Juracy. E só depois conseguiram pegar o outro, Giovani, que era irmão de Antônio Viana da Conceição, apelidado de Zezinho. Giovani era, sim, filho de Osvaldão, conforme contam moradores da região e o próprio Antônio.

Além da confusão, sequestraram ainda a irmã de Giovani, Yeda, e o irmão de Juracy, Miracy. Como se tudo isso não bastasse, durante a operação de captura de Giovani acabaram matando a mãe biológica do filho do guerrilheiro, Maria Viana da Conceição, também chamada de Maria Castanheira, Maria da Tomaza ou Tomazona. Os apelidos eram originados nos antigos empregos por que passou: no castanhal e numa empreiteira que prestava serviços aos governos no Pará, a Tomaza.

Tal tipo de confusão ocorreu com alguma frequência na ação das Forças Armadas na região, conforme descrição de um militar e ex-ministro de Estado, Jarbas Passarinho. Mais ainda, ele afirma que houve intrigas políticas que levaram a repressão a agir. "A intriga política permeou os levantamentos. Nem sempre os servidores do SNI estavam habilitados como analistas dos informes, para separar o joio do trigo. O resultado, em não poucos casos, foi 'o justo pagar pelo pecador'".[1]

---

1   PASSARINHO, Jarbas. *Um híbrido fértil*. Rio de Janeiro: Expressão e Cultura, 1997, p. 340.

A existência de Giovani, filho gerado no relacionamento entre Osvaldão e Maria Viana da Conceição, é revelada em documento guardado por um agente militar que atuou por muito tempo na região do Araguaia. Trata-se de Sebastião Curió Rodrigues de Moura, o major Curió, hoje coronel da reserva, responsável pela caçada dos guerrilheiros a partir de 1973. Ele foi agente do Serviço Nacional de Informações e na época utilizava o codinome Doutor Luchini.

O documento é um relatório escrito a mão que versa sobre o apoio de moradores de Xambioá à guerrilha. O manuscrito cita "Maria Castanheira", a Maria Viana da Conceição. A citação está na página 6 e é sucinta. "Moradora em Xambioá. Foi mulher de Osvaldão, de quem teve um filho".[2]

O vilarejo de Xambioá tem origens que remontam 1881, com implantação de colônias militares pelo imperador D. Pedro II. Na década de 1910, as terras foram ocupadas pelo capitão João Crisóstomo Moreira, que foi à região em busca de ouro. Ele montou acampamento que se transformou em povoado na margem direita do rio Araguaia e chamou de Vila dos Chambioás, que significa pássaro veloz.

Separada de São Geraldo do Araguaia pelo rio, a cerca de 157 quilômetros de Marabá, Xambioá também é o nome de tribo indígena do subgrupo dos Carajás, antigamente chamados de canoeiros, estabelecidos na área onde está o município homônimo. Foi em Xambioá que os guerrilheiros do Partido Comunista do Brasil começaram a ser chamados de "paulistas" pela população local, embora a alcunha já existisse desde a era Vargas, quando

---

2   De acordo com o jornalista NOSSA, Leonêncio, "Documento indica sequestro de bebê por militares em 1972". *O Estado de S. Paulo,* 23/6/ 2009, p. A8.

começaram a chegar à região fazendeiros e empresários que recebiam do governo federal títulos de terras. Muitas dessas pessoas vinham de São Paulo. Os guerrilheiros também eram chamados de "Povo da Mata" pelos camponeses. E junto aos militares eram chamados de Papa Mike, iniciais de Povo da Mata.

Xambioá foi uma das três bases militares na principal incursão das forças militares contra os guerrilheiros no Araguaia. O vilarejo tranquilo ganhou força com o garimpo de cristal de quartzo no início do século passado. Foram construídas muitas casas de teto de palha para abrigar os aventureiros-garimpeiros que chegavam de todo canto.

Houve um ciclo de exploração desse mineral na região do norte de Goiás, hoje Tocantins, que durou cerca de vinte anos, de 1940 a 1960. E desde então o povoado vem se mantendo numa rota de transporte de carga e agricultura, num território equivalente a menos de 10% da área total onde se desenrolou a guerrilha do Araguaia, mas que concentrou boa parte da história desse conflito.

***

A confusão entre os militares que culminou nos sequestros de crianças erradas e consequentemente em tragédias familiares se deu durante a etapa de levantamento de informações da missão, na fase de identificação e localização da família do filho de Osvaldão, do endereço onde moravam, quantos eram e qual era o cotidiano deles.

Agentes saíram a campo para fazer levantamentos, escutar moradores, procurar endereços e até tirar fotografias dos alvos da missão. Tais informações iriam balizar a ação daqueles que fossem executar o sequestro de Giovani. Era a fase de elaboração do Plano de Captura e Destruição e do Plano de Busca e Apreensão.

Durante o trabalho inicial, os militares receberam cooperação e dados levantados por informantes, os chamados bate-paus. Eram moradores locais que davam informações aos agentes em troca de dinheiro ou alguns benefícios.

Na fase de planejamento da Operação Sucuri, como foi denominada a segunda ação das Forças Armadas para exterminar a guerrilha no Araguaia, com alto grau de sigilo durante sua preparação, doze moradores da região foram utilizados como informantes seguros. Esses dados constam do Plano de Informações Sucuri, nº 1, de abril de 1973, assinado pelo major Gilberto Airton Zenkner.[3] Na operação, as forças militares do governo federal se infiltraram na região, disfarçando seus homens como funcionários do Instituto Nacional de Colonização e Reforma Agrária (INCRA) e de duas empresas de fachada, a DDP Mineradora e a Agropecuária Araguaia.

Na base de Xambioá, cidade à margem direita do rio Araguaia, no então estado de Goiás, hoje Tocantins, havia um bate-pau, chamado pela população local de Celestino. Entre os militares, esse informante era conhecido como Pedro.

Na base situada em Xambioá "tomou-se conhecimento, por informação de um morador da área conhecido como Pedro", segundo relato contido em projeto elaborado pelo Exército, de inteligência militar e registro, mas nunca divulgado ao público. Essa informação consta no livro batizado como *Orvil* (livro ao contrário), obra realizada pelos serviços de informação ao trabalho desenvolvido por várias entidades de defesa dos direitos humanos na década de 1980, e que resultou na publicação

---

3   GASPARI, Elio. *A ditadura escancarada*, São Paulo: Companhia das Letras, 2002, p. 437.

Brasil: Nunca Mais. O *Orvil* foi um trabalho que envolveu estudo e registro de informações contidas em mais de 100 mil páginas de documentos relativos a 707 processos que tramitaram no Superior Tribunal Militar (STM) entre 1979 e 1985 e tinha como objetivo mostrar a versão dos militares durante o período mais duro da ditadura. Seu lançamento foi abortado pelas Forças Armadas por entenderem que poderia municiar a oposição ao regime militar com muitas informações.

O informante de Xambioá chamado de Pedro também aparece em relatório de 1972 elaborado pelo setor de inteligência da 8ª Região Militar, em Belém (PA), a chamada 2ª Seção do Exército. "Na região de Xambioá está atuando uma equipe de 16 homens do CIEX/Brasília. Estão contando com o concurso de PEDRO, elemento que deu informes iniciais"[4] na Operação Secreta Peixe III.

A missão na Operação Peixe III, depois do levantamento de informações das fases anteriores, teve como objetivo partir para cima do inimigo para capturá-lo, neutralizá-lo e destruí-lo. O mesmo relatório descreve várias atividades de Osvaldão na área de Xambioá e na cidade de Araguatins. Todas informações baseadas nos informes repassados por Pedro.

Em setembro de 1972 teve início na área a "Operação Papagaio", também chamada de "Manobra 72". A ação foi a primeira de cunho explicitamente de caráter emocional, de acordo com os preceitos da "guerra psicológica" da Doutrina de Segurança Nacional.[5]

---

4   Ver FIGUEIREDO, Lucas. *Olho por olho*. Rio de Janeiro: Record, 2009.

5   MECHI, Patrícia Sposito. *Protagonistas do Araguaia: representações, trajetórias e práticas de camponeses, militantes e militares na guerrilha*. Tese de

Na década de 1970, Celestino – Pedro para os militares – era bastante conhecido em Xambioá. Foi piloto de barco e fazia a travessia para São Geraldo do Araguaia, além de realizar outros trabalhos de transporte de pessoas e de carga. Transitava por entre as bodegas do povoado, conversava muito com os comerciantes, frequentava os pequenos restaurantes de Xambioá, e ia à igreja. Era um homem muito bom de conversa. Ganhou a confiança de muita gente.

Atualmente ninguém no município consegue citar seu nome inteiro. "Todo mundo chamava ele só de Celestino", relata Antônio Viana da Conceição. Moradores de Xambioá e da vizinha São Geraldo do Araguaia dizem apenas que ele era pago pelo Exército para ficar monitorando as famílias consideradas suspeitas e repassar as informações aos militares. A "caguetagem" era feita nas bodegas criadas pelos militares na localidade.

Celestino não teria parentes na região e chegou a morar em duas casas na cidade de Xambioá. Primeiro ocupou um quarto na casa de Hélio Costa. E depois se hospedou por algum tempo na residência de João Pezão. Foi nessa última que ele morreu, de velhice, provavelmente em 2007 ou 2008.

Depois da morte de Celestino, Pezão deu os poucos pertences do falecido para um suposto parente dele que apareceu na cidade e em seguida foi embora. Não sobrou nada que pudesse indicar com precisão a identidade completa desse antigo informante do Exército.

Ainda hoje a população local demonstra muito medo da ação desempenhada pelos espiões contratados pelo Exército e as

---

Doutorado. São Paulo: Programa de Pós-Graduação em História Social PUC-SP, 2012.

CATIVEIRO SEM FIM   93

duras e covardes represálias sofridas por quem os desafiasse. Isso dificulta levantamento de informações, histórias da guerrilha e identificação de pessoas. Há uma verdadeira síndrome de secretas que impede a divulgação dessas histórias. Muitos camponeses acreditam ainda que o Major Curió – Sebastião Rodrigues de Moura – mantém homens na região para monitorar o que o povo faz e fala.[6]

Após o fim da segunda campanha, em outubro de 1972, começaram a adentrar a região os agentes de informação, chamados pela população de "secretas". Eram eles que faziam a intermediação com os caguetas. Esses homens – militares – agiam disfarçados de técnicos do INCRA (Instituto Nacional de Colonização e Reforma Agrária), agentes da SUCAM (Superintendência de Combate à Malária) ou simplesmente como lavradores, peões, bodegueiros, compradores de madeira, arroz e outros produtos agrícolas.

Os secretas faziam uma lista de todos aqueles que tivessem contato com os guerrilheiros. Eles descreviam o cotidiano dos guerrilheiros e dos camponeses, mapeavam por onde andava o Povo da Mata através de relatórios periódicos repassados a cada semana ao comando militar que ficava na sede do DNER na Rodovia Transamazônica, em Marabá. E, de lá, as informações mais importantes eram repassadas para Brasília.

Mas os métodos para obter informações iam além das ações dos informantes. Incluíam também algumas operações desenvolvidas pelos militares, chamadas de Aciso, Ação Cívico-Social. As Acisos serviam para angariar a simpatia da população. Eram mutirões com médicos, dentistas e outros profissionais. Eram re-

―――――――――
6   CAMPOS FILHO, Romualdo Pessoa. *Guerrilha do Araguaia – a esquerda em armas*. São Paulo: Anita Garibaldi, 2015, p.181.

alizadas consultas médicas e odontológicas. Distribuíam-se medicamentos, e documentos pessoais eram lavrados. Havia também aulas de educação moral e cívica, desfiles militares, incursões em escolas. Eram momentos onde as forças militares procuravam estar ao lado da população e ganhar sua confiança.

Paralelamente às Acisos havia muitas prisões e torturas. E a corrupção também existia, de forma muito comum. Pagava-se uma quantia em dinheiro, uma pequena propina, àqueles que abrissem a boca para dar informações sobre os guerrilheiros ou sobre camponeses que estivessem atuando com eles.

Os militares começaram ainda a criar uma estrutura para dar suporte à terceira campanha das Forças Armadas no Araguaia. Foram construídos quartéis nas cidades de Marabá e Imperatriz. No km 8 da Transamazônica foram instalados o 52º Batalhão de Infantaria da Selva e a 23ª Brigada de Infantaria da Selva.

A infraestrutura da região passou por uma rápida restruturação. A geopolítica de ocupação da Amazônia priorizou as rodovias e promoveu o desmatamento para facilitar o controle de quem entrava e saía da região. As estradas de acesso aos municípios e povoados foram recuperadas e três rodovias construídas, para obter melhor ligação entre os municípios onde havia maior presença dos guerrilheiros. Foram criadas a rodovia Operacional nº 2 (OP-2), na ligação entre São Domingos e São Geraldo do Araguaia, a OP-3, entre Palestina do Pará até região próxima do rio Araguaia, no povoado de Santa Izabel, e a OP-1, uma ligação entre as outras duas operacionais. A OP-1 ia da localidade denominada Metade até perto de Brejo Grande. As OP-2 e OP-3 seguiam até a Transamazônica.

As margens da OP-3 serviram para assentar mateiros, principalmente aqueles que cooperavam com as forças militares.

A OP-2 cortou ao meio as terras indígenas dos Aikewara Suruí, que precisaram deixar suas casas e suas terras e também tiveram de trabalhar forçosamente para os militares. Ações muito brutais, que provocaram traumas em muitos indígenas.

Essa ofensiva maior, com o cerco à área onde atuavam os militantes políticos, com prisão e execução sistemática dos envolvidos, foi criada para aniquilar os guerrilheiros. Segundo depoimento do coronel aviador Pedro Corrêa Cabral, a ordem era "não deixar ninguém vivo".[7]

A força maior dos militares empregada nas missões era formada pelo Exército. Destaque para a Brigada de Paraquedistas do Exército, vinda do Rio de Janeiro, comandada pelo general Hugo Abreu, que seria elevado ao Gabinete Militar da Presidência da República no governo do general Ernesto Geisel, entre 1974 e 1978. A Força Aérea Brasileira (FAB) também tinha grande contingente de homens, como os do 1º Esquadrão Misto de Reconhecimento e Ataque (EMRA), sediado em Belém do Pará e subordinado operacionalmente ao 1º Comando Aéreo Regional (1º Comar). Havia também um elevado número de agentes da comunidade de informação, o Serviço Nacional de Informações (SNI). Eram os mais temidos.

No comando dessa tropa totalmente descaracterizada de trajes militares estava Sebastião Rodrigues de Moura, o Major Curió, que atuava escondido sob diversos codinomes, entre eles Dr. Luchini. O delegado de Xambioá em 1971 era o segundo sargento da Polícia Militar de Goiás, Carlos Teixeira Marra.

---

7   CAMPOS FILHO, Romualdo Pessoa. *Guerrilha do Araguaia – a esquerda em armas*, p. 171.

A área do Araguaia onde as forças militares atuaram é correspondente a 12 mil quilômetros quadrados, com a floresta amazônica em seu meio e uma rede fluvial extensa, constituída principalmente pelos rios Araguaia e Tocantins e seus afluentes. As vias de acesso terrestre eram a Transamazônica (atual BR-230), a Belém-Brasília (BR-010), a PA-70 (atual BR-222), que liga a Belém-Brasília a Marabá, e as três OPs.

Durante o período de duração da guerrilha – abril de 1972 até 1975 –, um forte aparato militar esteve presente em uma área de operações que chegou a ter simultaneamente cerca de 3 mil homens. Foram deslocados para a região homens do Batalhão de Guarda Presidencial, do 8º Grupo de Artilharia Antiaérea, do Regimento de Cavalaria de Guarda, da Polícia do Exército B Brasília, do 10º Batalhão de Caçadores B Brasília, do 6º Batalhão de Caçadores B Ipameri, do 36º Batalhão de Infantaria B Uberlândia, do Comando Militar da Amazônia, da 12ª Região Militar, do 1º Batalhão de Infantaria da Selva (BIS), do 2º Batalhão de Infantaria da Selva, da 1ª Zona Aérea B Belém, da 2ª Zona Aérea B Brasília, da 3ª Zona Aérea B Rio de Janeiro, do Grupamento Especial de Fuzileiros Navais, da Polícia Federal, o Comando de Operações em Selva e das Ações Antiguerrilha (Cosag), a Para-Sar (Brigada de Paraquedistas), Cenimar (Centro de Informações da Marinha (Marinha), das Tropas Descaracterizadas do Oiapoque – Comando Fronteiras de Roraima, do CIE (Centro de Informações do Exército), do Comando Numerado da Força Aérea Brasileira, da CISA (Centro de Informações da Aeronáutica), além dos agentes do SNI.

As tropas ficaram na Transamazônica e nas cidades de Xambioá, Marabá, Araguatins, Araguanã e nos povoados de Palestina, Brejo Grande, São Geraldo do Araguaia, Santa Cruz e outros nas imediações. O Exército também ocupou fazendas e sedes de cinco castanhais – Mano Ferreira, Oito Barracas, da Viúva, do Alexandre, Fazenda do Nemer.

Tamanha força e aparato – composta por armas pesadas, muita munição, aviões, helicópteros e outros equipamentos – foram empregados para abater sessenta e nove guerrilheiros do PCdoB que estavam na região divididos em três grupos, chamados de destacamentos, além da comissão militar que comandava as ações. Todos utilizavam armamento precário e escasso. Cada integrante tinha em mãos um revólver com apenas 40 balas. A maioria de calibre 38. Havia algumas pistolas automáticas, a italiana Beretta, calibre 22, ou Colt Combat, americana, calibre 45, de acordo com relatos registrados pela Comissão Militar do PCdoB.

Os três destacamentos comunistas juntos dispunham ainda de quatro submetralhadores, sendo duas de confecção doméstica, além de vinte e cinco fuzis e rifles, a grande maioria fabricada no início do século XX. O arsenal continha também trinta espingardas e quatro carabinas Winchester 44. As armas de cano longo – consideradas armas de guerra – somavam sessenta e três. Não havia uma arma longa para cada combatente. Para comparação, cada grupo de combate do Exército, formado por nove homens, tinha oito fuzis FAL e uma submetralhadora.

O Destacamento A era comandado por André Grabois (Zé Carlos) e Antônio de Pádua Costa (Piauí). Ficava baseado na região do Faveiro, também conhecida como Perdidos. A localidade de Chega-com-Jeito era sua base central. O Destacamento B, comandado por Osvaldão e José Humberto Bronca, o Zeca, atuava na região da Gameleira, Abóbora e Remédios. Estava ao pé da Serra dos Martírios, que depois foi rebatizada como Serra das Andorinhas. As cidades de Palestina e Brejo Grande eram as referências. E sob a liderança de Paulo Mendes Rodrigues (Paulo) e José Toledo de Oliveira (Vitor) estava o Destacamento C, baseado no Caianos, ao sul de São Geraldo do Araguaia. A comissão militar era formada por quatro integrantes e duas pessoas de guarda.

A ação para captura e extermínio dos militantes deveria ser fulminante, uma vez que missões anteriores não haviam sido bem sucedidas. De acordo com o Relatório Arroyo, elaborado pelo guerrilheiro Ângelo Arroyo, integrante do PCdoB, o Exército atacou diretamente os Destacamentos A e C. Depois, cerca de dez dias, atacou o Destacamento B e também a base da comissão militar.

Em Xambioá, a estrutura construída para abrigar o contingente militar e parte do comando das operações era correspondente a mais da metade de sua população à época. Segundo relatório do Centro de Informações do Exército, em Xambioá havia dois mil soldados e oficiais do Exército e Aeronáutica.[8] E de acordo com informações da Ordem de Operação nº 1, classificada como secreta e produzida pela 3ª Brigada de Infantaria do Exército, em Brasília, em maio de 1972, a cidade contava 3.568 moradores.

***

Tanto aparato militar foi necessário para capturar e matar sete dezenas de pessoas consideradas subversivas e que, naquele momento, colocariam em risco o que o governo militar chamava de soberania nacional. O planejamento estratégico também tinha como objetivo acabar com toda e qualquer possibilidade de ressurgimento da guerrilha. Para isso seria necessário cap-

---

8   MORAIS, Taís e SILVA, Eumano. *Operação Araguaia. Arquivos secretos da guerrilha.* São Paulo: Geração Editorial, 2005.

turar também qualquer pessoa que estivesse envolvida ou que tivesse parentesco com os guerrilheiros. Assim surgiu a missão de sequestrar filhos diretos dos guerrilheiros e também filhos dos camponeses que haviam aderido aos militantes do PCdoB.

Mas a missão de sequestrar Giovani, o filho do comandante Osvaldão, levou ao sequestro de outras pessoas, alheias ao que se passava nos combates dentro da floresta. Essa missão sequestrou quatro crianças, duas delas por engano. Acabaram sendo tiradas pelos militares de suas famílias biológicas Yeda, que é irmã de Giovani e Antônio Viana, e Miracy, irmão de Juracy.

Na ação em que Giovani foi levado, mataram a mãe de Antônio Viana – Maria Viana da Conceição –, genitora do filho do guerrilheiro Osvaldão, segundo conta o próprio Antônio Viana. Tudo isso depois de terem sequestrado Juracy por engano.

As histórias de Antônio Viana e de Juracy são cheias de detalhes difíceis de decifrar. A começar pelas certidões de nascimento de ambos, cheias de falhas técnicas e informações incorretas.

O documento de Antônio Viana está incompleto, sem data de nascimento da mãe, informação sobre o nome do pai e testemunhas. O de Juracy o apresenta com outro sobrenome e data de nascimento errada, além de conter o nome do militar que o levou de Xambioá e o "adotou". O nome das duas mães está correto em ambas as certidões. As duas se chamavam Maria.

Antônio Viana da Conceição nasceu em Xambioá no dia 25 de setembro de 1966, à época ainda estado de Goiás. Esses dados constam de documento averbado no Cartório de Registro Civil das Pessoas Naturais em Xambioá. Consta na certidão que está no livro A nº A-11 que ele é filho de Maria Viana da Conceição, doméstica, natural de Maranhão.[9]

Cópia da certidão foi obtida por Antônio Viana somente em 6 de maio de 1979, quase 13 anos depois do seu nascimento. Não consta nome do pai, nem nome dos avós maternos e paternos. Por causa disso, ele não sabe qual a data de nascimento de sua mãe, nem o nome dos avós. Também desconhece o pai. Maria morreu quando ele tinha pouco mais de seis anos de idade. Pouca coisa da história anterior de sua família ficou retida em sua memória.

Já Juracy, o outro protagonista do sequestro atrapalhado do Exército, foi levado por militares para Fortaleza (CE). Também tem o registro de nascimento falsificado. Quando foi capturado, os militares pensavam que seria ele Giovani, o filho de Osvaldão.

O militar que levou Juracy para sua casa lavrou uma certidão de nascimento no Cartório de Registro Civil do Primeiro Ofício, em Fortaleza, Ceará, em 16 de outubro de 1972. O tenente Antônio Essilio Azevedo Costa aparece como o pai natural de Juracy na certidão que consta do livro nº A-326 desse tabelionato.[10]

O documento altera o nome de Juracy Bezerra de Oliveira para Juracir Bezerra da Costa. Aponta ainda como avós maternos Manuel Bezerra Lima e Viturina Maria Bezerra, nomes grafados de forma diferente dos verdadeiros avós maternos. A data de nascimento registrada também está errada: 12 de novembro

---

9 Cópia do documento entregue ao autor em maio de 2017. Certificação de autenticidade realizada junto ao cartório posteriormente.

10 *Idem.*

de 1966, assim como o nome da cidade onde ele teria nascido: "Chambioa", Goiás, às 23 horas.

Juracy não possui a verdadeira certidão de nascimento, feita por sua mãe no Pará. Entretanto, uma certidão de batismo que está nos arquivos da Paróquia Nossa Senhora da Conceição, no município de Conceição do Araguaia, no Pará, onde ele foi batizado, comprova que seu nascimento se deu no dia 23 de setembro de 1964. Foi batizado cerca de oito meses depois de nascer, em 1º de maio de 1965, pelo padre José Ribamar Araújo. Teve como padrinhos Julião Ligeiro e Antonia Ligeiro, camponeses amigos de sua mãe.

Mais importante ainda é que o conteúdo desse batistério é o mesmo que consta no livro 10, folha 3, número 20 que está nos arquivos da igreja. E revela como pais biológicos o camponês Raimundo Mourão de Lira e Maria Bezerra de Oliveira, a mesma mulher que aparece na certidão falsa feita em Fortaleza pelo tenente Antônio Essilio Azevedo Costa, que sequestrou Juracy.

Maria Bezerra é filha de Manoel Bezerra Lima e Vitorina Maria do Espírito Santo, que aparecem na certidão falsa feita em Fortaleza com os nomes grafados como Manuel Bezerra Lima e Viturina Maria Bezerra.

A confusão que culminou no sequestro de crianças erradas pode ter sido iniciada com a descrição física de Maria Viana, mãe de Giovani, filho de Osvaldão, e Maria Bezerra, mãe de Juracy e Miracy, que nada tem a ver com Osvaldão a não ser o fato de que moravam na mesma região. Importante destacar que a primeira residia em Xambioá e a outra em São Geraldo do Araguaia. Entre as duas cidades há um rio com quase mil metros de distância entre uma margem e outra.

As duas tinham em comum o mesmo nome, a pele clara e os olhos claros. Os de Maria Bezerra eram verdes. Já Maria

Viana via o mundo através da íris azul. Ambas tiveram vários filhos, de pais diferentes, trabalharam em castanhais, garimpos, lavavam roupa para fora e serviam refeições para a população local. Essas eram as semelhanças entre elas, além da simpatia pelo Povo da Mata, os guerrilheiros. Desde a década de 1960, Maria Viana da Conceição – mãe biológica de Giovani – já trabalhava para os garimpeiros de Itamirim, na localidade homônima. Essas lavras ficavam situadas entre Brejo Grande e Palestina do Araguaia, à esquerda da rodovia Transamazônica, no sentido Marabá-Imperatriz. Nesse ponto se explorou diamantes por muito tempo. E foi nesse garimpo de Itamirim que Osvaldão se instalou logo que chegou à região, ainda em 1966.

Ali, o comandante militar do PCdoB iniciou o período de familiarização com a região do Araguaia e a aproximação com o povo local. Também atuou nos garimpos de Pixuna, Cajueiro e Chiqueirão.

Ao chegar na região do Araguaia, em 1966, encontrou uma situação muito precária. Havia poucos acessos, estradas de terra ou apenas picadas de mateiros. Osvaldão tentou adquirir terras na localidade de Itaipava. Pertenciam a Pedro Barreira. O objetivo era implantar um núcleo de militantes que recebeu o nome de Destacamento B. Acabou comprando um sítio às margens do igarapé Gameleirinha, ao lado da Serra das Andorinhas (chamada Serra dos Martírios à época), afluente do Gameleira.

Osvaldão trabalhou na extração de cristal de quartzo na localidade de Matrinxã e de diamantes em Itamirim. Foi nessa época, em torno de 1966 ou 1967, que conheceu Maria Viana da Conceição. Ela vendia comida aos garimpeiros e prestava serviços de corte e costura.

Nessa época era conhecida como Maria Castanheira, porque trabalhava num castanhal antes de ir para o garimpo, ainda no povoado de Palestina do Pará. Também era chamada de Mariona, devido a seu porte físico. Maria era uma mulher de corpo grande, de pele branca, diferente da média da população local, mais morena. Seu grande charme eram os olhos claros, azuis.

Em Itamirim, Osvaldão apresentou-se como mariscador (caçador e vendedor de peles de animais da selva) e garimpeiro. Tinha um jeito todo especial de tratar os camponeses. Simpático, ganhou a confiança de muitos. E o coração de Maria Viana da Conceição. Distribuía sementes aos agricultores e ajudava as pessoas a fazerem hortas.

Quando Osvaldão mudou-se de Itamirim para a Gameleira, Maria foi junto. Ele ocupou as terras que havia comprado. Nessa época ela já tinha dois filhos, Yeda, que nasceu por volta do ano de 1964, e Antônio Viana, nascido em 1966.

O tempo passou e, por causa de suas atividades políticas, Osvaldão não dera a atenção que Maria esperava ter do namorado. O filho, Giovani, nasceu em 1968.

Apesar da falta de atenção, ela não ficou desamparada. Em Xambioá recebeu ajuda de Osvaldão, inclusive financeira, para montar uma pequena pensão, que se transformou em um quase restaurante, que servia comida aos moradores, viajantes e comerciantes na vila. Havia um bom movimento no povoado. Isso foi em torno de 1971. "A gente foi de barco, passando por Santa Cruz, desde a Gameleira. Foi quando estourou a Guerrilha do Araguaia", contou o filho Antônio Viana.

Em Xambioá, Maria recebeu um novo apelido: Maria da Tomaza. Havia uma outra Tomaza no lugarejo. Era uma mulher branca, de porte grande, com olhos claros, que morava lá, também chamada Maria. Os moradores até achavam que eram irmãs, de tanta semelhança. Daí o novo batismo, de Maria da Tomaza, ou Tomazona. A xará também havia trabalhado na empreiteira chamada Tomaza, como havia feito a mãe de Giovani, Antônio Viana e Yeda.

Segundo conta o próprio Antônio Viana, Giovani, filho de Osvaldão, nasceu em 1968 na vila de Palestina do Pará, situada às margens do Araguaia. Hoje, essa localidade é um município, emancipado em 1991, próximo do município de Marabá e com pouco mais de sete mil habitantes. À época, tinha algumas centenas de almas espalhadas pelo seu território, que viviam do extrativismo e pequenas lavouras.

O guerrilheiro Osvaldão foi morto em fevereiro de 1974, aos 35 anos de idade, pelo mateiro Arlindo Vieira, também conhecida como Piauí. Esse Piauí auxiliava o Exército, principalmente nas incursões pela mata, mas não tinha relação com o outro Piauí (Antônio de Pádua Costa), guerrilheiro do PCdoB. O mateiro Piauí, contam os camponeses, era um macumbeiro e só por causa disso teria conseguido matar o comunista. De acordo com crença local, Osvaldão tinha o corpo fechado e praticava uma vertente do candomblé, originada no Maranhão, denominada terecô.

Os praticantes do terecô acreditavam que nos rituais os espíritos contavam que Osvaldão tinha o corpo fechado, tornando-o imortal. E somente outro integrante da seita – no caso Piauí – teria capacidade de retirar a proteção que o guerrilheiro possuía.

Segundo camponeses da região, Osvaldão era frequentador de dois terreiros onde se praticava o terecô. Um ficava na localidade de Brejo Grande e era dirigido por Porfírio Vargem. O outro ficava no Saranzal, chamado Velho Padre. A morte de Osvaldão foi comemorada com tiros de foguetes pelos secretas espalhados na região e pelos bate-paus, temerosos de uma vingança.[11]

---

11 CAMPOS FILHO, Romualdo Pessoa. *Guerrilha do Araguaia – a esquerda em armas*, p. 187.

O mateiro Piauí, que matou Osvaldão, ganhou uma gleba de terra como recompensa. Morreu em 1993 quase sem dinheiro. Seu sepultamento e velório foram custeados pelo governo federal. Outros camponeses que se juntaram aos militares também terminaram a vida em anonimato e sem dinheiro conquistado com as delações. Adalberto Virgulino, responsável pela captura da guerrilheira Áurea Eliza Valadão, recebeu Cr$ 800 e um maço de cigarros. Um outro bate-pau, que teria participado de pelo menos um combate onde quatro guerrilheiros foram mortos, ganhou uma gleba de terra nas proximidades da OP-3, mas faltou-lhe dinheiro para mantê-la.[12]

No início de 1972, Xambioá estava uma confusão, devido ao grande número de militares circulando pelas ruas de terra da cidadezinha. Era corrente também entre os moradores locais que os militares estavam à procura dos guerrilheiros, principalmente Osvaldão. O segredo sobre as ações militares era enorme. Mas entre a população a fofoca corria solta. E tinha muito fundamento. Além da caça desenfreada ao mito Osvaldão, havia uma procura desesperada por seu filho com uma mulher local.

Os informantes diziam aos militares que o filho de Osvaldão tinha como mãe uma mulher branca, de olhos bem claros – verdes ou azuis – que namorara com ele desde quando estava em Itamirim, no garimpo. E que esse caso fora mantido ao longo dos anos. Os informantes repassaram aos secretas que o nome da mãe do filho do guerrilheiro era Maria.

Pronto, meio caminho para se estabelecer a confusão do sequestro estava percorrido.

---

12 GASPARI, Elio. *A ditadura escancarada*, p. 459.

Os bate-paus e dedos-duros estavam atrás da recompensa oferecida pelo governo para quem desse informações sobre os guerrilheiros, que seguia uma tabela de valores, que aumentavam ou diminuíam de acordo com o posto do guerrilheiro na organização. Havia também um plano de captura e destruição dos guerrilheiros. O então sargento do Exército, José Vargas Jimenez, diz que o planejamento tinha relacionado todos os nomes dos guerrilheiros que atuavam no Araguaia. Que havia prioridades para captura e destruição para cada grupo, de acordo com sua importância e seus integrantes. Osvaldão tinha prioridade um, com presença confirmada na área pelos secretas.

Osvaldão tinha a cabeça a prêmio por Cr$ 5 mil se fosse entregue vivo e Cr$ 10 mil morto, segundo documento do Centro de Informações do Exército (CIE), classificado como secreto, protocolo ACE 54730/86, feito pelo Serviço Nacional de Informações (SNI) e enviado para a Presidência da República, na época.[13]

Para se ter ideia desses valores, à época, com Cr$ 5 mil uma pessoa podia comprar dez vacas naquela região, ou ainda um pedaço de terra com cerca de vinte hectares. Já o dinheiro que pudesse ser obtido com Osvaldão morto – Cr$ 10 mil – adquiria um carro muito popular na época, o Fusca. A recompensa oferecida por Osvaldão, vivo ou morto, era a mesma que o governo daria por outra guerrilheira muito conhecida, Dina.

O pagamento de prêmio em dinheiro para a população por qualquer informação ou captura de guerrilheiros, vivos ou mortos, foi classificado pelo tenente José Vargas Jimenez, que

---

13   MORAIS, Taís e SILVA, Eumano. *Operação Araguaia. Arquivos secretos da guerrilha.*

atuou no conflito sob o codinome Chico Dólar, como um dos acertos das forças militares durante o combate.[14]

***

Maria Viana da Conceição sabia que os militares estavam em seu encalço. Vários grupos de combate já tinham passado por seu restaurante em Xambioá. Ela vivia recebendo "prensa", conforme relata Antônio Viana. Era ameaçada. Queriam levar seus três filhos, não somente Giovani. "Quando estavam no restaurante, os militares sempre queriam levar ele, o Giovani", descreve. Nessa época, o outro filho de Maria tinha cerca de seis anos de idade e não possui lembranças detalhadas da situação. "Aconteceu pela primeira vez em 1972. Era uma baixaria só. A primeira vez que o Exército baixou em Xambioá foi uma prensa em nego lá. Mas não deu certo de me levarem. Sempre disseram que tinha que pegar o menino [Giovani]. Eles viam ele lá no restaurante. A pressão era muito grande. Um dia, soldados do Exército baixaram lá na casa, do lado do restaurante. Minha mãe não estava. Mas não conseguiram levar a gente", contou Antônio Viana.

A coação sobre Maria Viana era crescente. Ela estava grávida novamente. Era o quarto filho. "Em Xambioá, minha mãe se envolveu com um cara e ficou grávida", relatou Antônio. Os agentes da repressão usaram o quadro de saúde da mulher para criar temor. Desesperada, Maria procurou o antigo namorado – Osvaldão – para saber o que fazer. Chamou um piloto de barco amigo seu e foi numa voadeira pelo rio Araguaia até o povoado de Santa Isabel. Tinha certeza que, ao contar o drama para o guerrilheiro, uma solução seria dada.

---

14 JIMENEZ, José Vargas. *Bacaba – memórias de um guerreiro de selva da guerrilha do Araguaia*. Campo Grande: Edição do Autor, 2007, p. 75-76.

Sobre esse encontro não se sabe nada. A memória de Antônio Viana falha sobre esta história. Mas quando o cerco do Exército a eles diminuiu em Xambioá, a família conseguiu fugir. Foram para a cidade de Araguaína, então estado de Goiás, atual Tocantins.

Maria, grávida de seis meses, pegou o que podia e colocou tudo dentro de sacos. Mandou os filhos Yeda, Antônio Viana e Giovani se aprontarem e rumou para a rodoviária. O destino deles, Araguaína, ficava distante cerca de 120 quilômetros, percurso que duraria cerca de duas horas e meia dentro de um sacolejante ônibus da Transbrasiliana. O coletivo tinha saída para essa cidade uma vez por dia, a partir de Xambioá.

Os poucos pertences da família foram deixados para trás. Alguns, mais valiosos, como panelas, utensílios domésticos e alguns móveis foram dados para amigos, como Pedro Martins da Cruz, o Pedro Bela, e Benedito, o Bené.

A fuga, no entanto, não surtiu efeito. Uma pessoa que frequentava a casa de Maria Viana, chamada Celestino, era a maior preocupação da mulher. Celestino era um piloto de voadeira que trabalhava há anos em Xambioá. Prestava muitos serviços para comerciantes locais. Mas também tinha muita ligação com os militares desde o início do conflito no Araguaia. "Era ele que queria que os militares levassem eu e meu irmão. Era muita pressão, e minha mãe não deixava. Ela chegou até a passar mal de tanta pressão que faziam", descreveu o filho Antônio Viana. Ele relata que a mãe grávida queria parir o filho longe de Xambioá e dos olhos do Exército.

Em Araguaína a família se estabeleceu num lugar chamado Areião. Ficava perto da base militar. Mas, segundo o filho, ninguém os conhecia nesse local. "A Tomazona foi lavar roupa lá. Lavava roupa de moradores e também de muita gente do

Exército. Era uma desconhecida para eles", diz Antônio Viana. Era o jeito de sobreviver.

A viagem e o início da estadia em Araguaína, em 1973, foram tranquilos. O maior problema é que Celestino sabia que a família havia fugido para lá. Era uma informação difícil de ser mantida em segredo num povoado tão pequeno. Também era muito fácil localizar uma mulher grávida junto a três filhos pequenos naquele lugarejo ermo, com apenas algumas centenas de habitantes e um quartel militar. "O finado Celestino falou para o oficial que estava em Xambioá que a gente estava em Araguaína", disse o irmão do filho de Osvaldão, já decretando o que viria a acontecer.

Maria Viana estava muito abalada com tudo o que vinha acontecendo em sua vida. Não conseguia entender como podia ser perseguida só porque tinha um filho com um homem vindo de outra cidade. Ela percebia a gravidade da situação. Temia perder os filhos e a vida.

Pouco mais de dois meses da mudança de casa e Maria Viana pariu uma filha: Carlânia. A vida seguiu pacata e dura como sempre, com muito trabalho e muitas bocas para sustentar. Mas quando Carlânia completou meio ano de vida, o paradeiro da família acabou sendo descoberto. E tal descoberta culminou no sequestro de Giovani, de Yeda e o fim da vida de Maria Viana.

Os militares localizaram a família morando num barraco bem acanhado no Areião. Era uma casa muito precária, com poucos móveis, sem luz elétrica e água encanada. Algumas panelas penduradas na parede de tábua. Caixote de madeira que servia como armário. Numa sacola de lona, sabão em pedra, matéria prima para o trabalho de lavar roupas desempenhado por Maria Viana. Pouca comida disponível.

O Exército armou uma expedição especial para conseguir, finalmente, capturar o filho de Osvaldão. Os militares foram de helicóptero de Xambioá até Araguaína. Um grupo de combate armado. Só que a missão terminou com um saldo inesperado. Os soldados não só levaram Giovani como também Yeda, a irmã mais velha de Antônio Viana. Para complicar a vida do pequeno menino sobrevivente, conforme ele mesmo conta, mataram Maria Viana durante o sequestro.

A bebê Carlânia, então com seis meses de idade, ficou sozinha com Antônio Viana, um menino de apenas seis anos de idade:

> O pessoal do Exército de Xambioá foi até lá, no Areião. Na casa só estava minha mãe, o Giovani e a menina que tinha acabado de nascer. Tinha seis meses de idade. Eu estava na rodoviária. A mãe foi morta por eles. Não sei dizer se ela não aguentou a pressão deles. Não consigo me lembrar como aconteceu. Só sei que cheguei em casa e tinham levado o Giovani. A Tomazona estava morta, deitada lá no canto. Um monte de gente na porta de casa, olhando. Não sei como foi. Não consigo lembrar tudo. O povo não dizia o que tinha acontecido. Não sei como ela morreu. Mas estava muito abalada desde que deram pressão na gente em Xambioá. Os militares carregaram primeiro o Giovani e depois minha irmã mais velha [Yeda]. Ela tinha mais ou menos oito anos. Eu seis ou sete. Sumiram os dois, quando cheguei lá no barraco que a gente ficava não tinha mais eles. Só a menina de seis meses. Enterraram a velha lá em Araguaína. Não vi mais o Giovani, nem a Yeda,

resume Antônio Viana, que desde então teve que se virar sozinho para sobreviver.

Atualmente, Antônio Viana recorda que foi Celestino, o mesmo informante do Exército que dedurou a localização da família, que contou a ele como os militares chegaram ao paradeiro da família escondida em Araguaína. A confissão ocorreu durante uma conversa entre os dois, anos depois, em Xambioá. "Foi o próprio Celestino que me contou a história da deduragem para o Exército. Ele contou a história de que foi ele que tinha ido lá [em Araguaína] mais um cara, um oficial do Exército. Mas não falou o nome do oficial do Exército que foi lá pegar esse irmão meu. Ele disse que morria, mas não dizia. Mesmo doente, velho, eu fui lá para ele me falar o nome. Mas ele não contava. Disse que morria, mas não ia falar. Morreu e levou com ele, desgraçado", recorda Antônio Viana.

Com seis ou sete anos de idade, sozinho na vida e com uma irmã, ainda bebê, passou a viver numa cidade onde conhecia pouca gente. Ele precisou contar com a ajuda de alguns vizinhos para alimentar Carlânia e a si próprio. Esse período durou algum tempo, que ele não consegue definir a duração.

Para faturar algum troco, o menino fazia uns bicos na rodoviária de Araguaína. Carregava bolsas dos viajantes, ajudava as pessoas, engraxava sapatos, vendia frutas. Desse modo, Antônio Viana conseguiu sobreviver naquele ano de 1973. E foi exatamente da rodoviária de Araguaína que surgiu uma saída.

Um dia, o sapateiro de Xambioá, o velho Mestrinho, muito conhecido de sua família, apareceu por lá e viu o garoto perambulando. Mestrinho, conhecido como Pedro Belo, de nome Pedro Martins da Cruz, já sabia o que havia ocorrido com a família Viana. Eram muitas as fofocas que circulavam por Xambioá e região.

Antônio Viana não consegue definir se Pedro Belo foi a Araguaína só para buscá-lo, junto com a irmã bebê, ou se o encontro aconteceu por acaso. Mas diz ter certeza que o velho sapateiro e amigo da família tinha como objetivo cuidar de ambos, pois já sabia que Maria Viana tinha morrido. "Então eles me trouxeram de volta [para Xambioá], mais minha irmã. Cuidaram da gente, o Pedro Belo e a mulher dele, a Velha Bela. Nos criaram. E eu estou até hoje aqui", resume Antônio Viana, que atualmente trabalha em São Geraldo do Araguaia como barqueiro. Hoje, o irmão de Giovani sequestrado pelos militares é casado, pai de três filhos. Mas a irmã que nasceu em Araguaína foi protagonista de outra história trágica envolvendo essa família.

Em 1997, Carlânia estava casada e também morava em Xambioá. Grávida aos 24 anos, teve complicações no pré-parto, já nos últimos três meses, num processo de sofrimento. Acabou morrendo por eclampsia. Essa doença tem como característica acometimento da gestante por episódios repetidos de convulsões, que podem levar ao coma e pode ser fatal, como aconteceu com ela.

Durante todos esses anos, Antônio Viana nunca conseguiu mais informações sobre seu irmão Giovani. Não tem nenhum documento do irmão, filho do guerrilheiro Osvaldão com sua mãe. No sequestro do garoto, os militares levaram ou destruíram quase tudo que a família tinha. O que sobrou foi perdido pelo garoto, que na época estava com pouco mais de seis anos de idade. "Tinha um binóculo [monóculo] pequenininho com uma foto minha, Giovani e Yeda. Mas a foto estava muito ruim, bem amarelada e comida nas beiradas, e se perdeu no tempo. Não sei onde está", conta hoje o barqueiro.

Já nos anos 2000, um irmão de sangue de Osvaldão, Américo, apareceu em Xambioá à procura de informações sobre o guerrilheiro e Giovani, o sobrinho sequestrado. Fez contato com Antônio Viana. Foram a vários locais em que Osvaldão e Maria Viana estiveram juntos. Falaram com muitas pessoas, mas nada foi encontrado que pudesse sugerir pistas sobre o paradeiro de Giovani. "Ele apareceu aqui. Fomos nos lugares que o Osvaldão andava. Depois ele [Américo] sumiu também."

Sobre seu próprio pai biológico, Antônio Viana é enfático e cético. "Não conheço quem é meu pai. Até diziam que era o Osvaldão. Por eu ser negro. Mas não acredito. Nunca fui atrás. Ir atrás pra quê?" O barqueiro acredita ser impossível reencontrar Giovani, que hoje estaria com aproximadamente 45 anos de idade. "Ninguém sabe, ninguém fala para onde levaram ele." O barqueiro se sente injustiçado com tudo que aconteceu, pois perdeu a mãe e dois irmãos.

***

No ano de 1973, quando os militares levaram Giovani, filho de Osvaldão com uma camponesa moradora na região do Araguaia (Maria Viana da Conceição), Juracy Bezerra de Oliveira tinha cerca de oito anos de idade. Vítima de confusão dos informantes e do setor de inteligência do Exército, Juracy, ao ser sequestrado pelos militares do Exército, perdeu a família biológica e passou por um longo martírio, vivenciado até hoje.

Esta é a narrativa da própria vítima sobre o que ocorreu neste caso confuso: "Rodava boato na região do Santa Cruz que Osvaldão tinha um filho. O Exército chegou e fizeram investigação. Me confundiram, porque procuravam uma família branca, com a mulher de olhos claros, e um filho neguinho. Minha mãe era branca, de olhos verdes. Um dia chegaram e me levaram. Minha mãe, nem lembro o que ela fez", conta hoje o homem franzino, sentado em uma cadeira de plástico branco fincada no chão de terra mole numa ilhota que habita, num braço estreito do rio Araguaia, no município de Araguaína, atual Tocantins. Mesma localidade onde os soldados sequestraram Giovani.[15] Juracy mora perto de alguns índios Carajá. O espaço na ilhota é dividido com um outro rapaz, algumas galinhas e cachorros. Habita um barraco feito de tábuas de madeira e troncos de árvores, coberto com plástico preto para proteger da chuva. Mas a cada período de cheia do rio, o casebre fica mais e mais afundado no barro.

Para chegar ao local são cerca de cinquenta minutos de barco subindo o rio Araguaia, contra a correnteza, numa voadeira com motor de 25 cavalos, a partir de São Geraldo do Araguaia. A paisagem é bonita, grandes árvores amazônicas, pássaros voando, igarapés por todo lado. A todo instante o barco precisa desviar de grandes concentrações de pedras, que deformam a correnteza e criam alguns redemoinhos d'água. O sacolejo da embarcação provoca algum temor. Mas o barqueiro, atento ao leito do rio, faz os desvios necessários e prossegue rumo acima até chegar à ilhota ocupada por Juracy, escondida em meio às árvores gigantescas do local.

***

A confusão das áreas de inteligência militares que pensaram estar sequestrando o filho do guerrilheiro Osvaldão começou a fazer Juracy sofrer logo após sua captura. Não houve ação violenta para levá-lo. Foi necessária muita conversa para convencê-lo a deixar a família biológica. Argumentos que chegaram a ser aceitos pela criança, mas não pela mãe, Maria Bezerra de Oliveira.

---

15   Entrevista concedida ao autor em maio de 2017.

Num dia, soldados apareceram nos povoados de Xambioá e São Geraldo do Araguaia à procura de Maria, uma mulher de tez e olhos claros, mãe de um menino pequeno, com idade entre seis e oito anos. Encontraram Juracy, com a mãe que tinha as mesmas características que o relatório da missão descrevia, e o irmão Miracy. Aliciaram o menino com muitas promessas e uma boa conversa. Ele foi levado pelos soldados. Teve de caminhar quilômetros junto com os militares, floresta adentro, até um acampamento, que ele não consegue identificar onde era. Mas ao chegar na base passou a ser surrado.

"Eu era um menininho quando Exército me levou. Fiquei quinze dias no meio do mato. Me deram muita peia. Bateram, machucaram. Fez calo nos meus pés", conta. Mas ele também fez amizade com alguns militares. Todos do grupo que o aprisionou acreditavam que a criança sequestrada era filha do guerrilheiro Osvaldão. O acampamento era uma base provisória de um Grupo de Combate (GC) de uma guarnição que estava à procura de guerrilheiros. Neste local, numa certa noite, Juracy passou por um batismo de fogo, literalmente, ocorrido durante enfrentamento, chamado de chafurdo no jargão militar, entre o GC e algum guerrilheiro.

Um cabo do Exército acabou baleado. E os integrantes do grupo ficaram revoltados. "Numa noite eu escutei um tiroteio, a mais ou menos uns quinhentos metros dali. Todo mundo ficou apavorado com o tiroteio. Mas não me falaram nada. Só vi o cabo baleado e eles cuidando do homem", lembra o sequestrado.

Juracy, assustado, percebeu que os militares passaram a olhá-lo de maneira diferente desde que chegara ao acampamento. Era algo ameaçador, que culminou num grave ferimento na mão esquerda que lhe tirou o movimento dos dedos médio, anular e mínimo. "Teve uma madrugada que os soldados vieram para cima de mim. Um deles disse assim: 'Seu pai matou meu tio, então você vai morrer também". Os soldados acreditavam que Juracy era filho de Osvaldão, o guerrilheiro que teria trocado tiros no chafurdo e acabou acertando o cabo do Exército de forma fatal.

Para se vingar de Osvaldão, um soldado, sobrinho do cabo baleado, resolveu queimar Juracy numa fogueira em pleno acampamento militar. Na base improvisada, havia um braseiro para assar coco. Esse militar pegou o menino franzino para jogá-lo sobre o fogo. Foi até a barraca que ele estava, apanhou-o pelo braço, arrastou até o lado da fogueira, ergueu e jogou o pequeno corpo sobre as cascas de coco que ainda resistiam e as brasas.

A criança tentou se desvencilhar. Segurou o quanto pôde o corpo suspenso, atarracado ao braço do soldado do Exército. Mas não teve forças suficientes e o tronco quase caiu por sobre o fogareiro. Com a mão esquerda sobre as brasas, permaneceu alguns minutos, gritando e esperneando. Até que outros militares foram lá e acabaram com a disputa. Mas a mão já estava queimada. Por pouco o garoto sequestrado errado não perdeu a vida, queimado numa fogueira de assar cocos, vítima de vingança. "Esse militar que falou que meu pai tinha matado o tio dele era sobrinho do cabo que foi baleado naquele tiroteio que eu escutei. Ele veio pra cima de mim, me agarrou e queria me jogar no braseiro".

Num ato de luta pela sobrevivência, Juracy começou a morder o braço do soldado. Acertou várias dentadas. O que deixou o militar mais nervoso ainda. Os militares que tiraram o corpo do menino de cima das brasas, chegaram a fazer um curativo na pequena mão do menino, que não foi suficiente para diminuir a dor e os danos provocados pelas graves queimaduras. "Ele acabou me jogando em cima do fogo. A brasa popocou na minha mão. Meus dedos eram um caninho. Era muito fino. Queimou bastante. Disseram depois que o fogo acertou os nervos. Aí minha mão ficou defeituosa. Os três dedos aqui não mexem. Atrofiou tudo", diz Juracy ao mostrar a mão com os três dedos voltados para a parte de dentro da palma. O ferimento, reclama, o impede de trabalhar em várias funções. Depois do episódio permaneceu dentro de uma barraca, como um bicho acuado à frente de seu algoz. Disse que sentiu muito medo. E saudades da mãe e do irmão.

***

A criança, que não sabia ler ou escrever nem tinha visto sua certidão de nascimento, desconhecia o pai biológico. Nunca teve contato com ele. Sempre levou uma vida sofrida e com muitos problemas. Mas acreditava que um dia tudo poderia melhorar. Por isso, Juracy acreditou na história que os militares haviam lhe contado, de que seria filho do guerrilheiro Osvaldão, uma lenda no Araguaia. Essa relação de paternidade com o comunista lhe dava orgulho. E, em sua imaginação infantil, tal ligação também o ajudaria a deixar o pobre povoado à beira do Araguaia e ir morar, estudar e trabalhar em outro lugar. Seu sonho, revela hoje, era se tornar paraquedista.

Depois da luta sobre o braseiro de coco, os militares resolveram tirar Juracy do acampamento. Foi levado de helicóptero para uma base fora da floresta. Nessa localidade esteve por algum tempo. Juracy não conhecia ninguém. Ficava recolhido dentro de um barracão ou numa barraca de lona. Às vezes saía um pouco para o pátio. Mas não o deixavam andar pelas instalações. Era a base militar montada na localidade de Bacaba, em São Domingos do Araguaia.

Juracy diz que isso aconteceu por volta de abril ou maio de 1972. Data que ele foi transferido mais uma vez. Desta vez para Fortaleza, no Ceará. Foi uma viagem de carro, que durou cerca de cinco dias, dentro de um veículo grande, reconhecido por Juracy como, provavelmente, uma perua Veraneio preta, muito utilizada pelos militares no Araguaia. Era um carro disfarçado como viatura do INCRA.

A viagem de Bacaba até Fortaleza foi feita junto com um grupo de militares. Tratava-se de uma missão de transporte e transferência do até então filho do guerrilheiro mais procurado no Araguaia.

Foram realizadas paradas na estrada para as refeições e para o abastecimento da viatura, além de descanso e banho. As refeições eram feitas com comida enlatada, já pronta. Bastava esquentar e comer. Juracy lembra que estava com muito medo de ser morto. "Mas me disseram que não precisava ter medo. E mesmo assim eu estava morrendo de medo".

Durante todo o percurso de 1.365 quilômetros por estradas de terra que passavam por dentro do Maranhão e Piauí, incluindo a capital Teresina, e depois cortando o norte do Ceará até a capital Fortaleza, no litoral, um dos militares aproveitava o contato bem próximo com Juracy para tentar desfazer o trauma sofrido pelo menino durante a tentativa de assassinato que sofreu no acampamento dentro da selva. Também tentava acalmá-lo dizendo que a família biológica estava bem, que a mãe concordava com a viagem do filho porque ele teria chance de estudar e trabalhar. É possível imaginar o que se passava na cabeça daquela criança, arrancada do convívio da família, do ambiente amazônico em que viveu e ainda tendo que lidar com estranhos. "Esse homem me disse que eu podia ficar tranquilo porque iam me dar uma nova família. Ele falou que iam me dar estudo e formação. Eu acreditei".

Em Fortaleza foram direto para um quartel do Exército, o 23º Batalhão de Caçadores, em Fátima, bairro considerado nobre na zona sul da cidade. Nesse local deixaram o garoto e depois foram embora. Toda a segurança e vínculo que Juracy começou a criar com os militares durante os cinco dias de viagem à capital cearense perderam-se rapidamente. Porque os soldados que o levaram até o quartel, assim que chegaram e entregaram o menino, sumiram.

Ele permaneceu entre quatro e cinco meses nesse quartel. Juracy não tinha o que fazer junto aos soldados. Criança, brincava numa das salas e ficava muito tempo trancado no alojamento. A solidão e a saudade da família devem ter pesado muito e afetado a sua resistência orgânica. Foi quando adquiriu uma pneumonia aguda. Estava muito magro, fraco e abatido. O médico militar que cuidou dele inicialmente achou melhor levá-lo a um hospital. "A coisa estava tão feia que me colocaram num hospital particular", relembra.

"O médico disse que era um caso sério. Eu não tinha força nem para me levantar". A situação de saúde do menino estava bem delicada. Ele chegou a ter alucinações, dormia muito. Os poucos soldados que iam fazer visitas a ele no hospital, diz Juracy, chegaram a levar brinquedos. Ele não lembra do nome desses militares. Mas diz que ganhou carrinhos e um revólver de plástico.

Num certo dia, segundo Juracy, uma enfermeira disse-lhe que um tenente do Exército iria adotá-lo e que ele sairia do hospital em breve. Esse militar era o tenente Antônio Essilio Azevedo Costa, lotado no 23º Batalhão de Caçadores, em Fortaleza, o centenário Batalhão Marechal Castelo Branco. Costa é o homem que aparece como pai de Juracy na Certidão de Nascimento lavrada no Cartório João de Deus, localizado na rua Major Facundo, centro de Fortaleza. O documento, com teor falso prestado pelo militar, foi registrado no dia 16 de outubro de 1972.[16]

***

Nessa época, conta Juracy, ele via o tenente como um homem bom, capaz de dar-lhe um futuro, totalmente incerto àquela altura dos acontecimentos. Diz que sentia saudades da mãe e do irmão Miracy, cerca de seis anos mais novo. Mas a ilusão de uma vida diferente em Fortaleza era maior.

Diante de uma série de fragilidades – criança, analfabeto e franzino e sem a família, com uma das mãos defeituosa – Juracy encantou-se com as palavras e promessas do militar. "Ele me perguntou: 'você quer ir morar mais eu? Vou te levar para conhecer o mar'. Eu fui. Não tinha mais o que fazer". Assim que chegou à residência do tenente na capital do Ceará, passou a enfrentar o descaso e, às vezes, a ira da genitora do militar. Antônia Azevedo Costa, mãe do tenente Antônio Essilio Azevedo Costa, não gostou do menino.

Juracy acredita que dona Antônia era racista. "A mãe não gostou de mim porque eu sou preto". Juracy sofreu algum maltrato na casa da família Costa, conta. Mas nada que pudesse tirar seu sorriso do rosto, que o acompanha até hoje. Na casa da avó foi ficando, ficando junto com os filhos biológicos do tenente. O grande obstáculo mesmo foi o abortamento do sonho de Juracy, de frequentar os bancos escolares em um grande e importante educandário. Enquanto os filhos biológicos do tenente íam para

---

16   Cópia do documento fornecido pelo entrevistado em maio de 2017, conforme cópia reproduzida neste livro.

uma escola particular, Juracy teve que se contentar com aulas numa instituição pública, do município. "Nem lembro onde era". Mas o menino sequestrado gostava de estudar e se dava bem nas provas. Tirava boas notas e era considerado um garoto esperto nas classes que frequentava.

Paralelamente aos estudos, Juracy precisou driblar o mau humor da avó adotiva e os problemas que apareciam quase que diariamente. Ele diz que faziam de tudo para que não pudesse estudar ou mesmo ir à escola. Tinha que trabalhar nas tarefas domésticas da casa, o que dificultava a sua frequência.

Sempre em viagens e missões profissionais militares, o tenente Costa delegou a educação do menino sequestrado para a mãe. Quando Juracy tinha 13 anos, em 1977, o tenente teve que viajar para São Paulo. Deixou Juracy em Fortaleza. A esposa do militar, Zuleide, foi junto. Os filhos biológicos também ficaram no Ceará para prosseguir os estudos.

O tempo foi passando e Juracy se esforçou para continuar os estudos. Concluiu o segundo grau na Escola Professor Otávio Terceiro de Faria, no conjunto habitacional prefeito José Walter. Fica num aglomerado popular construído no final de 1970 no bairro de Mondubim, região sudoeste de Fortaleza, divisa com o município de Maracanaú. Na adolescência, longe da família biológica e do militar que havia lhe prometido uma vida melhor, Juracy terminou o ensino médio. Fase que também havia acabado o sonho de se tornar paraquedista do Exército. Então Juracy resolveu que queria entrar numa faculdade. Fazer curso de Direito. Não deu certo, e essa vontade é mantida até hoje.

***

No dia 12 de novembro de 1984, quando Juracy tinha vinte anos, o tenente Antônio Essilio Azevedo Costa foi vítima de um acidente de carro e morreu em São Paulo. O veículo em que estava bateu num caminhão. A notícia foi contada a Juracy por Antonia Azevedo, a avó. Ela lhe disse também que o pai adotivo havia deixado uma herança. Mas que Juracy só teria autorização para receber alguma coisa quando fizesse 21 anos de idade. Juracy preferiu não esperar para ver se era verdade. Não acreditava mais em ninguém. Duvidava que a avó – que não gostava dele – iria permitir que recebesse uma herança do pai adotivo morto. Herança que ficaria com os irmãos, filhos biológicos do militar.

Antes desse episódio, devido aos problemas com a avó, Juracy já havia fugido de casa, quando havia completado 18 anos. Preferiu "correr o mundo", como explicou. Foi morar sozinho em Pedras Messejana, um bairro periférico de Fortaleza. "escondido para ninguém me achar".

Começou a trabalhar numa fábrica de bolacha e macarrão, a M. Dias Branco, fundada pelo português Manoel Dias Branco em 1936 como uma padaria e que depois se desenvolveu.

Mas nem tudo na vida de Juracy era só tropeços e problemas. Foi trabalhando nessa empresa que conheceu uma moça chamada Francisca Raimunda. Foi amor à primeira vista. Apaixonaram-se e casaram-se. Dessa união nasceram duas filhas: Jenny Mary e Elaine Mary, hoje adultas. Trabalhou bastante, deu duro. Comprou uma casa.

Só que Juracy não sossegou com a família formada. De repente teve uma vontade incontrolável de procurar sua família biológica em Xambioá. Ainda pensava ser filho do guerrilheiro Osvaldão. No dia 25 de novembro de 1999, abandonou Fortaleza rumo ao Araguaia. Para não deixar mulher e filhas desamparadas, vendeu o lote que havia conseguido comprar em Pedras

Messejana. "Parti metade [do dinheiro] para ela [a esposa] ficar com as filhas e fui embora. Disse que ia voltar. Mas não voltei lá até hoje [2018]".

O destino foi a cidade de Araguanã, atual Tocantins, distante 44 quilômetros de Xambioá. Diz que ficou muito alegre com a viagem. Acreditava que podia reencontrar a família biológica. Mas faria uma busca inglória e equivocada.

Juracy queria reencontrar aquele que achava ser seu irmão, Antônio Viana da Conceição. Pois pensava que era também filho do guerrilheiro Osvaldão. Lembrava da mãe, Maria Bezerra de Oliveira. Mas sabia que ela não era a mãe de Antônio Viana.

Em Araguanã procurou por um Antônio Viana da Conceição. Não achou. Resolveu ir para Xambioá. Lá, foi até a casa de Pedro Belo, o mesmo homem que havia adotado Antônio Viana e sua irmã, Carlânia, depois que os militares haviam assassinado a mãe deles, Maria Viana da Conceição, e sequestrado Giovani e Yeda, 26 anos antes.

Para se sustentar, arrumou um emprego numa olaria. Amassava barro, carregava os fornos com carvão e madeira, empilhava tijolos e telhas. Era um trabalho bastante duro, diferente daquele que tinha na fábrica de biscoitos e macarrão de Fortaleza. E que não chegava nem perto do emprego que sonhava ter: paraquedista. Tinha dificuldades para desenvolver as atividades, pois a mão queimada impedia alguns movimentos.

***

O acaso levou a verdadeira mãe biológica, Maria Bezerra de Oliveira, a encontrar o filho sequestrado e desaparecido desde a década de 1970. O tempo havia passado e os anos 2000 davam uma nova perspectiva a Juracy. Ele já havia descoberto que não era filho de Osvaldão, nem tinha Antônio Viana como irmão biológico. Mas tornou-se seu amigo.

Junto a Antônio Viana, conseguiu um trabalho de barqueiro, no transporte de pessoas e produtos pelo rio Araguaia. Maria Bezerra de Oliveira, de alguma forma que ele não consegue explicar, sabia que o filho sequestrado tinha a mão esquerda queimada. Juracy imagina que os soldados, ainda em 1972, tenham contado o caso da fogueira de cocos para amedrontá-la e desestimular a procurar o filho sequestrado. Uma chantagem que, se for verdadeira, surtiu efeito.

Maria Bezerra só reencontrou o filho biológico levado pelos militares por engano, cerca de 28 anos depois, no ano 2000. "Quando ela chegou lá onde eu estava, me olhou, me abraçou e disse que eu era o filho dela", relembra ao confirmar, agora, que Maria Bezerra de Oliveira era sua verdadeira mãe. "O nome dela bate com a minha certidão de nascimento feita em Fortaleza".

Para tirar todas as dúvidas sobre a família biológica, Antônio Viana ajudou o amigo a achar outra filha de Maria Bezerra, que mora ainda em São Geraldo do Araguaia. Era Edileuza, que já foi candidata a vereadora na cidade. "Edileuza disse que eu era mesmo filho dela [Maria Bezerra]. Fiquei feliz, porque depois de trinta anos tinha achado minha verdadeira família".

Juracy passou aproximadamente oito anos procurando a família biológica. Descobriu que o documento de identificação que tinha não era verdadeiro. Na Paróquia de Conceição do Araguaia, terra natal de sua mãe, encontrou também seu batistério, que revelava o nome da mãe e o nome de seu pai biológico, com quem nunca teve contato. Juracy comprovou ainda que seu irmão biológico, um menino branquinho, de olhos azuis, totalmente diferente dele: Miracy Bezerra de Oliveira, nascido no início de 1971, também fora sequestrado durante a ditadura. Os próprios integrantes do Exército no Ceará contaram a ele que Miracy havia sido levado por outro militar.

"Só fiquei sabendo do que aconteceu com Miracy quando estava no quartel em Fortaleza. Um soldado disse que o sargento João Lima Filho tinha adotado ele e levado para o Rio Grande do Norte", explica o irmão mais velho. Uma "adoção" que também configurava o sequestro de Miracy.

Maria Bezerra contou que o sargento João Lima Filho "botou o olho" em Miracy pela primeira vez quando ela levou um de seus cinco filhos para se tratar com o médico que o Exército colocou à disposição da população do Araguaia por meio da Aciso (Ação Cívico Social).[17]

O sargento Lima fez várias investidas sobre Maria Bezerra. Queria o "pequeninho" para ele. Ela contou assim: "Dona Maria, esse menino, a senhora tem coragem de dar ele? Eu falei: Tenho não. Meus filhos não são cachorro nem gato que se dê. Aí ele começou a me pressionar para eu entregar o 'frangotinho' para ele. Vinha lá em casa sempre e dizia que eu não tinha condição de criar ele direito, que eu não tinha o que dar de comer para ele. Eu não tinha mesmo, mas eu não criei os outros? Ele começou a me torturar para eu dar o menino para ele, não foi peia não, foi de medo".[18]

Mas Maria Bezerra, sem condições de sustentar a prole – os moradores estavam proibidos pelo Exército de entrar

---

17   Entrevista para a repórter MELLO, Alessandra. "Mãe espera reencontrar filho raptado pelo Exército durante guerrilha do Araguaia". *Estado de Minas*, 22/9/2013.

18   *Idem.*

na mata, onde plantavam mandioca, feijão e tiravam o coco babaçu para vender –, acabou cedendo ao militar e Miracy foi levado pelo sargento Lima de Xambioá num helicóptero do Exército. "Eu tinha medo que eles fizessem arte comigo e que meus filhos ficassem sem mãe, porque pai eles já não tinham. E era muito medo. Cansei de ver eles pegar um revólver e botar na minha cara para eu dizer onde estava o Osvaldão. Não tinha um palmo entre a boca da arma e a minha cara. E com o dedo no gatilho. Meu pai não me criou mentindo. Se tivesse visto, já tinha contado. Se quiser me matar me mate, mas vou pela verdade", falou a mulher.[19]

Maria Bezerra lutou o resto de sua vida para recuperar Miracy. Já estava contente com o retorno de Juracy. Tentou o quanto pôde encontrar o menino. Achava que o filho nunca teria por ela "amor de mãe". Sonhava com os olhos claros do garoto. Queria saber se tinham permanecido azuis, como quando nasceu, ou havia escurecido. "Eu tentei ficar com meu frangotinho, que era bem alvinho mesmo, mas não consegui. Não tinha inteligência para saber como eu podia reagir às coisas. Hoje seria diferente, porque sou formada, não escriturada, mas na vida. Essa é a minha história verdadeira. Se fosse no tempo de agora, seria outra".[20]

A mãe, vítima do sequestro dos dois filhos, também demonstrou ter muita mágoa dos militares. E como sempre fez na vida, correu atrás de seus sonhos. Foi até a capital Brasília para depor na Câmara dos Deputados. Falou na Comissão Nacional

---

19 Entrevista para a repórter MELLO, Alessandra. "Mãe espera reencontrar filho raptado pelo Exército durante guerrilha do Araguaia". *Estado de Minas*, 22/9/2013.

20 *Idem.*

da Verdade. Nada adiantou. A CNV foi criada pelo governo federal para apurar graves violações de direitos humanos ocorridas entre 18 de setembro de 1946 e 5 de outubro de 1988, durante as ditaduras militares. Foi instituída em maio de 2012 e investigou os crimes de agentes do Estado contra cidadãos que lutaram contra a repressão.

Por conta própria resolveu procurar o sargento João Lima Filho, aquele que levou Miracy. Foi ao quartel onde diziam que Lima trabalhava, em Natal, Rio Grande do Norte. "Um homem, o coronel Stevox, disse que ele foi dispensado, mas que ainda morava no Rio Grande do Norte", diz Juracy. E durante as buscas em Natal, Juracy e a mãe ficaram sabendo que o sargento Lima havia morrido. "Isso foi em 2005 ou 2006". Desde então não conseguiram mais informações sobre o paradeiro de Miracy ou familiares do militar que pudesse saber do menino.

A morte, trágica, também encontrou Maria Bezerra. Juracy não sabe precisar a data. Moradores de São Geraldo do Araguaia e Xambioá calculam que ela morreu em 2013 ou 2014, atropelada por um mototaxista numa avenida de São Geraldo do Araguaia.

***

"A sorte da minha vida foi ter conseguido voltar para o Araguaia", revela hoje Juracy. Ele chegou a trabalhar em Brasília, por oito meses. Reclama agora do ferimento da mão, que ficou atrofiada, e que se torna obstáculo para obter um emprego considerado melhor. "Meus dedos atrofiou. O fogo fez queimadura de terceiro e quarto grau e queimou os nervos. Esses três dedos não se movem. Isso me empatou de trabalhar em muito serviço bom". Hoje ele vive da venda de algum pescado que consegue pegar no rio Araguaia. Faz poucos serviços com o barco que tem. "Mas peixe está fraco. Está tudo bem difícil".

Também ganhou, e perdeu meses depois, cerca de R$ 100 mil como anistiado na ditadura, pelo governo federal. "Quando peguei o dinheiro, fiquei cego, iludido. Comprei casa, voadeira, um monte de besteiras. Depois tudo apertou e tive que vender. Aí fiquei sem nada de novo". A indenização foi concedida pelo governo federal em dezembro de 2015. Recebeu o dinheiro em 2016.

Juracy é reconhecido pelo Estado brasileiro como vítima da ditadura, pelas torturas sofridas e prisão ilegal, de acordo com a lei nº 10.559, de 2002. Mantém uma mágoa muito grande em relação ao Exército. "O Exército não só destruiu minha vida, mas de muita gente na região do Araguaia. Me iludiram, fizeram muitas promessas e não cumpriram nada. Hoje eu quero uma indenização melhor para poder voltar para Fortaleza, reencontrar minhas duas filhas e minha mulher. Quero chegar lá com dinheiro para poder comprar um lote e fazer uma casa boa. Quero recomeçar minha vida e fazer faculdade de advogado. Sei que vai ser difícil. Não tenho contato com elas faz tempo. Mas é o meu sonho".

***

A brutal exibição de força e truculência militar no Araguaia contra guerrilheiros em condições precárias de enfrentamento e contra uma população miserável situam-se na lógica da repressão ao anticomunismo e aos movimentos populares – existentes ou potenciais – que encontram seus fundamentos ideológicos na Doutrina de Segurança Nacional.[21]

---

21 MECHI, Patrícia Sposito. *Protagonistas do Araguaia: representações, trajetórias e práticas de camponeses, militantes e militares na guerrilha.*

Ações "não convencionais", mesmo ao se considerar a ideia dos militares da existência de um estado de guerra, e a repressão extrema, incluindo sequestros, são citadas pelo coronel aviador Pedro Corrêa Cabral à Comissão de Direitos Humanos da Câmara dos Deputados, em Brasília, em 23 de maio de 2001. No livro *Habeas Corpus – que se apresente o corpo – a busca dos desaparecidos políticos no Brasil*, da Secretaria de Direitos Humanos da Presidência da República, o militar confirma as informações prestadas em depoimento no Congresso Nacional em 2001.[22] Ele participou de várias missões no conflito do Araguaia, principalmente na última fase, denominada Operação Limpeza, que consistiu na retirada de corpos de guerrilheiros mortos dispostos em sepulturas rasas e levados de helicóptero, por ele pilotado, para serem queimados em uma vala grande aberta num ponto das Serra das Andorinhas, inicialmente conhecida como Serra dos Martírios. Nesta localidade há atualmente um parque estadual de preservação ambiental. Ele calcula que tenha levado para lá entre 40 e 45 corpos.

Em 1985, o Comando Militar da Amazônia, que é constituído pela 8ª RM (Belém) e a 12ª RM (Manaus), recebeu e repassou a estas duas Regiões Militares as ordens que havia recebido do Ministério do Exército, com sede em Brasília, para destruir toda documentação referente à Guerrilha do Araguaia, o que foi cumprido por todas as Organizações Militares subordinadas às respectivas Regiões Militares, de acordo com o tenente José Vargas Jimenez, que atuou no combate à guerrilha. Os poucos documen-

---

22 BRASIL. *Habeas Corpus – que se apresente o corpo – a busca dos desaparecidos políticos no Brasil*. Brasília: Secretaria de Direitos Humanos da Presidência da República, 2010, p. 98-100, 146-148, 198, 234-235.

tos do Estado que estão acessíveis atualmente fazem parte de arquivos pessoais de militares que estiveram envolvidos no conflito.

Entrevista do soldado José dos Santos Aniká ao jornal *O Globo*, de 31 de dezembro de 1995, comprova a decapitação de guerrilheiros. "Eu matei um guerrilheiro e, seguindo a prática do Exército, cortei sua cabeça e as mãos para que seu nome pudesse ser riscado da lista negra entregue a todos os militares com os nomes e as fotos de todos os procurados". Para os militares, a lógica da degola tinha como justificativa o único recurso existente para identificação dos mortos dentro da mata fechada e distante do ponto de contato com a tropa. Seria mais "prático" levar cabeça e mãos do guerrilheiro do que o corpo inteiro.

Cenas de barbaridade praticadas pelos militares eram comuns. Algumas relatadas como atos estranhos, mas heroicos, por eles mesmo:

> O meu GC (grupo de combate) não parava em Bacaba mais que um ou dois dias, ficávamos vasculhando a selva à procura de acampamentos, bases e depósitos de mantimentos dos guerrilheiros, além de ficarmos preparando emboscadas nas trilhas. Ocasionalmente numa dessas incursões, passamos pela região de "Caçador", onde uns de nossos GC haviam matado os guerrilheiros "Zé Carlos", "Zebão" e "Alfredo", e os tinham deixado ali expostos no meio da selva. Estavam cheirando mal. Um dos meus soldados foi até um dos cadáveres; e com sua faca cortou um dos seus dedos, retirou o resto da carne que já estava em decomposição, ficando somente com os ossos que pendurou no seu pescoço, dizendo: "Este amuleto é meu troféu da guerra!" Eu encontrei um gorro feito do couro de quati, estava na cabeça do cadáver do guerrilheiro "Zé Carlos", era do tipo de "Daniel Boone", peguei-o para mim e passei a usá-lo.

A narrativa acima está descrita no livro *Bacaba*, do tenente José Vargas Jimenez, o Chico Dólar. O próprio Jimenez, em dedicatória a este autor para o livro, é explícito: "Matamos todos os comunistas do PCdoB – Selva!!", escreveu. "Eu estive na guerrilha do Araguaia combatendo os comunistas do PCdoB. Treinados na China, Cuba e Rússia para impor o comunismo no Brasil. Eu faço parte da História do Brasil", complementou o militar. A violência, no entanto, não foi reservado apenas aos inimigos declarados:

> O pessoal especializado chutava as pessoas, dava socos, choques elétricos nos pés, testículos, ouvidos. Viajantes, hippies, vendedores, comerciantes nos lugarejos, todos gritavam por inocência, nem mesmo entendiam o que estava acontecendo, e muitos não queriam acreditar que os paulistas, que eles conheciam tão bem e de quem eram tão amigos, fosse tudo aquilo que o pessoal especializado dizia, ao mesmo tempo em que perguntava onde eles estavam e batia, e davam choques: que eram terroristas, assaltantes de banco no Sul, e eram também defloradores de moças, uns eram amulherados e todas as mulheres prostitutas em São Paulo. Todo mundo apanhou, mas ninguém acreditou.[23]

O coronel Pedro Corrêa Cabral, no seu depoimento em Brasília, em 2001, disse que todos os guerrilheiros presos no decorrer da terceira campanha foram mortos, sob tortura, ou simplesmente fuzilados. Segundo Cabral, "eram ordens de Brasília, que não ficasse ninguém vivo. É estarrecedor, é forte, é triste, mas era esta a ordem". Num linguajar próprio dos militares na região, os guerrilheiros presos eram levados para a mata, com o

---

23 CAMPOS FILHO, Romualdo Pessoa. *Guerrilha do Araguaia – a esquerda em armas*, p. 142.

objetivo de mostrar a localização de depósitos de mantimentos e medicamentos. Eram levados para viajar e lá eram executados. "Viajar significa execução", revelou o coronel.

"Eu acho é que o Exército tava fazendo mais terror do que os terroristas, porque eles entravam tomando as coisas do pessoal, dos moradores, pra o pessoal do mato não se alimentar, e aí matavam os bichos. Quem estava estragando tudinho era o Exército. Queimavam as casas com os bagulhos. Se ficasse alguma coisa na casa, porque os moradores às vezes saíam e não podiam voltar, aí eles entravam lá e queimavam. Nossa casa mesmo foi uma que foi queimada, nossos bagulhos queimou, que tava em casa", disse o camponês José Vieira, que vivia em São Domingos e que ajudava os guerrilheiros na mata.[24] Vieira, depois, também foi sequestrado pelos militares, cuja história está contada em outro capítulo deste livro.

A imensa maioria dos homens e jovens adolescentes foi capturada pelas forças militares e levados para as bases de Bacaba e Xambioá. Muitos ficaram presos em celas improvisadas em barracões. Mas boa parte ficava em um buraco no chão, com mais de dois metros de profundidade, três metros de comprimento e dois metros de largura, cercado com arame farpado ou grades improvisadas. Passavam dias no buraco, apelidado de Vietnã. Nus, com sede, fome e muito medo, esses homens presos – com idade entre 16 e mais de 60 anos – eram obrigados a fazer suas necessidades fisiológicas ali mesmo.

A prisão dos maridos e filhos mais velhos provocou graves consequências para as famílias, que se viam sem seu arrimo, pro-

---

24 CAMPOS FILHO, Romualdo Pessoa. *Guerrilha do Araguaia – a esquerda em armas*, p. 238.

CATIVEIRO SEM FIM 133

vedor da alimentação e do sustento em geral. Foi gerada uma crise que levou as mulheres para a beira da Transamazônica. Sozinhas no meio da selva dentro de seus sítios, se viam – com o passar de tempo e o fim do dinheiro e da alimentação – obrigadas a ir para os vilarejos ou cidades como Marabá e Xambioá, onde procuravam meios para sobreviver. Algumas foram obrigadas a se prostituir, até que seus pais ou maridos prisioneiros, fossem soltos.[25]

"Agricultores presos lotavam as bases militares da Bacaba, de Xambioá e Marabá, espécies de campo de concentração. Enquanto os homens não voltavam, as mulheres iam para a Transamazônica. Crianças eram oferecidas a caminhoneiros".[26]

Muitos dos que eram detidos pelo Exército levavam o chamado "couro goiano", que era uma surra, uma taca no linguajar local, muito forte, capaz de matar. O couro goiano contrariava totalmente as Normas Gerais de Ação (NGA) do Exército, distribuídas para os recrutas atuarem na região, que previa cordialidade, respeito e ordem.

As proibições impostas pelos militares aos camponeses eram tão grandes que se chegou ao ponto de proibir que fossem transportados alimentos em grandes quantidades. Havia permissão apenas para que fosse levado um quilo de cada gênero de primeira necessidade. De acordo com o então sargento Chico Dólar, as ordens recebidas eram para inutilizar as vasilhas e sacos grandes que tinham capacidade de transportar alimentos. As latas de vinte quilos eram furadas e os sacos de estopa eram

---

25 JIMENEZ, José Vargas. *Bacaba – memórias de um guerreiro de selva da guerrilha do Araguaia*, p. 69.

26 NOSSA, Leonêncio. *Mata! O major Curió e as guerrilhas no Araguaia*. São Paulo: Companhia das Letras, 2012, p. 166.

rasgados por facões. O objetivo era evitar que os camponeses levassem alimentação para os guerrilheiros escondidos na mata. Chico Dólar foi condecorado pelo Exército com a Medalha do Pacificador e várias outras honrarias. Depois passou para a reserva. E, em setembro de 2017, morreu quando estava dentro de sua residência, num bairro da cidade de Campo Grande, Mato Grosso do Sul. Segundo noticiado logo após sua morte,[27] ele teria se suicidado com dois tiros no peito.

***

Na época da guerrilha do Araguaia, as estradas e até mesmo caminhos de acesso à mata na região passaram a ser vigiados 24 horas por dia. Havia toque de recolher nas vilas, a partir das 18 horas. Ninguém podia sair de casa sem autorização. Também ninguém podia ficar afastado de casa sem informar aos militares para onde ia. O controle sobre tudo e todos era integral e não tinha limites. Todos eram suspeitos e eram detidos por qualquer motivo. Vivia-se sob a égide do AI-5, que deu aos governos militares poderes praticamente ilimitados.

Como forma de controlar os camponeses, as forças militares instituíram vários documentos que autorizavam a circulação pela região do Araguaia, de acordo com o presidente da Associação dos Torturados da Guerrilha do Araguaia, Sezostriz Alves da Costa. Um era o "Atestado de Conduta", que deveria ser apresentado em todas as unidades de revista militares e postos de passagem e controle para garantir a passagem liberada via terrestre ou via fluvial. Sem o atestado era proibido circular. O

---

27 JÚNIOR, Osvaldo; HENRI, Guilherme. Defensor da Ditadura, Chico Dólar é encontrado morto com dois tiros no peito. *Campo Grande News*, 3/9/2017.

CATIVEIRO SEM FIM   135

atestado para ir e vir era geralmente assinado por um delegado
de polícia, quase sempre um militar do Exército. Continha os
dados da pessoa, como nome, filiação, idade e profissão, além de
uma fotografia 3x4. E mesmo com todo o controle e restrições,
os camponeses eram obrigados a se apresentar quinzenalmente
às bases militares para prestar depoimento e dar informações sobre o que sabiam dos guerrilheiros.

Havia também um "Atestado de Vida e Residência", que
também era dado para as mulheres. Continha os dados pessoais da portadora e o endereço residencial. Se o indivíduo fosse mudar de domicílio, precisava pegar uma "Autorização de
Mudança", expedida pelas mesmas autoridades. Numa dessa
"Autorização de Mudança" elaborada pela Delegacia de Xambioá
em 1973 consta um carimbo com os dizeres: "A Revolução de 64
é irreversível e consolidará a Democracia no Brasil".

O que ocorreu no Araguaia talvez seja o episódio mais
violento da ditadura militar no Brasil, considerando tanto as
violências praticadas contra os guerrilheiros quanto aquela
contra a população da região. Há relatos de inúmeras torturas,
assassinatos, incêndio de casas e roças, expulsão de moradores
de suas residências, prisões arbitrárias, existência de um campo
de concentração e utilização de Napalm (bombas inflamáveis de
fósforo usado na Guerra do Vietnã) para desfolhar árvores na
floresta.[28] Houve até aplicação de injeção letal contra opositores
do regime militar.[29]

---

28 Denúncia feita pelo coronel do Exército Álvaro de Souza Pinheiro em ar-
    tigo escrito para a revista *Airpower Journal*, da Força Aérea dos Estados
    Unidos no segundo trimestre de 1995, entre as páginas 14 e 30

29 MECHI, Patrícia Sposito. *Protagonistas do Araguaia: representações, traje-
    tórias e práticas de camponeses, militantes e militares na guerrilha.*

***

Levantamento realizado pela Associação dos Familiares dos Desaparecidos no Araguaia mostra que entre militantes do PCdoB deslocados para a região e camponeses que, integraram a Guerrilha, foram mortas pelo menos 76 pessoas.

Em depoimento à Comissão Externa dos Desaparecidos Políticos da Câmara dos Deputados, o jornalista Ronaldo Brasiliense, que teve acesso a documentos sigilosos do Exército, afirmou ter visto número maior de mortos escrito em relatórios secretos. "Os documentos mostram que ocorreram 92 mortes, enquanto os documentos do *Brasil: Nunca Mais* e no relato do PCdoB foram identificadas 59 mortes". O general Leônidas Pires Gonçalves, em depoimento, fez referência a 92 mortos.[30]

Finalmente, em 4 de dezembro de 1995, com a promulgação da Lei nº 9.140, o Governo Federal reconheceu a responsabilidade do Estado na morte de 136 militantes políticos, sendo 46 guerrilheiros do Araguaia.

Dezenove anos depois, a Comissão Nacional da Verdade confirmou em seu relatório final, com mais de três mil páginas, divulgado em dezembro de 2014, a existência de 434 mortes e desaparecimento de vítimas da ditadura militar no Brasil. Entre essas vítimas, os corpos de 210 continuam desaparecidos. Também listou 377 agentes responsáveis pela repressão.

Há um pacto de silêncio e morte entre integrantes das Forças Armadas que tem como objetivo o máximo segredo possível sobre o que aconteceu no Araguaia. "Uma parte das Forças Armadas está comigo. Outra não aceita falar. É muito complicado.

---

30 CAMPOS FILHO, Romualdo Pessoa. *Guerrilha do Araguaia – a esquerda em armas*, p. 262.

Tenho pacto com algumas pessoas. Depois que acabou tudo, eu disse: 'Vamos fazer um pacto. Quem contar o que ocorreu morre. Se eu contar, vocês me dão um tiro'", disse o coronel Sebastião Curió, que atuou na repressão à guerrilha no Araguaia.[31]

Toda essa história envolvendo Antônio Viana da Conceição, Giovani, Yeda, Juracy e Miracy só foi possível ser contada depois de muita pesquisa e entrevistas com os atores principais e pessoas a eles ligadas. Não há acesso à documentação das Forças Armadas. Grande parte do que veio a público consta de arquivo particular de pessoas envolvidas no conflito do Araguaia.

---

31 NOSSA, Leonêncio. *Mata! O major Curió e as guerrilhas no Araguaia*, p. 19.

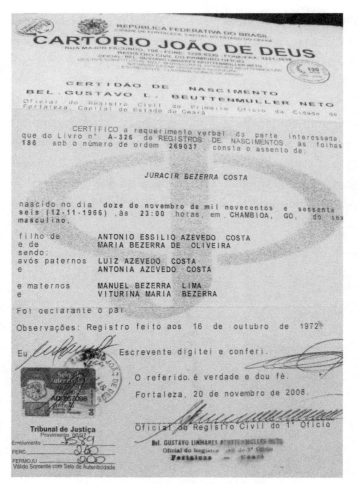

Certidão de nascimento de Juracy, lavrada pelo militar Antonio Essilio Azevedo Costa em cartório na cidade de Fortaleza (CE). O nome do tenente aparece como pai biológico da vítima. O nome da mãe biológica, Maria Bezerra de Oliveira, é mantido. Fonte: arquivos do autor e de Juracy

Com o filho Juracy, Maria Bezerra, quando foram a Brasília, no começo da década de 2010. Fonte: arquivos do autor e de Juracy

Batistério de Juracy, feito na Paróquia Nossa Senhora da Conceição, em 1º de maio de 1965, na cidade de Conceição do Araguaia. Documento aponta o nome da mãe e do pai biológicos da vítima de sequestro. Fonte: arquivo do autor e de Juracy

Acima: Casa que Juracy habita hoje, numa ilhota no meio do rio Araguaia, altura do município de Araguaína, atual Tocantins; ao lado: Juracy. Fotos do autor

Osvaldo Orlando da Costa, o Osvaldão, pai biológico de Giovani: No espelho e na Tchecoslováquia. Fonte: Fundação Maurício Grabois. PC do B

Antônio Viana, filho de Maria Viana da Conceição. Ela teve relacionamento com o guerrilheiro Osvaldão, de onde nasceu Giovani, sequestrado pelos militares; abaixo, trecho de documento de Antonio, com o nome da mãe. Fonte: arquivo do autor e de Antonio Viana

GOVERNO DO ESTADO DO PARÁ
Secretaria de Estado de Segurança Pública
Delegacia de Polícia de São João do Araguaia.

ATESTADO DE CONDUTA:

ATESTO, para os devidos fins de direito que,
revendo o arquivo desta Delegacia de Polícia, nada encontrei que desabone a CONDUTA do Sr(a) JOSÉ ALVES //
DA SILVA, , brasileiro, PIAUIENSE,
CASADO LAVRADOR, ,com 51 anos de idade, filho de DUE ALVES DA SILVA, e
BERNARDINA ALVES DA SILVA, ,resi-
dente no PALESTINA, neste Munici-'
pio.

E que dou FÉ.

Delegacia de Polícia de São João do Araguaia,Em 11/ 12 /7 3:

Delegado de Polícia.

Atestado de conduta que moradores do Araguaia precisavam apresentar para poder transitar pelo campo e trabalhar
durante o período da guerrilha. Fonte: arquivo do autor

LIA CECÍLIA

Fui entregue por dois homens que se apresentaram como autori-
dades – um como delegado e outro como militar – ao orfanato
Lar de Maria, uma instituição espírita no bairro São Brás, em
Belém do Pará, em junho de 1974, dizendo que eu havia sido
roubada no estado de Goiás e que precisavam deixar a criança
na instituição por não terem onde deixá-la. Tinha o corpo
cravejado de picadas de mosquito e estava esquálida... Eram
oito crianças presas com as mães e tiradas delas na prisão... Sou
a prova de que mesmo na guerra existiu um grande amor.

Lia Cecília da Silva Martins, filha de Antônio Teodoro de Castro,
o Raul, guerrilheiro no Araguaia. Foi sequestrada por militares
ainda bebê e levada para orfanato em Belém do Pará em 1974

O sequestro de bebês pelos militares lá no Araguaia existe.
E os casos irão aparecer. Mas vão aparecer como, tudo lá no
Araguaia, através de pesquisas de familiares... Descobri a
existência da Lia quando procurava pelo corpo do meu irmão
[Antônio Teodoro de Castro] lá no Araguaia. Estava na balsa
indo de Xambioá para São Geraldo. De pé, perto de mim, esta-
va um senhor falando sobre a guerrilha. Num certo momento,
ele perguntou para a outra pessoa com quem conversava sobre
uma "menina branquinha". E a resposta me deixou perplexa.

Falou sobre o Raul. Aí eu fui até o Zé Catingueiro [mateiro que ajudou os militares]. Ele revelou a existência da filha do Raul com uma mulher no Araguaia. Revelou que havia outros bebês levados pelos militares. Acho que uns oito... Descobrimos que ela havia sido levada para uma creche em Belém... Na creche em Belém foram obrigados a aceitar a menina [Lia]... O Zé Catingueiro falou que a ordem era para matar os filhos dos guerrilheiros. Mas os militares de baixa patente não tiveram coragem. Então deixaram os bebês e crianças nos orfanatos. E orfanato não faz parte do vocabulário do Zé Catingueiro. Então isso chamou a minha atenção.

Mercês de Castro, irmã de Antônio Teodoro de Castro, o Raul, que lutou no Araguaia. Raul é pai de Lia Cecília

No ano de 1974, precisamente no mês de junho, a população assistia na televisão uma novela de grande audiência, *O Espigão*, na TV Globo. E não tinha noção das ações da censura sobre os capítulos da trama televisiva. A mesma censura, mas com uma mão de ferro mais pesada, atingia também a imprensa. Isso limitava o conhecimento dos brasileiros sobre o que a política e as ações do governo militar desempenhavam.

Tudo tinha o objetivo de manter em ordem a "segurança nacional", transmitir uma sensação de que o governo militar estava ao lado do povo, combatendo os problemas nacionais e trabalhando pela população do Brasil. Só aparência, pois a realidade era outra, sangrenta, violenta e cruel. A censura era um dos tripés da tríade repressão, tortura e censura que balizava a segurança nacional durante a ditadura militar. O que vigia era o chamado terror de Estado.

Crimes bárbaros, assassinatos, sequestros de bebês e crianças eram praticados pelas forças de repressão. A grande massa de brasileiros sequer imaginava a ocorrência dessa onda

148 EDUARDO REINA

criminosa praticada pelos militares que ocuparam o governo federal depois de 31 de março de 1964.

A modernidade da novela *O Espigão*, que trazia os problemas das grandes metrópoles para o mundo da ficção, deixou os censores de cabelo em pé. Só na análise dos dez primeiros capítulos eles apontaram vários "problemas". "Já aparecem nos diálogos críticas, além das referentes às mazelas da vida urbana, outras enfocando desníveis gerados pela má distribuição de riqueza e a posição das empresas nacionais frente às multinacionais", escreveram no parecer da censura. E determinaram cortes para atenuar as críticas à política do governo. No mesmo pacote, alertaram para a exploração de problemas socioeconômicos – "são críticas que procuram atingir os percalços da classe média".[1]

Depois desta primeira saraivada de recomendações, a censura foi atrás de diálogos específicos. No décimo capítulo, cortou a afirmação "isso é coisa de coronel". Sobre os capítulos 17 e 18, reclamou da ênfase no apego exagerados do empresário a bens materiais, renegando os sentimentos humanitários. "Poderiam ferir a sensibilidade do espectador". Também não gostou de afirmações "onde se patenteia a revolta dos personagens humildes até a estrutura social e econômica".[2]

O rigor da censura sobre as artes, neste caso exemplificado na telenovela, procurava manter a população alheia aos problemas sociais e econômicos que o Brasil passava. Mas os censores mantinham maior rigidez sobre o desenvolvimento das ações

---

1   FERREIRA, Cláudio. *Beijo amordaçado – a censura às telenovelas durante a ditadura militar*. Brasília: LER Editora, 2016, p. 165.

2   *Idem*.

políticas. O foco era a imprensa, proibida de veicular notícias consideradas perigosas para o sistema.

Por exemplo, eram raras as informações e notícias divulgadas pela imprensa sobre a Guerrilha do Araguaia, onde as Forças Armadas desenvolviam uma operação de guerra cruel e de extermínio contra os militantes políticos contrários ao golpe militar que estavam na região do Araguaia. Era a Operação Marajoara. No total foram três operações de extermínio nessa região, realizadas entre o fim da década de 1960 e 1975.

Foram ações de combate, morte e sequestro, a chamada guerra rural, que só vieram a aparecer para os brasileiros em meados da década de 1970, apesar de ter sido iniciada na década anterior. A censura conseguiu manter em sigilo um combate em pleno território nacional travado por vários anos.

A Operação Marajoara, a última e mais cruel campanha militar para debelar a resistência comunista no Araguaia, foi desencadeada em outubro de 1973. O controle dessa operação foi realizado pela própria presidência da República, ocupada pelo general Emilio Garrastazu Médici. A ordem era exterminar qualquer um que oferecesse resistência. Assim foi feito.

Um efetivo entre 400 e 700 homens foi para a região do Araguaia. Estavam sem uniforme militar, disfarçados de funcionários de empresas como a Agropecuária Araguaia e a Mineração Aripuanã. Também se passaram por bodegueiros, agricultores, caçadores, mariscadores, entre outros disfarces. A campanha teve várias etapas. A primeira foi infiltrar os militares disfarçados para descobrir posições e quem eram os guerrilheiros do PCdoB. Depois seria necessário se aproximar da população, que estava ao lado da resistência. Só então haveria a fase de caça aos guerrilheiros e extermínio. Sem deixar rastros.

Os militares portavam relatórios e cadernetas como as "Normas Gerais de Ação – Plano de Captura e Destruição", segundo informações do militar da reserva José Vargas Jimenez, que integrou grupo de combate no Araguaia.[3] Essa papelada, elaborada pelo Centro de Informações do Exército (CIE), tinha a identificação dos guerrilheiros a serem capturados ou mortos. Também apresentava conceitos preliminares sobre subversão e guerrilha. Orientava, segundo o entendimento do CIE, os militares a lidar com a população local e a combater os guerrilheiros.

O material militar continha ainda um Plano de Busca e Apreensão, que relacionava as localidades onde os guerrilheiros do PCdoB deveriam ser aprisionados e suas prioridades para captura. Tal plano, de caráter secreto, apresentava também lista com dezessete nomes de camponeses que davam apoio aos guerrilheiros.[4]

***

Em junho de 1974, auge da trama televisiva *O Espigão*, dois integrantes da força de repressão no Araguaia sequestraram uma bebê recém-nascida. A mãe era companheira do guerrilheiro Antônio Teodoro de Castro, o Raul, ainda hoje desconhecida. A criança tinha semanas de vida. Era Lia Cecília da Silva Martins.

O pai dela já havia sido morto pelo Exército, em dezembro do ano anterior ou início de 1974. A mãe estava vivendo em um vilarejo, provavelmente em Xambioá, que à época pertencia ao estado de Goiás, hoje Tocantins. Local próximo de onde Raul ficara abrigado junto ao chamado Destacamento B da guerrilha.

---

3   JIMENEZ, José Vargas. *Bacaba – memórias de um guerreiro de selva da guerrilha do Araguaia*. Campo Grande: Edição do Autor, 2007.

4   *Idem*.

Do mesmo modo como a ação dos censores na definição da trama e dos diálogos de novela da TV era desconhecida dos brasileiros, a guerrilha e os desdobramentos do combate aos guerrilheiros pelas Forças Armadas do governo federal também era um segredo. E o sequestro de bebês pela ditadura era o segredo dentro do segredo. Escondido até os dias de hoje.

O cerco aos guerrilheiros e seus filhos no Araguaia foi montado sobre dados colhidos numa operação anterior, denominada Sucuri. Além do Exército, participaram policiais militares de Goiás e do Pará. Eles faziam o bloqueio das estradas e caminhos alternativos usados pelos guerrilheiros. Havia também militares das Forças Armadas especializados em guerra na selva.

A liderança desse combate durante a Operação Marajoara foi do general Antônio Bandeira. Ele acabou substituído depois pelo general Milton Tavares de Souza, integrante do CIE. Bandeira era a ligação entre as tropas de combate no Araguaia e a comunidade de informações. Em campo, as tropas tinham a liderança do general Nilton Cerqueira, que atuou entre 1972 e 1975 no Araguaia.

A comunidade de informações, integrada amplamente por militares considerados "linha dura", ocupava a maioria dos postos na estrutura de combate no Araguaia. O general Milton Tavares, chefe do CIE, chegou ao comando das operações militares no Araguaia por determinação de Orlando Geisel, então ministro do Exército do presidente Emilio Garrastazu Médici. Bandeira deveria se reportar exclusivamente a Orlando.

A partir de março de 1974, quando o irmão de Orlando, o também general Ernesto Geisel, substituiu Médici, o comando da Operação Marajoara passou a ser do general Confúcio de Paula Avelino. O major Sebastião Rodrigues de Moura Curió, membro do Serviço Nacional de Informações (SNI) e ativo integrante dos grupos de combate militares no Araguaia, disse em entrevista à imprensa que a ordem dos escalões superiores era para tirar de combate todos os guerrilheiros.[5]

Outro integrante de grupo de combate baseado na localidade de Bacaba, o tenente José Vargas Jimenez, o Chico Dólar, corrobora com a fala de Curió. Jimenez conta que a ordem emitida pelos comandantes era para atirar primeiro e perguntar depois. "Entramos para matar, destruir. Não era para fazer prisioneiros. A gente tinha o poder de vida e de morte sobre os guerrilheiros". Aliás, Jimenez era subordinado a Curió. Autor dos livros *Bacaba – Memórias de um guerrilheiro de selva na guerrilha do Araguaia* e *Bacaba II*, onde conta detalhes sobre a atuação dos militares no Araguaia, não esconde que houve tortura e assassinato. Só não cita os sequestros de bebês filhos dos guerrilheiros. "A ordem para que nenhum guerrilheiro saísse vivo a partir de 1973 partiu do ex-presidente Emilio Garrastazu Médici", descreve o militar.[6]

***

O primeiro caso identificado de sequestro e apropriação de bebês, crianças e adolescentes durante a ditadura no Brasil é o de Lia Cecília da Silva Martins. Ela é filha do universitário Antônio Teodoro de Castro, o Raul, que esteve na guerrilha do Araguaia. Raul foi assassinado pelas forças militares e o corpo

---

5 NOSSA, Leonencio. "Curió abre arquivo e revela que Exército executou 41 no Araguaia". *O Estado de S. Paulo*, 20/6/2009.

6 JIMENEZ, José Vargas. *Bacaba II*. Campo Grande: Edição do autor, 2011, p. 113.

CATIVEIRO SEM FIM   153

continua desaparecido até hoje. Morava no Castanhal do Zé Ferreira, com o chamado Destacamento B dos guerrilheiros.

Antônio Teodoro nasceu em Itapipoca, Ceará, em 12 de abril de 1945. Cursou farmácia até o quarto ano na Universidade Federal do Ceará, em Fortaleza. Dirigia a Casa do Estudante Universitário e militava no movimento estudantil. Era ligado ao PCdoB. Perseguido pelas forças de repressão, mudou-se para o Rio de Janeiro. Ingressou na Faculdade de Bioquímica e farmácia da Universidade Federal do Rio de Janeiro e manteve as atividades de militância política. Chegou ao Araguaia em 1971, junto com outros oito universitários de medicina e farmácia. Desapareceu, assassinado, em dezembro de 1973 ou janeiro de 1974, aos 28 anos de idade.

A comunidade de informações – o SNI – já sabia que Raul estava trabalhando no Castanhal do Alexandre e integrava o Destacamento B da guerrilha desde 1972 ou início de 1973. Telegrama assinado pelo então major Leo Frederico Cinelli, adjunto do CIE, de 19 de maio de 1973, descreve atividades de Antônio Teodoro desde sua vida de estudante em Fortaleza até sua chegada ao Araguaia. O telegrama, de caráter secreto, foi enviado para o comando da 6ª Região Militar, em Salvador, Bahia.[7]

Raul teria sido, de acordo com relatos de moradores da região do Araguaia, aprisionado por populares na localidade de Brejo Grande. Lá, o guerrilheiro trabalhava numa espécie de farmácia e ajudava a população local. Era conhecido como "bula", um farmacêutico que fazia o trabalho de médico, e também receitava e distribuía medicamentos.

―――――――――――

7   Cópia obtida em documentação na Biblioteca Nacional. Reprodução neste livro na página 173.

"Naquele janeiro de 1974, mês de coleta de castanha, Raul chegou esfarrapado e faminto às terras de Almir Moraes", lembra o barqueiro do castanhal Francisco Machado. "Raul pediu comida aos peões. Um vaqueiro lhe deu leite e o amarrou numa árvore. Havia três semanas que o guerrilheiro estava afastado dos companheiros. Ele era veterano de quatro embates com o Exército. Sobreviveu aos ataques de Piçarra, quando o médico [João Carlos] Haas [Sobrinho] morreu, Pau Preto, emboscada que resultou na morte de Arildo, e ao massacre de Natal. Foi perseguido por militares, que dispararam sete tiros sem acertá-lo. Um helicóptero apareceu no fim do dia no castanhal para leva-lo à Casa Azul".[8] A Casa Azul era a sede do Departamento Nacional de Estradas de Rodagem (DNER), às margens da rodovia Transamazônica na cidade de Marabá. Atualmente abriga escritório do Departamento Nacional de Infraestrutura de Transportes (Dnit).

Ocupada pelas forças militares, a Casa Azul, se transformou em centro de tortura, prisões e execuções. Mantinha ainda o quartel-general das ações militares contra a guerrilha. Segundo depoimentos de moradores da região e de guias dos grupos de combate, depois de preso e torturado na Casa Azul, Antônio Teodoro foi levado para o meio do mato, nas proximidades das terras que foram dadas pelo Exército ao camponês Raimundo Clarindo do Nascimento, o Cacaúba. O camponês era um dos principais ajudantes do major do Exército Sebastião Rodrigues de Moura Curió.

---

8   NOSSA, Leonêncio. *Mata! O major Curió e as guerrilhas do Araguaia*, p. 186, 187.

Cacaúba, ex-mateiro das forças armadas, morreu assassinado em junho de 2011, no distrito de Serra Pelada, exatamente 30 dias depois de contar o que sabia sobre as ações dos militares no Araguaia e sobre as mortes dos guerrilheiros. Serra Pelada pertence ao município de Curionópolis, cidade criada pelo Major Curió, onde ele já foi prefeito e permanece sendo uma liderança política.

Teria sido numa localidade bem conhecida por Cacaúba, na vizinhança da estrada operacional número 3, a OP-3, que Raul foi assassinado com um tiro na cabeça. As histórias contadas apontam que ele fora levado por uma equipe do Exército, chefiada por Curió, para uma trilha antiga de ligação entre a fazenda Rainha do Araguaia, atualmente Matrinxã, e a OP-3, na cidade de Brejo Grande. Depois de baleado, seu corpo teria sido abandonado no meio do mato. E nunca mais houve informação sobre ele. Os familiares procuram seus restos mortais até hoje.

Há ainda outras versões sobre o assassinato do pai biológico de Lia Cecília. Há quem diga que seus restos mortais estariam enterrados num cemitério clandestino dentro do antigo acampamento de Bacaba, no km 68 da Transamazônica, onde funcionou base militar e outro centro de torturas e prisões. Já o jornalista Hugo Studart defende que Antônio Teodoro foi executado depois de preso, dentro da mata. O corpo continua desaparecido até os dias de hoje. A família empenha incansável busca pelos restos mortais.

O documento secreto do CIE, "Subversivos que participaram da Guerrilha do Araguaia",[9] de 14 de março de 1986, aponta

---

9   Comissão Camponesa da Verdade. Relatório Final. Violações de direitos no campo (1946-1988). Brasília, 2014, p. 257 e 258.

156   EDUARDO REINA

que ele foi morto em 27 de fevereiro de 1974. Essa relação com nomes dos integrantes do PCdoB já foi considerada sigilosa e está arquivada junto a papelada do SNI e guardada com outros documentos da Guerrilha do Araguaia na Biblioteca Nacional no Rio de Janeiro. Trata-se do relatório enviado ao Alto Comando do Exército sob o protocolo ACE 54730/86.

A data da morte de Antônio Teodoro consta também dos relatórios do Alto Comando do Exército ACE 72378/74 e do ACE 72067/74,[10] relatórios secretos elaborados pelo Centro de Informações do Exército. Nenhum dos documentos secretos do Exército revela local da morte.

O tenente do Exército José Vargas Jimenez, subordinado de Curió, cita a data da morte de Raul como 27 de fevereiro de 1974, na região do rio Gameleira. O corpo ficou insepulto no meio da mata, relata.[11]

***

Os relacionamentos amorosos dentro da guerrilha, seja entre os próprios integrantes ou com moradores locais, eram e ainda são um tema tabu. Havia um regulamento rígido e normas militares, que deveriam ser seguidos pelos guerrilheiros do PCdoB. Pelo regulamento, era proibido o envolvimento dos guerrilheiros ou guerrilheiras com outras pessoas. Principalmente com moradores locais. Em outras palavras: guerrilheiro não

---

10   Esse documento foi produzido pelo Serviço Nacional de Informações (SNI) em 14 de março de 1986. Está protocolado no órgão sob o número ACE 54730/86. O relatório secreto ACE 54730/86 foi divulgado pelo jornalista Hugo Studart em sua tese de doutorado, *Em algum lugar das selvas amazônicas: as memórias dos guerrilheiros do Araguaia (1966-1974)*. Universidade de Brasília, Instituto de Ciências Humanas, 2013.

11   JIMENEZ, José Vargas. *Bacaba II*, p. 65.

podia namorar. Era uma forma de precaução e manutenção da identidade real dos envolvidos e de suas ações.

Isso, porém, não era sempre seguido. Um dos líderes da guerrilha, Osvaldo Orlando da Costa, o Osvaldão, manteve vários relacionamentos, de onde foi gerado pelo menos um filho, Giovani. Criança também sequestrada pelos militares, conforme história contada anteriormente.

O ex-deputado federal José Genoino Neto era integrante do Destacamento B, o mesmo que Antônio Teodoro de Castro, o Raul, pai de Lia Cecília. Genoino conta que os relacionamentos dentro e no entorno da guerrilha eram proibidos. E, surpreso, diz que não tinha ideia com quem o companheiro Raul mantinha relacionamento amoroso na localidade onde estavam. "Conheci o Antônio Teodoro no Ceará, quando ele estudava farmácia. No Araguaia eu morava a um quilômetro de distância da casa dele. Raul tinha problema no pulmão, o que o debilitava quando tinha treinamento na mata. Não tinha namorada dentro da guerrilha", afirmou Genoino em entrevista ao autor em julho de 2017.

A irmã de Antônio Teodoro, a advogada Mercês de Castro, confirma que o universitário tinha um problema no pulmão, conforme contou Genoino. Foi a própria Mercês que descobriu que o guerrilheiro tivera uma filha no Araguaia, com uma mulher ainda desconhecida. A identidade da mãe biológica de Lia Cecília permanece uma incógnita até hoje. Há quem diga que seria uma mulher estrangeira. Outros alegam que pode ser uma moça local.

A irmã de Antônio Teodoro foi ao Araguaia pela primeira vez em 1979. Iniciava um trabalho na região para pesquisar a guerrilha e o caso do irmão, morto e desaparecido. Percorreu várias cidades, conversou com dezenas de pessoas, sem se identificar. "O momento mais difícil foi quando o Manezinho das Duas contou que entregou meu irmão para o Curió. Eu desmoronei. Foi muito forte para mim ouvir aquilo. Eu tinha uma informação segura de que meu irmão havia sido preso lá no Cajueiro. Mas aí o Manezinho vem e conta outra história. Voltei para a estaca zero", relembra Mercês.

Manezinho das Duas era o apelido de um sitiante que colaborou com os militares. A alcunha vinha do fato de ele viver com duas esposas. Sua propriedade ficava na localidade de Somi Homi, às margens da BR-222, que liga Fortaleza (CE) a Marabá (PA), atual município de Brejo Grande (PA). O amplo terreno foi palco de várias execuções de guerrilheiros, inclusive a de Antônio Teodoro.

A advogada Mercês não tinha esperanças de encontrar Antônio Teodoro com vida. Mas diz que a confirmação do assassinato do irmão pelo Major Curió foi um banho de água fria. Nesse momento ainda não sabia da existência da sobrinha. "São duas as maiores dificuldades para quem procura um irmão desaparecido político. A vaidade daqueles que sabem das coisas e a falta de vontade política dos governantes. Hoje, essas buscas viraram curva de rio", desabafa Mercês.

***

O caso de Lia Cecília é muito emblemático e exemplifica em todas matizes o crime de sequestro de bebês por agentes da repressão durante a ditadura no Brasil. Por isso pode ser classificado como o caso número 1. O primeiro a aparecer e aquele que contém todos ingredientes que tipificam o crime de sequestro de bebês na ditadura brasileira.

Lia Cecília tinha pouco tempo de vida quando foi levada por dois agentes militares para uma casa de acolhimento em

Belém, capital do Pará, como ela mesma conta atualmente. Era o ano de 1974. Seu pai biológico – Antônio Teodoro de Castro – havia sido morto pelas forças militares na caçada aos guerrilheiros comunistas no Araguaia momentos antes de seu nascimento ou logo após a bebê ter nascido.

Quando a bebê foi entregue no internato em Belém do Pará, estava muito magra e desnutrida. Deveria ter aproximadamente seis meses de idade, e o corpo marcado por muitas picadas de insetos. Muitas feridas nas pernas e braços. "Fui entregue por dois homens que se apresentaram como autoridades – um como delegado e outro como militar – ao orfanato Lar de Maria, uma instituição espírita no bairro São Brás, em Belém do Pará, em junho de 1974, dizendo que eu havia sido roubada no estado de Goiás e que precisavam deixar a criança na instituição por não terem onde deixá-la. Tinha o corpo cravejado de picadas de mosquito e estava esquálida", conta Lia Cecília.[12]

Os sequestradores da bebê não estavam mentindo. Ela havia sido sequestrada. Só que os sequestradores foram, provavelmente, os próprios homens que a haviam levado ao Pará ou então outros militares que atuavam no Araguaia. Numa outra hipótese, também levantada por Lia Cecília, o militar e o delegado seriam apenas os responsáveis por levar a criança para longe do Araguaia.

Os mais de 700 quilômetros entre a região da guerrilha do Araguaia e a cidade de Belém foram percorridos dentro de uma viatura policial. Naquele ano de 1974, as viagens neste percurso costumavam ser bem cansativas e longevas. Deve ter durado mais de um dia. Imagine o quanto essa bebê sofreu nas mãos

---

12   Entrevista concedida ao autor em 19/1/2017.

de dois militares dentro de uma viatura policial, andando numa estrada de chão batido, sob sol forte e muito calor.

Ao chegarem a Belém, o veículo com os sequestradores foi direto para uma das avenidas mais importantes da cidade, a Almirante Barroso. Chegaram ao Lar de Maria, no bairro de São Brás. Nesse local, entregaram a bebê. A indicação feita pelos militares no orfanato de que o sequestro ocorreu em Goiás podia estar correta. É muito provável que a mãe de Lia Cecília morasse no município de Xambioá, que na época ficava em Goiás, atual Tocantins. Ou mesmo em lugarejos próximos. Contaram que a sequestradora – repare que colocam o substantivo no feminino – fora presa por eles. Essa parte da história também é parcialmente verdade. A mãe biológica da bebê ou foi presa por eles e depois assassinada ou morta diretamente. Para complementar a justificativa dada no orfanato, argumentaram que a instituição deveria ficar com a criança enquanto aguardavam retorno da polícia de Goiás.

O tempo passou, a bebê foi cuidada emergencialmente por integrantes do Lar de Maria e depois acabou ficando por lá. Ninguém sabe dizer hoje quem são as pessoas que a deixaram na casa. Também não existem documentos, relatórios, registros ou qualquer outra coisa que comprove a chegada da criança ao local.

O Lar de Maria é uma instituição beneficente, criado pelo movimento espírita paraense em 15 de agosto de 1945. O fundador e responsável pela instituição na época era Oliveiros de Assunção Castro, conhecido como Oli. Um homem muito respeitado por seu trabalho beneficente e espiritual na cidade e em toda região norte e nordeste do Brasil.

Nascido em agosto de 1912 no Maranhão, Oli de Castro chegou a Belém em meados de 1945.[13] Sempre atuou junto a órfãos e adoções de bebês e crianças. Criou vários orfanatos em outros estados. Oliveiros era integrante da Aeronáutica. Fez carreira na vida militar. Foi sargento aviador e ingressou no curso de suboficiais, formando-se tenente.

A Aeronáutica é uma força armada bastante presente na vida de Belém do Pará. A cidade sedia o primeiro Comando Aéreo Regional do país. Diário Oficial da União (DOU) de 2 de maio de 1942 mostra que Oli de Castro, como oficial da Aeronáutica, fora designado como instrutor do 1º Curso de Oficial Mecânico de Avião. Antes, em 2 de março de 1942, um decreto presidencial assinado por Getúlio Vargas designou Oliveiros ao Ministério da Aeronáutica. Nessa ocasião, ele ainda estava subordinado a outro ministério.

Os militares que levaram a filha de Antônio Teodoro de Castro do Araguaia para Belém não escolheram, aparentemente, o local por acaso. Sabiam que poderiam entregar a criança no Lar de Maria e contar com algum grau de cumplicidade. Não viajaram 700 quilômetros para deixar a criança sequestrada num ponto qualquer, desconhecido.

Cerca de três anos depois da chegada de Lia Cecília à casa de acolhimento, ela foi adotada por um casal que atava na direção do centro espírita. Eumélia e Sandoval Martins formavam uma família de classe média de Belém, que integrava a instituição havia anos. Antes disso, conta a própria vítima, nos fins de semana

---

13   SANTANA, Verônica Neuma Ferreira; PONTES, Demóstenes Jesus de Lima; BARBOSA, Jonas da Costa. *Espiritismo no Pará – 100 anos de União Espírita Paraens*. Belém: Editora União Espírita Paraense, 2006, p. 89.

ela era levada para a residência de várias pessoas. Retornava no domingo à noite ao abrigo.

Criança pequena, estava doente. Precisou se submeter a cirurgia das amígdalas e adenoide. A idade girava entre dois anos e meio e três. Uma vez adotada pela família Martins sob o consentimento do militar da Aeronáutica, passou por tratamento médico e sarou. Eumélia foi até o Juizado de Menores em Belém para solicitar encaminhamento da adoção legal da menina. Mas não conseguiu. O juiz queria dar apenas a guarda provisória. A família não queria assim. Pretendia ter a guarda definitiva.

Foi quando Sandovel e Eumélia conseguiram, através de um amigo em Belém, registrar a bebê como sendo sua filha, num cartório na cidade de Bragança, distante cerca de 200 quilômetros da capital paraense. Adotou-se o procedimento muito comum no Brasil, onde os nomes dos pais adotivos aparecem como pais biológicos na certidão de nascimento.

Uma dentista havia examinado a arcada dentária da criança e informado que ela teria nascido, provavelmente, entre junho e julho de 1974. Então foi adotado o dia 1º de julho como marco de seu nascimento. Mesmo dia do aniversário de uma irmã de Sandoval. O nome Lia Cecília foi escolhido pela irmã adotiva Rosália Luz.

Lia Cecília ganhou uma família, muito amor e cresceu feliz. Recebeu estudos, foi criada junto com os outros filhos de Eumélia e Sandoval. "Minha vida com eles era feliz. Melhores pais não haveriam de existir. Fui e sou amada por todos", conta hoje.

Em 1983, após completar nove anos, ficou sabendo pela própria família que era adotada e passou a ser apresentada aos detalhes de sua história. Eumélia e Sandoval disseram para a menina que desconheciam o paradeiro dos pais biológicos. Sequer sabiam quem eram.

A curiosidade de saber sobre seus verdadeiros pais foi crescente e presente em muitos momentos. Havia uma busca dessa origem, mesmo de forma velada. Lia Cecília não queria magoar os pais adotivos. E queria saber de quem era filha biológica.

A família Martins sempre viveu em Belém do Pará. Quando a irmã se casou, Lia Cecília foi morar com ela. Mas depois retornou à residência de Eumélia e Sandoval, em 1992, quando completou 18 anos de idade.

***

"Lá no Lar de Maria, em Belém do Pará, para onde foi levada minha sobrinha, é uma creche. Mas vale pesquisar se outras crianças foram levadas para lá", propõe Mercês de Castro, irmã de Antônio Teodoro, pai biológico de Lia Cecília. Nos arquivos da instituição não há registros ou informações, pelo menos aparentemente, de que outras bebês ou crianças tenham sido entregues no local. Assim como não existe registro da chegada da bebê em 1974.

A própria Lia Cecília acredita que outras crianças sequestradas no Araguaia teriam sido levadas para o Lar de Maria. "Sem dúvida. Éramos, pelo que soube, oito crianças [filhas de guerrilheiros ou camponeses que foram levadas do Araguaia]", destaca. A tia biológica de Lia Cecília também acredita que mais bebês e crianças foram levadas do Araguaia pelos militares. "O sequestro de bebês pelos militares lá no Araguaia existe. E os casos irão aparecer. Mas vão aparecer como tudo lá no Araguaia, através de pesquisas de familiares".

Mercês descobriu a existência de Lia quando procurava pelo corpo do irmão assassinado pelas forças militares durante a guerrilha do Araguaia. A identidade da filha do irmão morto e desaparecido surgiu tempos depois. "Estava na balsa indo de Xambioá para São Geraldo. De pé, perto de mim, estava um senhor falando sobre a guerrilha. Num certo momento, ele perguntou para a outra pessoa com quem conversava sobre uma 'menina branquinha'. E a resposta me deixou perplexa. Falou [também] sobre o Raul".

Conhecedora do fato, Mercês foi atrás de um mateiro, que ajudou muito Major Curió na caçada aos guerrilheiros. Queria confirmar a história. "Aí eu fui até o Zé Catingueiro. Ele revelou a existência da filha do Raul com uma mulher no Araguaia. Revelou que havia outros bebês levados pelos militares. Acho que uns oito", explica. O encontro ocorreu na sede da Associação dos Torturados na Guerrilha do Araguaia, localizada na cidade de São Domingos do Araguaia, no Pará.

Zé Catingueiro é José Maria Alves da Silva, que inicialmente esteve ao lado dos guerrilheiros e depois foi cooptado pelos militares. Transformou-se em importante guia das forças armadas na selva. Atualmente mora em Serra Pelada e continua atrelado ao Major Curió.

A pesquisa realizada por Mercês faz também uma revelação muito importante para a história da ditadura brasileira. É parte do segredo guardado durante anos pelos militares sobre suas ações mais cruéis e sanguinárias na guerrilha do Araguaia, envolvendo o sequestro de bebês e crianças filhos de opositores políticos e militantes do PCdoB. Havia ordem para matar os filhos dos guerrilheiros. O mesmo tipo de ordem está descrita no manual das forças armadas argentina de instruções e procedimentos a serem aplicados quando se sequestrava pais e filhos.

O manual argentino, datado de 1971, chamava-se *Instrucciones sobre procedimento a seguir com menores de edad hijos de dirigentes políticos o gremiales cuando sus progenitores se encuentran detenidos o desaparecidos.*[14] Ditava a conduta dos agentes da repressão, que deveria ser diferenciada de acordo com a faixa etária da criança. Aquelas com até quatro anos deveriam ser entregues a orfanatos ou família de militares. Isso porque os teóricos da segurança nacional consideravam que as crianças nessa faixa etária estariam livres do que chamavam "má influência" política comunista de seus pais. Já as crianças acima dessa faixa etária tinham outro destino. As mais velhas, em especial aquelas com mais de dez anos, deveriam ser mortas, pois já estariam "contaminadas" pela subversão de seus pais.[15]

"O Zé Catingueiro falou que a ordem era para matar os filhos dos guerrilheiros. Mas os militares de baixa patente não tiveram coragem. Então deixaram os bebês e crianças nos orfanatos. E orfanato não faz parte do vocabulário do Zé Catingueiro. Então isso chamou a minha atenção", observa Mercês.

Os camponeses do Araguaia chamam os bebês e as crianças levadas pelos militares de "bebês malditos". São histórias contadas de boca em boca dentro das comunidades, que precisam ser pesquisadas e esclarecidas, antes que se apaguem da memória coletiva. Durante a pesquisa sobre o Lar de Maria, também foi procurada uma outra instituição que acolhia crian-

---

14   QUADRAT, Samantha Viz. *O direito à identidade: a restituição de crianças apropriadas nos porões das ditaduras militares no Cone Sul.*

15   *Idem.*

ças naquele período em Belém. Essa instituição é ligada à igreja católica, à Pastoral do Menor da Igreja Católica. Não encontrei pistas de que haveria bebês ou crianças levadas pelos militares para lá durante a ditadura. Mas Padre Bruno, responsável pelo abrigo à época, fez um comentário enigmático ao tomar conhecimento da história de Lia Cecília: "Isso fez ligar o sinal amarelo em mim".

***

Em junho de 2009, Lia Cecília aleatoriamente ao ler o jornal da cidade viu uma reportagem no *Diário do Pará* que contava a história de crianças desaparecidas na guerrilha do Araguaia. Chamou sua atenção. Provavelmente uma intuição forte. O texto citava a existência de um "bebê branco" que poderia ser filho de guerrilheiro. Ela percebeu que a narrativa continha detalhes parecidos com parte da sua vida.

Lia Cecília mostrou a reportagem para a irmã, Rosália. Resolveram procurar o repórter que fez a matéria. A intuição apontava para o local certo. Procuraram ajuda na redação do *Diário do Pará*. E receberam a informação de que a matéria fora produzida por uma agência de notícias ligada ao jornal *O Estado de São Paulo*.[16] "Mandamos e-mail para o jornal (*Diário do Pará*) e nos informaram que a reportagem era do *Estadão*, de São Paulo. Enviei e-mail para o *Estadão* pedindo informações. De lá, me forneceram o e-mail da tia Mercês [Mercês de Castro, irmã de Antônio Teodoro]", relata Lia.

---

16 NOSSA, Leonencio. Exército levou 4 bebês de guerrilheiros, diz mateiro. *O Estado de S.Paulo*, 14/7/2009. e https://acervo.estadao.com.br/pagina/#!/20090714-42273-nac-9-pol-a10-not. Acesso em 18/02/2019.

Após contato com Mercês de Castro, Lia Cecília lhe enviou uma fotografia. A irmã do guerrilheiro assassinado ficou assustada quando viu o retrato. A mulher era muito parecida com Antônio Teodoro e com a família toda. "Tia Mercês foi a primeira com quem falei. Ela se surpreendeu com a semelhança e quis me conhecer. Fui muito bem recebida por todos", descreve. Houve um primeiro encontro, feito com Sandra de Castro, irmã de Antônio Teodoro, em março de 2010, em Fortaleza, Ceará. Essa reunião foi realizada numa pousada de Sandra, segundo Lia Cecília. Depois foi marcada uma reunião com outros irmãos: Vitória, Paulo e Roberto. O encontro com as outras irmãs Eliana e Socorro aconteceu em Brasília. E com Mercês em Curitiba. Todos ficaram surpreendidos com a semelhante facial da mulher com eles. "A Rosário, depois de um tempo, mandou para mim uma foto da Lia. Eu enviei a foto para meu irmão, em Fortaleza. Ele é mais desconfiado. Isso em 2010. E meu irmão respondeu assim: 'é filha de qual tia?' Eu achei que ela tem a cara do Téo. Todos nós temos certeza que é filha do Téo", diz convicta Mercês.

Os traços faciais da mulher sequestrada são semelhantes aos integrantes da família Castro. Ao se comparar fotos dos rostos de Lia Cecília e de Antônio Teodoro, colocando-as lado a lado, há a nítida impressão de que pertencem à mesma origem familiar. Os "rasgos físicos" são muito similares, conforme descrição de peritos forenses consultados por este autor.

Depois de algumas reuniões em família, os Castro resolveram propor a Lia Cecília a realização de um exame de DNA, ainda em 2010. Queriam confirmar ou descartar qualquer ligação sanguínea entre eles. "Eles haviam conversado entre si e me perguntaram se faria [o DNA]. Disse que sim, sem problemas", conta a sequestrada.

No mesmo mês de março foram a um laboratório, em Fortaleza. Colheram material para o exame. O resultado deu positivo. Depois, uma contraprova manteve o resultado de compatibilidade do código genético dela e dos seis irmãos de Antônio Teodoro de Castro em mais de 90%.

A primeira reação de Lia Cecília ao receber o resultado do exame genético, descreve a própria mulher, foi de estranheza. "Demorou para cair a ficha. Até hoje ainda é estranho para mim". Ela fala que a família adotiva já esperava pelo resultado positivo e quase que conclusivo. "A reação deles foi boa", diz aliviada, por ter muita consideração e amor pela família adotiva. Hoje, as duas famílias se dão muito bem. Mas a vida de Lia Cecília não é mais a mesma. "Na verdade, ficou um pouco confusa", aponta.

Depois que saiu de Belém, Lia Cecília não teve mais contato com a família adotiva. Eumélia faleceu antes de 2009, mesma época em que a filha adotiva ficou sabendo dos laços sanguíneos com a família de Antônio Teodoro de Castro. Sandoval, nessa época, tinha 89 anos e estava debilitado por doença. Ele foi poupado da notícia. Faleceu tempos depois.

Sobre Antônio Teodoro, seu pai biológico, Lia Cecília argumenta que, pelo que leu e ouviu falar, foi um homem generoso, de caráter excepcional e com personalidade forte. "Acreditava num ideal e lutava por ele". Já sobre sua mãe biológica, diz saber menos ainda. "Não tenho esperanças de encontrá-la um dia", avalia.

***

A história de Lia Cecília é emblemática entre os casos de sequestros de bebês e crianças pela ditadura no Brasil. Foi ela própria que descobriu sua situação de sequestrada e, mais importante, chegou à família de seu pai biológico. Graças à sua intuição, curiosidade e determinação. Sem qualquer apoio do governo na busca por sua história.

Lia Cecília prestou depoimento à Comissão da Verdade do Estado de São Paulo. "Não sei definir o que senti ao saber que era filha de guerrilheiro. Eu já conhecia a história da guerrilha do Araguaia, mas nunca podia imaginar que indiretamente faria parte dela. Eu sou a prova de que mesmo na guerra existiu um grande amor".[17]

Ela mora atualmente no Rio de Janeiro. É formada em Gestão de Recursos Humanos.

A família Castro e Lia Cecília pediram que a Secretaria Nacional de Direitos Humanos faça exame de compatibilidade de DNA também com familiares de 12 guerrilheiras desaparecidas e que estiveram com Antônio Teodoro no Araguaia entre 1972 e 1974. A petição, com dezenas de páginas, é assinada pelo ex-presidente nacional da Ordem dos Advogados do Brasil, Cezar Britto, e pela advogada Camila Gomes de Lima.

O objetivo é tentar descobrir quem é a mãe biológica de Lia Cecília, pois é possível que a genitora dela seja uma das guerrilheiras assassinadas pelas forças de repressão. Mas o processo hoje está dormindo numa gaveta qualquer em Brasília, onde não tem prioridade junto ao governo federal.

---

17 Comissão da Verdade do Estado de São Paulo. *Infância roubada – crianças atingidas pela ditadura militar no Brasil.* São Paulo: Edição da Assembleia Legislativa do Estado de São Paulo, 2014, p. 306.

Caravana dos familiares na região do Araguaia, na década de 1980, em busca dos corpos dos desaparecidos. Fonte: Associação dos Torturados do Araguaia

Região de mata onde pode estar enterrado corpo de guerrilheiro no Araguaia.
Fonte: Associação dos Torturados do Araguaia

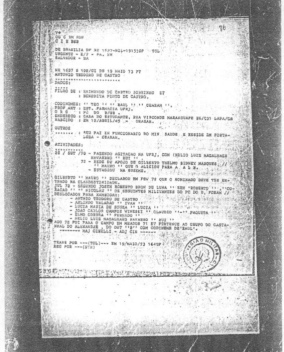

Documentos do Exército onde aparecem o nome do pai biológico de Lia Cecília, Antônio Teodoro de Castro, o Raul. Fonte: Associação dos Torturados do Araguaia

Corpos de guerrilheiros assassinados no Araguaia, foto feita por militar desconhecido. Fonte: Associação dos Torturados do Araguaia

ÍNDIOS MARÃIWATSÉDÉ

Durante a ditadura brasileira, o governo militar cavalgou sobre o binômio desenvolvimento e segurança, sempre com a diretriz de uma Doutrina de Segurança Nacional (DSN). Esse olhar geopolítico baseado nos ensinamentos da Escola Superior de Guerra resultou num projeto de ocupação de terras na região norte do país, com vistas a ocupar a Amazônia. Seria uma retomada de um projeto iniciado por Getúlio Vargas, a marcha para o oeste, mas que não tinha deslanchado.

Fala sempre repetida do então presidente Emílio Garrastazu Médici (1969-1974) exemplifica esse pensamento. Queriam transferir cidadãos nordestinos que sofriam com a seca e fome, vivendo em áreas com concentração de pessoas em estado de penúria, para terras no norte, onde a selva amazônica era virgem e, supostamente, desocupada. "Homens sem terra numa terra sem homens" era a máxima do general.

Além de objetivos militares a partir de 1964, essa vertente geopolítica sobre a região amazônica determinou que fosse implementada uma ação de ocupação de espaços vazios do território. À época, os militares acreditavam que a baixa ocupação demográfica na Amazônia fragilizava a segurança do território brasileiro.

Adotou-se estratégia para atrair o capital privado para a região. Foi desenvolvido um plano de incentivo para empresas, corporações e fazendeiros se estabelecerem em terras amazônicas. O planejamento previa, além da doação de extensas partes de terras, isenções fiscais, financiamentos e outras benesses. O resultado é que até mesmo instituições bancárias e montadoras de automóveis ganharam extensos quinhões de terra na Amazônia. Isso gerou conflitos inimagináveis e sem fim. Tudo sob a desculpa de possibilitar o desenvolvimento econômico na região, que ficou caracterizada pela concentração de enormes extensões de terras. Esse processo culminou com a expulsão de milhares de trabalhadores e pequenos agricultores que anteriormente ocupavam parte desse território. Sem contar com pobres cidadãos que já habitavam esses locais e tribos inteiras de povos indígenas.

É importante destacar que parte desses milhares de pequenos agricultores e trabalhadores haviam sido pouco antes incentivados por uma política pública agrária – do próprio governo federal – a se transferirem para a Amazônia. Migraram em troca de um pedaço de terra para produção própria. Eram posseiros e pequenos produtores rurais, que foram atraídos para a região nos primeiros anos após-1964.

Numa região bem próxima ao Araguaia, no estado do Mato Grosso, um grande grupo econômico, mas de capital nacional, foi beneficiado com isenções fiscais, doação de terras e outras graças pelo governo federal. Era o ano de 1966.

A família paulista Ometto, dona de extenso currículo no agronegócio no interior de São Paulo e no Brasil, ganhou a

CATIVEIRO SEM FIM   175

oportunidade de expandir suas empresas para o Mato Grosso. O projeto foi aprovado pela SUDAM em 22 de dezembro de 1966. As terras ficavam no então distrito de São Félix do Araguaia, que pertencia ao município de Barra do Garças, próximas à Serra do Roncador, do Rio das Mortes. São Félix do Araguaia se tornou município independente somente em 1976. A família Ometto adquiriu as glebas comprando-as de Ariosto da Riva, que por sua vez conseguiu a posse da terra em negócio junto à Companhia de Desenvolvimento do Mato Grosso (CODEMAT).[1]

A doação das terras fazia parte de projeto lançado em 1966 pelo então presidente da República, general Castello Branco, dentro da chamada "Operação Amazônia", um conjunto de medidas que tinha como objetivo criar condições para o povoamento dessa região. Entre os benefícios garantidos pela União havia a abertura de linhas de financiamento nas áreas de agropecuária e serviços; a formação de um Fundo de Valorização Econômico da Amazônia, mantido com receitas tributárias federais, estaduais e municipais; além de um amplo abatimento no Imposto de Renda e a criação da Superintendência do Desenvolvimento da Amazônia (Sudam).

A entrega de enorme gleba de terra aos Ometto levou à expulsão de uma tribo inteira de índios Xavante Marãiwatsédé de sua região para a implantação de uma fazenda de agronegócio. E teve como consequência o sequestro de bebês e crianças indígenas com anuência de militares da Aeronáutica.

---

1   TAFNER Jr., Armando Wilson. *Expansão da fronteira agripecuária do oeste paulista para a Amazônia: a trajetória das famílias Omett e da Riva e a colonização do Norte Matogrossense*. Dissertação. Núcleo de Altos Estudos Amazônicos, Belém: Universidade Federal do Pará, 2015, p. 123.

176   EDUARDO REINA

Cinco crianças Xavante Marãiwatsédé foram levadas em
1966, não se sabe por quem. Tem-se o conhecimento que foram
apropriadas por alguém. Estavam sob a responsabilidade dos
militares e órgãos governamentais que tinham como principal
missão defender os indígenas. O grupo reclama o sumiço, ou
sequestro, ou roubo, até hoje.[2]

O crime ocorreu em agosto de 1966 no norte do Mato
Grosso, numa região entre os rios Xingu e Araguaia, de transição entre o cerrado e a floresta amazônica. Precisamente nas
proximidades do rio Suiá Missu, cuja cabeceira localiza-se na
floresta. O nome da etnia que habita o espaço, Marãiwatsédé,
pode ser traduzido como "floresta medonha". O rio Suiá Missu
batiza a aldeia e também a fazenda implantada na década de
1960 por um grileiro e depois a empresa agropecuária que tinha
como sede a fazenda.

Há uma ação civil pública referente à remoção forçada dos
indígenas da etnia Xavante de Maraiwatsédé de seu território
tradicional, movida pelo Ministério Público Federal, Subseção
Judiciária de Barra do Garças (MT).

Durante a operação de transporte de 286 integrantes da
aldeia Suiá Missu para a Missão Salesiana São Marcos, na cidade
de Barra do Garças, cerca de 400 quilômetros ao sul de onde estavam, quatro crianças foram levadas pelos militares, reclamam
os indígenas. Depois, uma quinta foi levada de dentro da própria
missão, revela o Padre Bartolomeo Giaccaria. Nenhum militar
se opôs. Ninguém dos órgãos governamentais federais procurou

---

2   De acordo com o livro VALENTE, Rubens. *Os fuzis e as flechas – história
    de sangue e resistência indígena na ditadura*. São Paulo: Companhia das
    Letras, 2017.

ajudar os pais dessas crianças após o sequestro. Os casos ficaram escondidos, esquecidos.

***

A triste história da diáspora dos Marãiwatsédé tem início em 1962, quando foi instalada a primeira propriedade escriturada nessa região do Mato Grosso. A família paulista Ometto comprou as terras do grileiro Ariosto da Riva, também paulista da cidade de Agudos. Anos antes, Riva havia criado a fazenda em pleno território Xavante. Em 1962, foi elaborada, de modo formal e escriturado em cartório, a Agropecuária Suiá Missu Limitada. Papéis no tabelionato mostram que a empresa tinha como sócios Ariosto da Riva e o grupo Ometto. Tempos depois, a criação da companhia agropecuária aumentou ainda mais a pressão sobre as já reduzidas aldeias Marãiwatsédé.

Para adquirir e ocupar as terras no Mato Grosso, os Ometto ganharam vários benefícios do governo militar. Tomaram posse de área de aproximadamente 647 mil hectares. Uma imensidão de terras valiosas, equivalente a quatro vezes e meia o tamanho da cidade de São Paulo. O incentivo fiscal total foi de CR$7.878.000.000,0013. O projeto compreendia a implantação e desenvolvimento de cinco núcleos: o núcleo sede, que seria instalado em 1966 e onde estavam os índios Marawatsédé, e os núcleos Fontoura, União, Roncador e Xavante, que seriam instalados em 1969, 1972, 1973 e 1975 respectivamente. Para tanto, o empreendimento contava, conforme consta no processo nº 08749/66, com área de 646.824 hectares dos 800.000 hectares que a área da família Ometto possuía. Este chegou a ter o status de maior latifúndio do mundo.[3]

Já os subsídios financeiros vindos dos cofres públicos giraram em torno de 30 milhões de dólares. Além da verba e das facilidades, os donos da Fazenda Suiá Missu utilizaram a mão de obra indígena praticamente de graça em seus propósitos. Os índios trabalharam em troca de alimentos e algumas bugigangas.

Abriram, à base de pás e enxadas, uma pista de pouso para aviões da empresa, além de estradas que fariam interligação entre vários pontos das glebas de terra. Também executaram trabalhos domésticos e agrícolas.

Anos depois, já na década de 1970, a fazenda Suiá Missu foi vendida pela família Ometto para o grupo italiano Liquifarm, que mais tarde passou a se chamar Agip. O preço da transação internacional: 5 milhões de dólares. Um sexto do valor dos benefícios recebidos pela companhia brasileira durante a implementação da agropecuária na terra dos índios. Em 1992, após muita pressão da sociedade civil organizada, a Agip anunciou a doação de 165 mil hectares da área aos índios.

***

A convivência dos funcionários dos Ometto junto com a exploração da mão de obra indígena não deu certo. Inicialmente os indígenas acreditaram nas promessas de ajuda feitas pelos homens brancos. Depois perceberam a exploração escravagista e começaram a se rebelar. Damião Paridzané, atual cacique da terra indígena (TI) Marãiwatsédé, declarou ao Ministério Público

---

3   TAFNER Jr., Armando Wilson. *Expansão da fronteira agripecuária do oeste paulista para a Amazônia: a trajetória das famílias Omett e da Riva e a colonização do Norte Matogrossense*, p. 126.

CATIVEIRO SEM FIM   179

Federal que o povo, naquela época, "foi trabalhando como escravo
(...), morreu muita gente. Trabalhando sem receber dinheiro, sem
ganhar nada, sem assistência de saúde nenhuma". Paridzané, filho
e neto dos índios deportados, contou ainda que Ariosto da Riva
só dava arroz quebrado para os índios se alimentarem. Não eram
grãos inteiros.[4]

Sobreviviam com uma dieta alimentar muito fraca. Estavam
impedidos de caçar e pescar nas terras que agora eram do homem
branco, os empresários paulistas. A presença dos indígenas dentro
do território da Fazenda Suiá Missu era um incômodo para os novos proprietários. A sede da empresa foi construída sobre o local
onde ficava uma das aldeias, a principal delas. O casarão ocupou o
lugar da principal oca. A gleba dos Marãiwatsédé abrigava pequenos aglomerados de ocas, as aldeias.

Mas os planos de negócios da agropecuária dos paulistas
não evoluíam. Os índios resistiram ao trabalho forçado pelos fazendeiros. Nem os empresários cumpriam as promessas de ajuda ao povo indígena. Criou-se um impasse. Para desenvolver o
agronegócio era necessário contratar mão de obra de fora para o
trabalho na fazenda, que tinha como primeiro objetivo a limpeza
do terreno para implementação de criação de gado.

Insatisfeitos e sentindo-se traídos, os índios recusaram-se
a trabalhar. Eram proibidos de exercer suas atividades cotidia-
nas. Então, para fazer andar seus projetos, os empresários paulistas resolveram o impasse de forma drástica. Transferiram toda a
aldeia de dentro da fazenda para outro lugar. Órgãos federais de
proteção aos índios e as organizações militares deram anuência

---

4   Ação Civil Pública que tramita na Justiça Federal de Barra do Garças
     (MT), nº 2766-51.2016.4.01.3605.

para a transferência. Indicaram a Missão Salesiana São Marcos em Barra do Garças para abrigar os quase 300 Marãiwatsédé.

***

A Missão Salesiana tinha a confiança do governo federal. Os padres salesianos têm história junto a nações indígenas na região norte brasileira. Desenvolveram amplo trabalho junto aos indígenas no Mato Grosso a partir de meados de 1894.

Os militares e o Serviço de Assistência ao Índio (Sassi), que precedeu a Funai, definiram que os Marãiwatsédé seriam transferidos para a Missão São Marcos. A nova moradia do grupo, transferida da Suiá Missu, ficava no município de Barra do Garças. Foi formada pelos Salesianos e funcionava desde 24 de abril de 1958.

Os Ometto nem precisaram pagar pelo traslado da aldeia. Conseguiram junto a Força Aérea Brasileira de Campo Grande o meio de transporte dos índios da fazenda até a missão salesiana, distante cerca de 400 quilômetros. O empréstimo das aeronaves militares foi acertado em audiência entre representantes dos Ometto e o brigadeiro Eduardo Gomes. O brigadeiro era ministro da Aeronáutica do general presidente Castello Branco.

Os Marãiwatsédé foram violentamente forçados a ir para o exílio. Foi uma verdadeira missão de deportação dos integrantes da aldeia. Além da violência da transferência e do sequestro de cinco bebês e crianças da tribo, a maioria dos transferidos morreu contaminada por inúmeras doenças, principalmente o sarampo.

A ordem de transferência foi assinada por Nilo Oliveira Vellozo, então chefe do Serviço de Assistência ao Índio (Sassi), em 11 de julho de 1966. Os aviões da FAB utilizados na ação não eram apropriados para o transporte de passageiros. Faziam o serviço de correio aéreo na região. Eram aviões de carga. Foi preciso muita improvisação para realizar as viagens.

Os indígenas foram divididos em três grupos de quase uma centena de pessoas. Misturavam homens, mulheres, crianças, adolescentes e anciãos. Não respeitaram a composição das famílias, que foram, muitas vezes, separadas. Eram amarrados com cordas e cintos em grupos e colocados no compartimento de carga dos aviões da FAB. As três viagens foram realizadas num período de duas semanas, em intervalos de cinco dias aproximadamente.

Segundo relatos de parentes dos índios transferidos, os Marãiwatsédé foram "convencidos" a deixar sua terra de origem para viver na reserva São Marcos. Um dos incentivadores foi Dario Carneiro, gerente da fazenda Suiá Missu.

Os índios confiavam em Dario. Ele trabalhou no empreendimento de 1963 a 1968 e aprendeu o idioma Xavante. A confiança e a proximidade entre todos eram resultado desses anos de convivência. Tanto que os pajés permitiam a Dario acompanhar algumas cerimônias na aldeia, como a da perfuração das orelhas, uma das mais importantes da etnia. Também podia entrar nas ocas e até participar das reuniões do conselho de anciãos da tribo.

Os filhos dos índios sobreviventes dessa diáspora contam ainda que Dario chegou a filmar as viagens de transferência dos integrantes da tribo. Nas viagens, alguns conseguiram levar os poucos pertences que mantinham. Tudo foi amarrado em trouxas de pano. Outros sequer conseguiram carregar seus pertences pessoais. Ficaram somente com a roupa do corpo, algumas latas velhas ou caixas de madeira. Todos os índios tinham um sentimento em comum: a incerteza do destino e a certeza do retorno, um dia, para suas terras. Mas uma dúvida pairava no ar: como retornar, se no avião não era possível enxergar o caminho? Mas tais dificuldades, como conta a história, não impediu o retorno dos que mantiveram firmes laços com seus antepassados.[5] Dario, na verdade, era homem de confiança do grileiro Ariosto e dos empresários Ometto. "O Dario foi criado como filho, para defender o povo A'uwe Marãiwatsédé, porém ele não teve coragem de falar, na presença das autoridades, para evitar a transferência, a gente pensa no waradzu [homem branco civilizado] que está do lado dos índios", disse em 2012 Francisco Tepé à professora Luciana Akeme Sawassaki Manzano Deluci, mestre em Desenvolvimento Sustentável pela Universidade de Brasília e formadora da Educação Escolar Indígena.

***

Naquele agosto de 1966, ano da fatídica diáspora e do sequestro das crianças, logo que chegaram à Missão Salesiana São Marcos, em Barra do Garças, os Marãiwatsédé foram surpreendidos por várias doenças. Muitos estavam em estado debilitado de saúde devido aos maus tratos recebidos na Fazenda Suiá Missu e à alimentação precária. Pensavam ainda que a acomodação na missão religiosa seria provisória. Estavam enganados. Foram obrigados a permanecer na localidade.

O padre Mário Ottorino Panzieri acompanhou os índios numa das três viagens realizadas para a deportação da aldeia, segundo depoimento de outro padre, Bartolomeo Giaccaria, ao Ministério Público Federal. Giaccaria é italiano, tem hoje 85 anos. Começou a fazer contato e estudar os Xavantes no Mato

---

5 DELUCI, Luciana Akeme Sawassaki Manzano. *Ti'a roptsimani'õ: os A'uwe Marãiwatsédé tecem saberes para a construção de uma proposta curricular intercultural.* Dissertação. Brasília: Universidade de Brasília, 2013, p. 54.

Groso em 1956. Ainda em 2018, era pároco de todos os Xavantes e mora em Barra do Garças. Começou a trabalhar na Missão São Marcos em 1962.

Giaccaria depôs em ação civil pública que o Ministério Público Federal move contra a família Ometto, o Estado do Mato Grosso e a Funai no caso da transferência forçadas dos Marãiwatsédé de suas terras originais em 1966. Ele afirma que não esteve presente no embarque dos Xavantes na Fazenda Suiá Missu. Estava na Missão São Marcos para recebê-los.[6] Nesse local, das quase 300 pessoas que foram levadas à força, aproximadamente 150 morreram no surto de sarampo. Não havia nenhuma medida sanitária para evitar a contaminação dos indígenas que chegaram na missão. Os mortos eram enterrados em valas comuns, uns sobre os outros, sem respeitar as tradições xavantes.

O jornalista Rubens Valente cita em seu livro *Os fuzis e as flechas – história de sangue e resistência indígena na ditadura* que quatro crianças haviam sido dadas como desaparecidas durante a confusão da transferência. Foram levadas para algum lugar desconhecido pelos militares.[7] O repórter afirma que, durante suas pesquisas e elaboração da obra, não chegou a fazer ligação entre o desaparecimento dessas crianças da aldeia e o crime de sequestro durante as viagens de transferência para a missão salesiana porque tinha como objetivo descrever os desmandos que a população indígena brasileira passou nas mãos dos militares.

No livro, Valente cita o chamado "Relatório Figueiredo", com detalhes dos problemas encontrados na Funai na época da

---

6   Entrevista ao autor em 18 de dezembro de 2017.

7   VALENTE, Rubens. *Os fuzis e as flechas – história e resistência indígena na ditadura*. São Paulo: Companhia das Letras, 2017, p. 31.

ditadura militar. Cita também que crianças índias eram distribuídas a famílias e fazendeiros no Mato Grosso, por ordem da Funai.

O "Relatório Figueiredo" foi produzido em 1967 pelo procurador Jader de Figueiredo Correia a pedido do então ministro do
Interior, Afonso Augusto de Albuquerque Lima. Possui mais de
sete mil páginas que descrevem violências praticadas por fazendeiros e funcionários do Serviço de Proteção ao Índio, cometidos durante trinta anos, nas décadas de 1940, 1950 e 1960. O extenso documento angariou provas e culminou com a demissão
de trinta e oito funcionários do SPI, que foi extinto e substituído
pela Fundação Nacional do Índio (Funai) em 1967.

O padre Bartolomeo Giaccaria conta que não se lembra
dos casos dessas quatro crianças desaparecidas. Mas que não é
impossível ter acontecido.[8]

Giaccaria, porém, faz um relato que aumenta o rol de
crianças apropriadas com ajuda dos militares durante a ditadura. Trata-se de uma quinta criança Marãiwatsédé, que também
foi levada, já de dentro da Missão São Marcos em 1966/1967,
por uma enfermeira. Essa enfermeira, que o padre diz não lembrar o nome, aparece numa foto onde estão quatro mulheres que
auxiliavam o tratamento dos índios infectados na epidemia de
sarampo em 1966/1967. A foto consta de pesquisa realizada pela
professora Luciana Akeme Sawassaki Manzano Deluci.[9]

Giaccaria diz que a enfermeira era de Campo Grande e
que ela passava vários períodos do ano prestando serviços na

---

8   Entrevista ao autor em 18 de dezembro de 2017.

9   DELUCI, Luciana Akeme Sawassaki Manzano. *Ti'a roptsimaniõ: os A'uwe
     Marãiwatsédé tecem saberes para a construção de uma proposta curricular
     intercultural*, p. 57.

missão religiosa. Ia e voltava hoje da capital do Mato Grosso do Sul. E que, com a anuência dos responsáveis militares e civis pela deportação do grupo indígena, ela levou a criança embora. Essa criança indígena também estava com sarampo. A enfermeira teria o compromisso de devolvê-la quando estivesse curada. Mas isso não aconteceu.

Anos depois, parentes da menina foram atrás dela. Conseguiram encontrá-la na cidade de Campo Grande (MS). Mas não puderam trazê-la de volta à aldeia, relata o pároco.[10]

Era correto, naquele tempo, a idea de entregar crianças índias a fazendeiros para que eles fossem "civilizadas", conta o padre.

A professora Edilene Coffaci de Lima, do Departamento de Antropologia da Universidade Federal do Paraná, especialista em questão indígena, afirma que a apropriação de crianças indígenas no Brasil ocorre há muito tempo. Que normalmente elas são usadas como empregados em fazendas ou em serviços domésticos. Edilene estudou o caso dos índios da etnia Xetá, que também foram transferidos compulsoriamente de suas terras primitivas no Paraná durante a ditadura militar.[11]

Já a vida normal dos Xavante Marãiwatséde no norte do Mato Grosso ainda está longe de ter fim. A região foi invadida por vários posseiros desde a venda da fazenda Suiá Missu e a doação de parte das terras de volta ao povo indígena. Outra luta precisou ser iniciada para obter a posse de volta. Disputas continuam. Grileiros ainda estão nos locais.

***

---

10 Entrevista ao autor em 18 de dezembro de 2017.

11 Entrevista ao autor em 03 de agosto de 2017.

Atualmente há quatro aldeias Marãiwatséde na região norte mato-grossense. Lá vivem cerca de 20 mil índios. A imensa maioria dessa população nasceu no exílio. São filhos, netos e bisnetos dos verdadeiros donos da Suiá Missu, deportados em 1966, parentes das cinco crianças sequestradas e apropriadas.

O Ministério Público Federal ainda aguarda que todos os envolvidos na ação civil pública contra a família Ometto, a Funai e o Estado do Mato Grosso sejam citados para que o processo tenha andamento na Justiça.[12] A ação teve início em 2016. A procuradoria fala em tentativa de genocídio. Esse era o objetivo do Estado brasileiro à época e dos empreendedores particulares para permitir que as terras dos indígenas fossem apropriadas para o empreendimento agropecuário.[13]

Tal ação busca reparar danos de natureza material e moral coletivos sofridos pela comunidade Xavante Marãiwatsédé devido a remoção forçada de seu território em 1966. Só não cita o sequestro das cinco crianças. Uma parte dessa tragédia humana iniciada em 1966.

***

Marco da ignorância e do pouco caso para com as nações indígenas, o caso do sequestro dos bebês Marãiwatsédé e a transferência de tribo inteira de suas terras precedeu a uma política adotada pelos militares durante o período de ditadura que possibilitou a concentração de terras brasileiras nas mãos de grupos internacionais.

---

12 Segundo o Procurador da República Guilherme Fernandes Ferreira Tavares, em 9/01/2018. Situação mantida em dezembro de 2018.

13 Documentário produzido pelo Ministério Público Federal de Mato Grosso sobre os Marãiwatsédé.

A construção da Rodovia Transamazônica – em 1969 –marca a mais significativa etapa desse projeto de expansão demográfica patrocinada pelo governo militar e acompanha o desenvolvimento da segunda etapa do plano. Nesse período, no início da década de 1970, o Brasil começou a ser afetado por uma grave crise econômica, com alto endividamento interno. Mas o regime militar acreditava que era mais do que necessário lançar um segundo Plano Nacional de Desenvolvimento, com vistas a ocupar territórios da região oeste, principalmente no que tange à Amazônia.

Para colocar em prática esse plano, havia o enorme receio de que se perdesse o controle sobre uma região de muita importância estratégica, devido às fronteiras e também à guerrilha do Araguaia.

Havia, acima das questões geopolíticas, a preocupação econômica, em função da descoberta de grandes jazidas minerais, que seriam e continuam sendo cobiçadas por grandes grupos internos e externos. Vislumbrava-se também a enorme oportunidade de realização de muitos negócios com conglomerados internacionais.

Sobre tal problemática e com objetivos econômicos, a Doutrina de Segurança Nacional foi o norte da bússola que os militares utilizaram como sustentação do projeto de "avanço civilizatório" em direção à Amazônia brasileira. A mesma DSN que serviu como elemento motivador da intervenção militar e como base para todas as políticas implementadas pelo governo federal naqueles anos, principalmente depois de 1968, quando o regime vigente ganhou declaradamente características de ditadura, com ações e conceitos ensinados nas escolas militares. Foi o período mais sangrento, cuja governabilidade esteve sustentada essencialmente nos atos institucionais.

De acordo com Romualdo Pessoa Campos Filho, autor do livro *Araguaia – Depois da guerrilha, outra guerra*, o órgão responsável pela adoção dessa política atabalhoada de ocupação da Amazônica foi a Escola Superior de Guerra. A instituição formou uma geração de militares que chegou ao generalato com uma bagagem ideológica fundada no fortalecimento da geopolítica. Toda a ideologia de segurança nacional que direcionou as políticas públicas durante os anos de regime militar brasileiro manteve suas bases ideológicas firmadas nos Estados Unidos. As ações eram direcionadas para a proteção das áreas consideradas estratégicas pelo governo dos Estados Unidos, além de manter e ou construir regimes políticos que lhes fossem favoráveis.[14]

O que foi pensado inicialmente para dar início à ocupação do território pelos militares foi deixado de lado abruptamente. Abdicou-se de consolidar o processo de ocupação que tinha como objetivo atrair migrantes de várias regiões, principalmente do Nordeste. E partiu-se para um plano B, que visava favorecer grandes conglomerados empresariais. O governo federal, na segunda metade da década de 1960, já havia oferecido parcerias e doado terras e isenções fiscais a grandes grupos brasileiros. Ação que queria construir laços econômicos profundos com empresas internacionais e ao mesmo tempo tentar manter algum controle sobre áreas consideradas estratégicas.

Esse plano B tinha como objetivo manter o processo de ocupação territorial e a defesa de segurança nacional. Foi batizado de Programa de Integração Nacional (PIN) e lançado pelo então presidente Emílio Garrastazu Médici. Sua concep-

---

14 CAMPOS FILHO, Romualdo Pessoa. *Araguaia – Depois da guerrilha, outra guerra*. São Paulo: Anita Garibaldi, 2014, p. 116.

ção era de viabilizar a ocupação do espaço amazônico à base da construção de duas grandes rodovias, a Transamazônica; e a Cuiabá-Santarém.

A cúpula militar e seus estrategistas criaram vários decretos para salvaguardar as ações de ocupação dos territórios ao norte do Brasil. O Decreto-Lei nº 1.164, de 1º de abril de 1971, tratava sobre as terras às margens dessas rodovias. O enunciado dessa lei deixava claro que o objetivo maior acima da ocupação das terras era realmente a segurança nacional: "Declara indispensáveis à segurança e ao desenvolvimento nacional terras devolutas situadas na faixa de cem quilômetros de largura em cada lado do eixo de rodovias na Amazônia Legal, e dá ouras providências".

A lei, em seu artigo 4º, dava plenos poderes ao Conselho de Segurança Nacional para estabelecer normas para a implantação de projetos de colonização ou concessão de terras, bem como para o estabelecimento ou exploração de indústrias que interessem à segurança nacional nas terras devolutas das faixas mencionadas. O conselho podia praticamente tudo, tinha plenos poderes em todos os sentidos.

O governo federal queria construir polos de desenvolvimento regionais a partir de forte investimento estatal e da desapropriação de áreas ao longo de rodovias na ampla Amazônia. Nessas áreas seriam erguidas colônias ou vilas a serem ocupados por assentamentos de população de origem nordestina que se deslocasse para a nova área.

Mas a realidade era outra. O plano parecia simples e inteligente. Mas não foi nada fácil colocar em prática essa ação, como estava planejada no papel e na propaganda do governo militar.

A conjuntura econômica internacional estava desfavorável. A economia brasileira entrou em forte recessão a partir de

1973, quando a crise mundial do petróleo afetou muitos países. A inflação crescia, assim como a carestia e o desemprego. E a implementação do PIN estancou. Os militares não foram capazes de tornar realidade suas próprias propostas de expansão demográfica na Amazônia.

Foi quando o governo militar escancarou as portas, ou melhor, as terras amazônicas às empresas estrangeiras. O capital internacional se sobrepôs ao pobre camponês, ao índio e ao pequeno produtor rural. As terras foram cedidas aos montes aos grupos internacionais. Somente no Pará, no norte do estado, Daniel Ludwig, um multimilionário nascido nos Estados Unidos, tomou posse de nada menos do que 1,5 milhão de hectares de terras e reservas minerais. Na região sul do Pará as terras foram passadas para vários grupos financeiros, entre eles o Sul América, Atlântica-Boa Vista, Peixoto de Castro, Bradesco, Bamerindus, Volkswagen, Atlas, King's Ranch, John Davis, United Steel Corporation, Almeida Prado, Banco Econômico, Lunardelli, Aços Villares, Nixdorf, entre outros.

Foi a partir deste início dos anos 1970 que passou a ser desenvolvido um dos mais trágicos processos de grilagem, especulação e destruição organizada de famílias de posseiros na região. Sem nenhuma preocupação social. Dados do Instituto Nacional de Colonização e Reforma Agrária mostram que, em 1972, os estrangeiros possuíam no Brasil 44.644 imóveis rurais com área total de 8.280.424,9 hectares. Tamanho equivalente a uma área duas vezes o tamanho do estado do Rio de Janeiro. Essas terras estavam assim distribuídas, segundo o próprio instituto: as pessoas físicas estrangeiras eram donas de 44.390 imóveis em, que totalizava uma área de 7.080.994,8 hectares. Já as pessoas jurídicas estrangeiras, ou seja, empresas multinacionais, eram donas de 254 imóveis, com área total de 1.193.430,1 hectares.

CATIVEIRO SEM FIM   191

Em pouco tempo, em 1976, quatro anos após essa medição ter sido realizada, o quadro era outro. Principalmente no que se refere às pessoas jurídicas estrangeiras. O número de imóveis rurais nas mãos de não brasileiros subiu para 2.729 e a área para 4.712.481,8 hectares,[15] equivalente a mais de duas vezes o tamanho do estado de Sergipe ou o tamanho do estado do Rio de Janeiro.

Somente no estado do Pará, entre 1972 e 1976, por exemplo, enquanto o número de imóveis rurais de propriedade de empresas nacionais diminuiu em 1%, passando de 735 para 729 unidades, o mesmo número em mãos de estrangeiros saltou de 21 para 463. Um crescimento equivalente a 2.104%. O capital internacional passou a ser dono de 1.297.335 hectares de terras paraenses em 1976, ante 9.614,4 hectares quatro anos antes.

O peso da força do dinheiro internacional e o projeto militar brasileiro abriram espaços geográficos e econômicos para o capital estrangeiro. Recursos públicos foram parar nas mãos da inciativa privada através dos incentivos fiscais. Do início da década de 1970 até julho de 1977, a Superintendência do Desenvolvimento da Amazônia (SUDAM) havia aprovado 336 projetos agropecuários para a região do Araguaia. A preços correntes da época, os valores investidos nesses projetos agropecuários correspondiam a Cr$ 7.108.166,808,00.[16] Desse montante, Cr$ 5.089.227.003,00, ou cerca de 71,5% do total, eram relativos a incentivos fiscais. Dinheiro esse que deixou de ser aplicado pelo governo federal em serviços públicos.

---

15 CHINEM, Rivaldo. *Sentença – padres e posseiros do Araguaia*. São Paulo: Paz e Terra, 1983, p. 112.

16 DÓRIA, Palmério; BUARQUE, Sérgio; CARELLI, Vincent; SAUTCHUK, Jaime. *A guerrilha do Araguaia*. São Paulo: Alfa-Ômega, 1978, p. 8.

Por esses fatores mostra-se que, muito mais do que preocupações econômicas, relativas ao desenvolvimento da região, ou da busca por solucionar dilemas sobre os problemas do nordeste brasileiro, o processo de ocupação da região amazônica atendia, principalmente, às questões estratégicas geopolíticas, dentro das formulações contidas no binômio "segurança e desenvolvimento". Estava exposto, de forma clara, por que os conflitos que iriam ocorrer ali adquiriam importância tão grande. Ao nível do envolvimento das Forças Armadas na tentativa de solucioná-los ou de combatê-los mediante o uso da força, caso necessário; assim como do enquadramento na Lei de Segurança Nacional de vários camponeses, padres e lideranças políticas que os apoiavam.[17]

---

17 CAMPOS FILHO, Romualdo Pessoas. *Araguaia – Depois da guerrilha outra guerra*, p. 137.

Parte da comunidade Xavante Marãiwatsédé em registro em frente ao avião da FAB que os transportou para Barra do Garças (MT), em 1966; abaixo: crianças da tribo nas terras da Suiá Missu. Fonte: Arquivo Funai

2532

PODER JUDICIÁRIO
JUSTIÇA FEDERAL
SEÇÃO JUDICIÁRIA DO ESTADO DE MATO GROSSO
5ª VARA

TERMO DE INQUIRIÇÃO DA 1ª TESTEMUNHA DOS AUTORES
Processo nº 95.0000679-0

Testemunha: **BARTOLOMEO GIACCARIA**, italiano, solteiro, padre católico, portador da Cédula de Identidade RG nº ███████████, residente e domiciliado à ███████████ Nova Xavantina/MT.

Testemunha compromissada, não-contraditada e advertida das penas cominadas ao falso testemunho, inquirida, às perguntas do MM. Juiz Federal respondeu que o primeiro contato com os Xavantes ocorreu em 1956, em Sangradouro, Município de Poxoréo/MT, próximo à cidade de Barra do Garças/MT, quando começou a estudar sobre a etnia Xavante, língua, costumes, história, que naquele ano o número de índios Xavantes que seguiram para Sangradouro era de aproximadamente 90 (noventa), tendo chegado a 200 (duzentos) nos anos seguintes, sendo que aquele povo totalizava à época cerca de 900 (novecentos) indivíduos. Que esses índios estavam localizados em Batovi, Marechal Rondon, Pimentel Barbosa, Simões Lopes, essa última habitada por Bacaeris e Xavantes. Os Xavantes desses agrupamentos eram oriundos da Aldeia Marãiwatesédé, onde se localiza hoje a Fazenda Suiá-Missú. Que os padres salesianos, congregação a que pertence, já trabalhavam com os índios Xavantes desde de 1934, ano que segundo relato dos Xavantes foram mortos os Padres João Fuchs e Pedro Satillotti quando da tentativa de contato com aquela etnia, à beira do Rio das Mortes, onde até hoje é conhecido o "Barranco dos Padres", nas proximidades de São Félix do Araguaia/MT. Os padres foram vitimados porque depois de presentear os velhos da aldeia, e não tendo mais presentes para oferecer aos jovens guerreiros foram mortos por esses. Que é o pároco de todos os Xavantes até a presente data, estando sediado em Nova Xavantina, que dista mais de 300 (trezentos) quilômetros daquela localidade. Em 1962 o depoente trabalhava na Aldeia de São Marcos, distante cerca de 100 (cem) quilômetros em linha reta da Fazenda Suiá-Missú, que no ano de 1966 os índios Xavantes da aldeia Marãiwatesédé foram transferidos para a Aldeia Indígena de São Marcos por meio de aviões, nessa época somavam cerca de 300 (trezentos) indivíduos. Disse que na região onde moravam anteriormente haviam 2 (duas) aldeias, das quais não se recorda o nome, e também não chegou a conhecer.

Página de abertura do depoimento do padre Bartolomeo Giaccaria ao Ministério Público Federal em Barra do Garças, em ação indenizatória em favor dos Marãiwatsédé; abaixo: cópia de publicidade sobre leilão das terras, em 1992. Reprodução de documentos: arquivo do autor

IRACEMA E OUTROS CASOS

É como você dar um doce para criança comer e depois não deixar terminar. Eu me sinto assim.

Iracema de Carvalho Araújo, filha de militante do PCB, sequestrada na década de 1960 em Recife (PE)

Numa noite pachorrenta de 1964, semanas após o golpe militar, uma garota que tinha, provavelmente, 11 anos estava em sua casa com a mãe, professora e militante política, na avenida Tapajós, Vila Tamandaré, zona oeste de Recife, Pernambuco. A garota era Iracema de Carvalho Araújo.[1] A mãe, Lúcia Emília de Carvalho Araújo, era filiada ao Partido Comunista Brasileiro (PCB) e militava no Movimento de Cultura Popular (MCP). Atuava também junto as Ligas Camponesas no lugarejo de Cova das Onças, em Jaboatão dos Guararapes, região metropolitana de Recife. Dava aulas para alunos do ensino fundamental, filhos dos lavradores e moradores da periferia.

A casa das duas foi invadida por policiais civis e militares à paisana. Foram encapuzadas. Usaram um saco de estopa feito de ráfia dura para cobrir a cabeça das presas. O saco estava encardido

---

1 A história de Iracema está baseada em entrevista ao autor, concedida em 10 de novembro de 2018, e no processo nº 2004.01.48590 do Ministério da Justiça, Comissão de Anistia do Ministério da Justiça.

e fedia muito, de acordo com relato de Iracema que consta em processo da Comissão de Anistia, do Ministério da Justiça.

Ambas foram colocadas dentro de uma viatura, que passou a rodar pela cidade. Circularam por muitas ruas, aos solavancos. Ambas sofreram torturas já dentro do carro policial. O tecido rústico da estopa picava o rosto da menina Iracema, provocando irritação na pele. Os policiais faziam ameaças de morte e espancamento.

Horas depois de muito vai e volta pelas vias da capital pernambucana, chegaram à rua da Aurora, região central de Recife, a um imóvel onde ficava a Delegacia de Ordem Política e Social (DOPS). Foram direto para os cômodos localizados nos fundos do prédio histórico, que em meados da década de 1990 acabou demolido. Iracema, ainda com a cabeça enrolada no saco de estopa, foi colocada num tanque com água. Nesse tanque havia fios de cobre descascados, que provocavam choques na menina. Não conseguia mais ver sua mãe. Mas ouvia os gritos de dor dela ao longe. O pavor tomava conta da garota. "Depois eu consegui ver, mais distante de mim, um homem arrancando com um alicate a unha dos dedos de minha mãe", conta hoje.

Os policiais haviam tirado a roupa de Iracema. Mas a cabeça permanecia envolta com o capuz de estopa. Ela recebia choques elétricos em várias partes do corpo, inclusive na vagina. Entrevia alguma coisa pelas tramas malfeitas do capuz improvisado. Hoje, ainda abalada, é capaz de descrever detalhes do que lhe aconteceu naquela noite.

Para os integrantes da Comissão de Anistia do Governo Federal, Iracema contou que num dado momento sua cabeça foi descoberta. Nesse momento entrou na sala um homem chamado Doutor Osmar. A menina estava apavorada, com muito medo. Tremia dos pés à cabeça, em estado de choque. E por causa dos choques elétricos.

Foi quando Dr. Osmar disse: "Ela é apenas uma menina, parem com isso", contou Iracema nos autos do processo. "Esse homem alto e de botas disse para o homem que estava me batendo: você está mal agora. É a menina dos olhos do coronel. Tira ela daqui. Leva ela, roda a cidade e ponha ela num canto de fácil acesso", relembra Iracema.

Imediatamente os agentes da repressão pararam com a sessão de tortura. Levaram a criança embora. Rodaram um pouco por Recife até chegarem na Praça do Derby, depois de atravessarem algumas ruas no bairro de Soledade. Abriram a porta do veículo e mandaram Iracema descer. Ela sentia uma mistura de alívio e de medo. Sangrava. Tarde da noite, não sabia o que fazer. Ficou encolhida num canto da praça até o dia amanhecer e conseguir retornar para sua residência na Vila Tamandaré.

A data dessa prisão e tortura, de acordo com autuação da Polícia do Estado de Pernambuco, é 19 de maio de 1964. O fichamento da mãe de Iracema na delegacia – sem que seja relatada a prisão da filha também – se deu no dia 19 de maio de 1964 em Recife. Essa autuação, que recebeu o número 17, foi feita pelo escrivão Esmeraldo Mendes das Chagas, diante do promotor-encarregado Ananias Tavares de Souza Campos. Lúcia Emília foi fichada sob acusação de exercer atividades subversivas. Foi aberto processo criminal contra ela. Há ainda uma ficha policial de 1965 de identificação da mãe de Iracema. A militante de partido político recebeu o número P36014 quando esteve no DOPS. Mas não em Pernambuco, e sim em delegacia de Minas Gerais.

Esse registro geral pertence à Secretaria de Segurança Pública de Minas Gerais e contém ainda as digitais da mãe biológica de Iracema e toda sua qualificação. A data de prisão em terras mineiras ocorreu, segundo documento, em 17 de novembro de 1965. Há fotografias de frente e de perfil de Lúcia Emília, que teria sido realizada no mesmo dia 17 de novembro de 1965.

O processo contra Lúcia Emília contém extenso relatório feito por uma "Delegacia Auxiliar da Secretaria de Segurança Pública de Pernambuco". Essa papelada integrou ação que tramitou na Justiça Militar pernambucana, na Auditoria de Guerra na 7ª Região Militar, em Recife. O material descreve o trabalho de prisão e fichamento de integrantes do PCB no estado nordestino. Tal relatório cita "rearticulação dos movimentos subversivos" após 31 de março de 1964. Lúcia Emília consta do ofício número 1876, de 4 de dezembro de 1965.

A detenção de Lúcia Emília nessa Delegacia Auxiliar pernambucana serviu para que fosse feito interrogatório oficial da militante política. Teria sido realizado em maio de 1964, de acordo com depoimento do padre Geraldo Magela do Nascimento, pároco local e bastante amigo da mãe de Iracema. Magela se tornara padrinho de batismo da bebê, junto com a advogada Mércia Albuquerque.

Após essa detenção, Lúcia Emília esteve presa diversas vezes na Colônia Penal de Mulheres Delinquentes. Era acusada de divulgar e exercer atividades subversivas. Na verdade, houve uma sucessão de prisões de Lúcia Emília e de Iracema. Entre 1964 e 1969, Lucia Emília foi presa pelo menos cinco vezes, segundo registros anexados em processo do Ministério da Justiça, da Comissão de Anistia, número 2004.01.48590. Em todas estiveram presentes agentes da 7ª Região Militar em Pernambuco. A última prisão da mãe de que se tem registro é de meados de 1969, segundo o padre Geraldo Magela conta em processo judicial. Lúcia Emília fora levada para a sede do DOI-CODI de

Recife, de onde desapareceu. Mas nesse período Iracema já não estava mais junto à mãe.

O DOI-CODI de Recife localizava-se na rua Riachuelo, ao lado do Hospital Geral do antigo quartel. Hoje, parte dessa estrutura é ocupada pelo Hospital Geral do Exército e outras unidades militares. À época, serviu de centro de tortura e detenção e morte de presos políticos.

***

A noite de 19 de maio de 1964, quando sofreu torturas e sevícias, na sessão de choques, não foi o primeiro contato com a repressão militar após o golpe de 1964.

Antes, sofreu quando a mãe Lúcia Emília tentava se refugiar dos agentes de repressão em uma fazenda na localidade de Xexéu, estado das Alagoas. Nessa primeira ação dos militares contra sua família original, mãe e filha foram abordadas na rua quando caminhavam. Estavam com duas malas cheias de roupas. Iracema conta que um carro se aproximou e alguns homens desceram. Um deles, em tom rude, perguntou à mãe se estavam fugindo. Antes mesmo que Lúcia Emília pudesse responder, diz Iracema em seu depoimento à Comissão de Anistia do governo federal e em entrevista ao autor, ambas foram empurradas e agarradas pelos braços.

Essa prisão deixou marcas na então menina. Marcas que provocam problemas até hoje. Um dos agentes enfiou os dedos nos olhos da garota. A agressão provocou grave lesão no seu olho direito. Ela precisou usar curativos por vários dias. Anos depois, soube que a lesão havia provocado uma hemorragia interna no globo ocular. Foi um ferimento precipitado pelo contato da córnea com o dedo do militar. Isso retirou cerca de 80% da capacidade de visão, que nunca mais foi possível reparar. "Até hoje tenho problemas para enxergar. Fiz várias operações. Mas não resolveu", explica.

Ainda em 1964, em data não descrita por Iracema em seus depoimentos, ela e a mãe foram novamente abordadas dentro de casa. Isso aconteceu antes delas terem sido levadas para o DOI-CODI. Os agentes militares desceram de um veículo de cor escura e foram extremamente brutos com as duas. Um deles gritou, recorda Iracema: "Professora Mila, vai fugir?". Foi a vez que Iracema mais teve medo. Chorava muito. Lúcia Emília conseguiu falar ainda para a menina, sem que os militares pudessem ouvir, para fugir rapidamente. Colocaram a mãe no camburão e aceleraram. Iracema nunca mais a viu.

Enquanto a mãe era presa, a menina Iracema correu para os fundos da casa e pulou o muro em direção ao vizinho. O quintal das duas casas era geminado e estava bem escuro. A garota saltou por sobre o que chamavam de "oitão", a parede lateral da construção no limite com o vizinho. Esperou que os militares fossem embora e então pediu socorro aos moradores.

Esses vizinhos eram José Melquíades de Souza e a esposa Creusa, que lhe ofereceram abrigo. Iracema ficou algum tempo nessa residência. Não se recorda quanto. Trata-se do mesmo casal a que foi entregue depois de ter sido abandonada na Praça do Derby. Após a prisão da mãe, o homem e a mulher a levaram para o Rio de Janeiro. A menina não tinha mais ninguém da família biológica.

A viagem foi longa e cansativa. O deslocamento realizado em carona num caminhão que transportava carvão. Depois trocaram para outro caminhão de carga. Mais próximo do estado do Rio de Janeiro ingressaram num ônibus. Já na capital fluminense pegaram um barco na Praça XV, região central, até a Ilha do Governador, na zona norte.

O destino final era a Praia da Ribeira, um bairro residencial na zona norte da capital carioca e onde haviam atracadouro das barcas que vinham da Praça XV. Nesse bairro, de frente para a Baía da Guanabara, havia sido recém-instalado um estaleiro e uma refinaria e distribuidora de petróleo. Na Praia da Ribeira, Melquíades e Creusa entregaram a menina para outras pessoas. Ela conta que mudava de casa a cada dia. E que morou por mais tempo na casa de uma mulher chamada Dona Darci, localizada na Avenida Anchieta.

***

Foi quando morava na casa de Dona Darci que Iracema conheceu Reginaldo Inácio. Algum tempo depois veio a conviver maritalmente com esse homem. Ainda era adolescente quando tudo aconteceu. Com Reginaldo, teve dois filhos. Iracema não tinha nenhum documento de identidade. Contava os anos de vida com base na data de aniversário que lembrava ter. Recordava terem lhe contado que nasceu em 1953 na casa de uma mulher que era "mãe de santo", situada no bairro São José, em Recife. Lembrava apenas parte do nome da mãe biológica, Emília, professora Mila.

Assim que nasceu, Iracema não teve seu registro feito em cartório pela mãe. Mas foi batizada na igreja matriz de Nossa Senhora da Imaculada Conceição, no Jardim Jordão, em Jaboatão dos Guararapes, no dia 14 de novembro de 1962.

O batismo, quando tinha nove anos de idade, foi realizado pelo padre Geraldo Magela, que também foi seu padrinho. A madrinha foi a advogada Mércia Albuquerque, falecida em fevereiro de 2003. "Recordo-me ainda que, na infância, antes do desaparecimento de minha mãe, íamos com uma certa frequência ao encontro de uma advogada, Dra. Mércia Albuquerque, que era advogada de minha mãe. Lembro-me que a doutora me presenteava sempre e que por várias vezes pedia para que eu ficasse com ela, dizendo que eu era loura como ela e porque ela não tinha filhos na época. Mas nunca consegui esquecer seus olhos azuis fitando-me", relatou Iracema em processo da Comissão de Anistia.

***

Em 1969, Iracema terminou o casamento com Reginaldo Inácio. Mudou-se com os dois filhos para o estado de São Paulo. Sem conhecer ninguém, foi tentar a vida na capital. Morou na zona sul paulistana, próximo de Santo Amaro. Depois se mudou para o município de Taboão da Serra e na sequência alugou uma casa em Francisco Morato, na região metropolitana da capital. Também não havia feito o registro de nascimento dos dois filhos, pois para realizar o registro dos filhos em cartório era necessário ter seu próprio documento de identidade.

A vida continuava muito difícil para ela, ainda adolescentes e com dois filhos para criar. Casou-se de novo. Teve mais dois filhos. Depois engajou-se em movimentos populares por moradia, ao lado de políticos da região. Somente em 1972 conseguiu obter, por conta própria, um documento de registro.

O registro foi feito no Cartório de Notas e Registro Civil de Francisco Morato. A certidão de nascimento foi lavrada no dia 14 de novembro de 1972, e registrada na folha 054-v, do Livro A.

Para preencher o documento foi preciso inventar o nome da mãe. Iracema lembrava apenas que ela se chamava professora Mila. Assim, informou ao cartório que o nome de seu pai seria José Melquíades de Souza e o de sua mãe Emília Alexandre da Costa. Melquíades foi o homem que a tirou do Recife e a deixou no Rio de Janeiro.

Com os dados ficcionais narrados por Iracema ao escrivão, seu nome completo nesse documento lavrado no cartório de Francisco Morato ficou sendo Iracema Alexandre de Souza. A data de nascimento inscrita foi 2 de junho de 1948. E a localidade de nascimento escolhida foi a cidade de Olinda, Pernambuco. O escrevente Antonio Moreno Neto, do Cartório de Notas e Registro Civil de Francisco Morato, rubrica declaração que informa que "a Srta. Iracema Alexandre de Souza, esteve hoje, neste cartório, onde aguardou solução de pedição, onde pleiteava seu registro de nascimento (sic)" A declaração é de 14 de novembro de 1972. Com o registro de nascimento em mãos, Iracema conseguiu fazer sua carteira de identidade e também o CPF.

**

E a vida de Iracema continuou. O engajamento político a levou a ser detida, em 1975, várias vezes pela polícia para averiguações e interrogatórios. Assim como sua mãe, também era acusada de estimular e exercer atividades subversivas. Filiou-se ao PCB, candidatou-se ao Legislativo paulista em 1986. Sem sucesso.

No fim da década de 1990, resolveu ir atrás de sua verdadeira história. Já havia controlado o medo de ser presa e perseguida. Retornou a Pernambuco e reencontrou sua madrinha de batismo, Mércia Albuquerque.

O encontro foi obra do acaso. Havia ido à promotoria pública tentar uma ação para descobrir o paradeiro de sua mãe, perseguida política desaparecida. Na sala viu uma mulher numa mesa atendendo as pessoas. Quando chegou sua vez lhe ofereceu uma massagem nas costas, pois pressentia que essa mulher estava com muita dor. "Ela consentiu. Ficou aliviada. Contei meu caso. Ela se impressionou e pediu que a acompanhasse até sua casa. Lá, ao entrar, vi um relógio cuco que despertou uma lembrança adormecida. Era o mesmo relógio da casa de minha mãe. Depois a dra.

Mércia contou que foi advogada de minha mãe e que era minha madrinha de batismo", relata Iracema, muito emocionada.

Junto com a madrinha e advogada conseguiu reconstituir sua trajetória de vida. Obteve o nome verdadeiro da mãe e de seus avós maternos. Decidiu então solicitar ao Poder Judiciário uma Ação de Retificação de Registro Civil.

Em 22 de agosto de 2003, o Ministério Público do Estado de Pernambuco emitiu parecer favorável à retificação da certidão de nascimento de Iracema, presa e torturada ainda crianças, abandonada à própria sorte pelos agentes militares quando da prisão de sua mãe, e apropriada por outra família durante a ditadura militar. Para chegar a esse parecer favorável, Iracema percorreu um longo caminho até conseguir suplantar todos os problemas que surgiram e, principalmente, provar ser ela a pessoa que dizia ser.

Em abril de 2003, passou por uma perícia de estimativa de idade no Instituto de Medicina Legal Antônio Persivo Cunha, em Recife. Os peritos legistas Marcus Vitor Diniz de Carvalho e Francisco Bernardo dos Santos concluíram que sua idade cronológica aproximada era de 45 anos. O que indicava ter nascido aproximadamente em 1958. Mas, ela achava ter nascido em 1953, tinha 50 anos à época. A perícia contribuiu a seu favor na ação de retificação do nome.

Em 2004, conseguiu reparar as informações de seus documentos e passou a se chamar Iracema de Carvalho Araújo, filha da desaparecida política Lúcia Emília Carvalho de Araújo, tendo como avós maternos Abelardo Cândido de Araújo e Odete Carvalho Araújo. Mas o documento não contém nome do genitor e avós paternos como desconhecidos. A data de nascimento, gravada como 2 de junho de 1948, passou a constar como de 2 de julho de 1953.

O juiz que aceitou e julgou a ação de retificação foi Carlos Magno Cysneiros Sampaio, da 9ª Vara de Família e Registro Civil da Capital, em 12 agosto de 2003. Esta foi uma das primeiras retificações de registro civil de Pernambuco.

Anos depois, a Comissão de Anistia do governo federal defendeu que Iracema "sofreu com toda perseguição por motivação exclusivamente política. Sofrimento de tal natureza e intensidade não necessita ser provado, posto que de óbvia constatação por qualquer pessoa, dadas as circunstâncias vividas". Em 25 de abril de 2013 ela conseguiu, em Brasília, ser uma anistiada política. Não foram encontradas as pessoas citadas por Iracema no processo e na entrevista ao autor. Algumas, como a advogada Mércia Albuquerque, já faleceram.

Iracema de Carvalho Araújo vive hoje entre Pernambuco e em São Paulo, na casa de um de seus filhos. Durante sua vida engravidou 11 vezes, teve três maridos. Sofreu cinco abortos. Perdeu e ganhou dinheiro. Atualmente, sofre com a lesão no olho direito provocada pelas torturas. Tem problemas nos braços e mãos e passou por cirurgia para implantar prótese no ombro direito. Mas continua com a mesma esperança de sempre. Esperança na vida.

"É muito forte o que tenho que dizer. Mas é a minha verdade. Fui presa junto com minha mãe. Não aguentei ver ela apanhando dos homens que nos levaram para o DOI-CODI no Recife. Fui torturada. Levei choque. Machucaram meu olho. Sofri muito. Minha dor é ver como podem fazer isso com as pessoas que não sabem nem o que estão fazendo. Depois me deixaram dentro de um saco infecto de cebola, um saco de estopa. Sem roupa, sangrando, na praça do Derby, em Recife. Fiquei com um casal que me ajudou a recuperar. E minha mãe nunca mais eu vi", desabafa Iracema, durante conversa num apartamento no bairro de Pinheiros, em São Paulo.

***

Outro caso de sequestro de bebê, filha de militante política de esquerda, aconteceu no Paraná. O sequestro foi realizado em 1968. Chegou ao meu conhecimento em 2017.

A mãe biológica morava no interior do Paraná. Era integrante de uma agremiação revolucionária clandestina, proibida de exercer suas funções políticas naquele período.

Após o nascimento, sua filha foi levada para a capital Curitiba e entregue a uma instituição religiosa católica. Então foi apropriada por um casal, o marido, um militar de alta patente do Exército.

Foi registrada oficialmente numa certidão de nascimento fraudada. A vítima aparece como filha legítima de um general do Exército, que trabalhou no Brasil e em outros países.

Essa vítima da ditadura brasileira não quer ser identificada. Atualmente procura o pai biológico. Sabe de sua condição de sequestrada durante a ditadura e também conhece o paradeiro da mãe biológica.

Todos os documentos analisados sobre esse caso comprovam a apropriação irregular e o sequestro da bebê. São eles: certidão de nascimento, documentos do orfanato, cartas, exames de DNA e outros documentos que a própria vítima pesquisou e obteve. A adoção, portanto, foi realizada com a conivência de militares, de funcionários públicos e de cartório de registro civil e de outras instituições, inclusive da igreja católica no Paraná.

***

Além dos sequestros descritos neste livro, apropriações e roubos de bebês, crianças e adolescentes durante a ditadura militar brasileira aqui denunciados, há casos onde os militares levaram a criança recém-nascida, filha de militante oposicionista ao regime, e depois a devolveram.

Foi o que aconteceu, por exemplo, com Hecilda Fonteles Veiga na década de 1970. Hecilda é professora universitária no Pará. Era contrária ao regime de exceção. Seu bebê, Paulo Fonteles Filho, nasceu dentro de uma prisão em Brasília. Foi levado pelos militares assim que saiu da barriga de Hecilda. E tempo depois acabou entregue aos avós. Passou longas e duras horas distante da família.

O sumiço do bebê recém-nascido foi usado pelos militares para corroborar na tortura da mãe, presa no Pelotão de Investigação Criminal (PIC) em Brasília. Hecilda foi presa em 1971, quando estava grávida de cinco meses. Ficou inicialmente na delegacia da Polícia Federal, em Brasília. Diante da recusa de fornecer informações sobre seu ex-marido, o advogado Paulo Fonteles, foi torturada. Os agentes da ditadura, ao socá-la, mesmo grávida, diziam: "filho dessa raça não deve nascer".

Depois foi levada ao Pelotão de Investigação Criminal, onde Paulo – o pai – já estava preso. Quatro meses depois, aos nove meses de gestação, foi transferida ao Hospital de Guarnição do Exército, onde permaneceu até o nascimento de Paulinho. O parto foi induzido. Sem anestesia, o médico fez um corte na barriga de Hecilda. A mulher ficou firme, não chorou. Após a cirurgia, costurada a sangue frio, o bebê foi levado embora. Ela se desesperou. Pensou que iriam matá-la.

Dias depois a criança foi devolvida para a casa dos avós. Foi um sequestro relâmpago.

"Os agentes da repressão atrasaram minha entrega para a família porque não haviam encontrado algemas que coubessem em meus pulsos de recém-nascido", conta Paulinho, que sobreviveu e se tornou um dos principais ativistas pelos direitos humanos no Brasil. Faleceu no fim de 2017.

Outros casos de tortura contra crianças e adolescentes e separação de pais militantes de seus filhos podem ser lidos em *Infância roubada*, organizado por Tatiana Merlino e Janaína Teles, essa última uma criança vítima da ditadura e que foi exposta à mãe torturada enquanto ficava sob cárcere de uma policial do DOI-CODI. O livro foi resultado dos trabalhos da Comissão Estadual da Verdade Rubens Paiva, de São Paulo, conduzido pelo Deputado Estadual Adriano Diogo (PT-SP).

***

Há também casos onde bebês em gestação sequer tiveram a oportunidade de nascer, pois a sua mãe foi assassinada grávida. Isso aconteceu com Soledad Barrett Viedma, morta por policiais da equipe do comissário de polícia Sérgio Paranhos Fleury, na ação que ficou conhecida como o Massacre da Chácara São Bento, em Pernambuco.

Tudo aconteceu em janeiro de 1973. Soledad era paraguaia e estava casada com cabo Anselmo, José Anselmo dos Santos, agente duplo que foi da Marinha e esteve infiltrado ao lado dos militantes políticos contrários ao regime militar. Mas que depois se bandeou novamente para o lado das Forças Armadas.

Soledad, aos 28 anos de idade, estava grávida de um filho de Cabo Anselmo. Ela e outros cinco integrantes do grupo Vanguarda Popular Revolucionária (VPR) estavam reunidos num local chamado Chácara São Bento, na cidade de Paulista, região metropolitana de Recife. Foram surpreendidos pela equipe da polícia política chefiada por Fleury.

Todos foram assassinados a tiros. A ação teria sido desencadeada por Anselmo, que delatou os companheiros da VPR. Na cena do crime, o corpo de Soledad foi encontrado nu e de pé, dentro de um barril, com os braços caídos para fora. Olhos esbugalhados, boca entreaberta, expressão de terror. Muito sangue entre as suas coxas e pernas. E, no fundo do barril, um feto de cerca de quatro meses perdido em uma poça de sangue coagulado: o filho que ela teria com Anselmo.[2]

A advogada Mércia Albuquerque, a mesma pessoa que conheceu a militante política do PCB Lúcia Emília, mãe de Iracema – sua madrinha de batismo –, foi uma das primeiras a chegar no local do massacre.

Ela despiu a própria anágua para colocar o pano preso ao pescoço de Soledad, protegendo sua nudez e todo o terror da cena. Os outros cinco membros da VPR mortos apresentavam sinais de sevícias e tortura. Todos foram alvejados por tiros. Anselmo nega ter feito a delação da companheira.

---

2   MIRANDA, Nilmário; TIBÚRCIO, Carlos. *Dos filhos deste solo*. São Paulo: Boitempo, 2008, p. 357.

Ministério da Justiça
Comissão de Anistia
Termo de Autuação

Requerimento de Anistia
2004.01.48590

Anistiando: Iracema de Carvalho Araujo

DEFERIDO EM: 25/04/13

Cópias da ação judicial movida por Iracema para troca de nome, em Pernambuco.

Página do processo onde aparece a mãe de Iracema, Lúcia Emília, fichada pela polícia em Pernambuco e Minas Gerais.

Foto da professora pernambucana.

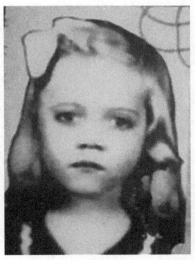

Iracema em foto feita no início da década de 1960 na cidade de Recife. Crédito: Arquivo pessoal de Iracema

ROSÂNGELA

Mas eu nem existo! Vivo num pesadelo todo dia, ao pensar que minha mãe pode estar viva, precisando de mim. Na verdade, vivo desesperadamente buscando o amor de mãe. Hoje vivo na angústia de não saber quem eu sou, quantos anos eu tenho, e sequer saber quem foram ou quem são os meus pais. Saber onde se encontra a minha verdadeira família. Todos se negam terminantemente a falar sobre esse assunto. Só desejo saber quem sou, e onde está a minha família. Acredito que esse direito eu tenho, depois de sofrer tantos anos, tantas humilhações. Hoje eu só sei que sou um ser humano que nada sabe sobre seus pais. Que jamais poderei sentir o colo da minha mãe e o carinho do meu pai. Eu desejo só a Justiça; saber a minha verdade... O que me fere é que de repente fiquei sem nada. Sem família de mentira e sem ter o direito de saber qual é a minha verdadeira família. Sempre me tiraram tudo, e desde 2013 me tiraram até o que eu pensava que fosse.

Rosângela Serra Paraná, levada quando bebê, provavelmente no Rio de Janeiro ou Rio Grande do Sul

Há histórias de famílias que todos querem contar. Mas há muitas histórias que famílias escondem, que querem esquecer. Algumas envolvem figuras de destaque da história da ditadura no Brasil.

Esse é o caso de Rosângela, que na década de 1960 foi pega ainda bebê e levada para ser criada por uma família de militares. Viveu por aproximadamente cinquenta anos achando que era Rosângela Serra Paraná, tomando-se como base o ano de 1963, data que uma certidão registra como de seu nascimento.

De 1963 até o casamento, em 1981, viveu junto aos Serra Paraná no Rio de Janeiro e Brasília. Foi maltratada, dopada e esteve alheia a tudo que acontecia ao seu lado. Depois, com o primeiro marido, começou a frequentar a alta sociedade. Sempre junto a figuras de destaque, ligadas aos governos militares.

Quando era criança, vítima da ditadura brasileira, Rosângela conviveu com um dos principais representantes desse período obscuro da história brasileira. Por causa de seu pai adotivo, conheceu e conviveu brevemente com o general e ex-presidente da República Ernesto Geisel. "Numa das poucas conversas que tive com Geisel, me lembro dele rindo de mim, quando perguntou o motivo de eu estar triste. E eu falar que era por causa do meu cabelo curto, que eu não gostava de piolho. Nessa hora ele ficou rindo", conta sobre um dos contatos com o ex-presidente.

Rosângela casou-se duas vezes. Tem duas filhas do primeiro marido. Hoje, à procura de sua verdadeira identidade, mora em Curitiba, no Paraná. Quer apenas saber quem é a mulher que a gerou. Quer encontrá-la. Está muito ansiosa para que isso aconteça. "Quero olhar nos olhos dela, dar carinho. Quem sabe ela ainda precisa de mim".

A filha que não conhece seus pais biológicos sabe apenas que foi apropriada ainda bebê durante a ditadura, por uma família que há gerações possui vínculo com o Exército. O pai adotivo – Odyr de Paiva Paraná – trabalhou por anos com o general Ernesto Geisel, presidente do Brasil no período 1974 a 1979.

A vida de Rosângela deu uma reviravolta em 2013, depois de uma discussão com parente, uma prima que não quer ser citada na história. Foi nesta briga que ela diz ter ficado sabendo que havia sido pega – não se sabe se isso é verdade – na porta de um hospital e levada para a família Serra Paraná, na cidade do Rio de Janeiro. Desde então busca sua verdadeira origem. A apropriação ou sequestro pode ter ocorrido em 1967, ano em que o pai adotivo fez o registro de nascimento no Cartório do Catete. A data real de nascimento continua sendo uma incógnita até hoje. Parentes de Odyr de Paiva Paraná dizem que lembram de Rosângela, bebê, na casa da família no fim da década de 1960. Mas não dão nenhum detalhe a mais.

Nenhum parente da família adotiva quer falar quem são o pai e a mãe biológica de Rosângela. O segredo parece estar eternizado num pacto de sangue entre primos, tios e outros familiares. Mas parte dele acabou revelado depois de ampla investigação realizada a partir da certidão de nascimento de Rosângela. Surgiu então a primeira prova sobre a irregularidade da apropriação de Rosângela bebê. A certidão de nascimento tem conteúdo falso, segundo avaliação de advogados. É o começo de um longo caminho a ser percorrido, sem perspectivas de conclusão.

Em julho de 2016, pouco mais de três meses após o lançamento do meu livro *Depois da Rua Tutoia*, romance que conta a história de uma bebê sequestrada por militares durante a ditadura e levada a empresário paulista que financiava a repressão, Stheffanne me procurou. Ela é uma das filha de Rosângela Serra Paraná.

Stheffanne Rodrigues contou que sua mãe, após o nascimento, foi apropriada por uma família de militares no Rio de Janeiro, na década de 1960. Existe ainda a possibilidade de ela ter nascido no Rio Grande do Sul ou qualquer estado dessa região brasileira. A filha pedia-me ajuda para procurar os pais biológicos de Rosângela. Era o primeiro contato com alguém cuja história real era similar à contada no romance *Depois da Rua Tutoia*.

Algumas entrevistas com Rosângela e a filha possibilitaram a criação de um roteiro com muitos fatos a serem checados e examinados. A começar pelo pai adotivo. Ele é Odyr de Paiva Paraná, ex-militar com serviços prestados em várias repartições públicas federais. Já é falecido. É filho de Arcy Oscar Paraná, também militar – sargento – e neto do major Manoel Paraná, outro integrante do Exército brasileiro que estudou nas mesmas escolas que o general Ernesto Geisel.[1]

---

1 Informações confirmadas pelo Comando do Exército, solicitados em novembro de 2016 e abril de 2017, sob os protocolos do Sistema

A mãe adotiva de Rosângela é Nilza da Silva Serra, que vivia junto com Odyr depois de se separar do antigo marido, chamado João Pessoa. Nilza, já falecida, não podia ter filhos, segundo sua própria irmã, Helena Serra Nogueira, e conforme também contam outros parentes de Odyr.

Checar os dados da certidão de nascimento de Rosângela foi o primeiro trabalho a ser desenvolvido neste caso. É quando rapidamente aparece a primeira evidência do crime de apropriação de bebê. O endereço do suposto local de nascimento que consta na certidão é irregular. Não estava habitado pelos Serra Paraná em 1963.

Levantamento de escrituras em cartório de imóveis comprova a fraude. Também faltam dados no documento em que ela está registrada como filha ilegítima de Odyr e Nilza. No livro de registro do cartório não é citado o nome dos pais verdadeiros. Tampouco que a bebê fora doada à família adotiva, conforme determina a legislação.

Foi realizada exaustiva busca por informações sobre o local de nascimento que consta no documento – Rua Marquês de Abrantes, 160, bairro do Flamengo, Rio de Janeiro.

Essas buscas foram feitas em cartórios de registro de pessoas e de imóveis no município do Rio de Janeiro, em arquivos da Biblioteca Nacional, documentos da ditadura militar e em repartições públicas do governo estadual e municipal do Rio. Além de contar com entrevista com moradores, vizinhos e outros habitantes do bairro do Flamengo.

Acesso a Informação n° 60502001940201662 e 60502000614201719, respectivamente.

Prédios altos, ou alto gabarito, como dizem os arquitetos, começaram a subir aos céus do bairro do Flamengo na década de 1940. Hoje, ainda há resquícios de construções baixas, mais antigas. Poucas casas sobreviveram à especulação imobiliária. Outras tiveram suas paredes trocadas por alvenaria mais moderna e abrigam prédios municipais e estaduais.

A Marquês de Abrantes foi alvo da especulação imobiliária. Dependendo da localização do imóvel na via, há uma esplêndida visão do Pão de Açúcar ou do Corcovado, mais ao longe. Ao longo dos anos, os imóveis na rua sofreram valorização. Em alguns pontos, o preço do metro quadrado ultrapassa os R$ 14 mil, segundo informações de imobiliárias cariocas.

Hoje, o local tem predominância de casas comerciais. Já foi um dos endereços mais nobres da cidade do Rio de Janeiro, antes do desenvolvimento dos bairros de Copacabana, Ipanema e Leblon, a partir de meados do século XX. Na segunda metade do século passado, o bairro do Flamengo e a Marquês de Abrantes passaram a sofrer com a deterioração urbana, decorrente das transformações ocorridas no município do Rio. Houve aumento da violência.

A prefeitura do município desenvolveu um programa de revitalização do bairro na década de 1990, com restaurações e outras intervenções. A Marquês de Abrantes foi redimensionada e ganhou novos sistemas de captação de águas pluviais e galerias de escoamento, novos pavimento e calçadas. Os postes foram retirados e a fiação elétrica e das concessionárias de serviços públicos foram enterrados. O passeio público ganhou árvores.

Marquês de Abrantes é um título nobiliárquico criado no século XVIII em Portugal por Dom João V, através de decreto 24 de junho de 1718. Trata-se de um título de jura e herdade,

222   EDUARDO REINA

com Honras de Parente. Ou seja, um título hereditário, que passa de pai para filho ao longo dos séculos. Mas para famílias consideradas nobres.

***

O imóvel localizado no nº 160 da Rua Marquês de Abrantes, endereço que consta na certidão de nascimento de Rosângela, existe e é valorizado. Vamos contar sua história. É uma construção térrea em terreno com frente pequena, com sete metros, que depois se alarga para 11,6 metros. Amplo em sua profundidade, com 85,33 metros na parte plana até chegar nas vertentes, onde há um morro. Sobreviveu aos anos no último século, agora cercado de espigões.

O imóvel estabelecido no número 160 é o ponto inicial da história de Rosângela Serra Paraná. Pelo menos na documentação registrada sob o nº 20.159 pelo escrevente juramentado Darcy Hauschildt no dia 22 de setembro de 1967.[2] A certidão de nascimento foi lavrada no cartório da 4ª Circunscrição de Registro Civil das Pessoas Naturais da Justiça do Estado da Guanabara, cidade do Rio de Janeiro, freguesia da Glória, ou simplesmente o cartório do Catete, que fica na Rua do Catete, 172. Está localizado nesta rua o Palácio do Catete, residência oficial de presidentes da República quando a capital brasileira ficava no Rio. Foi onde Getúlio Vargas se matou em agosto de 1954.

Darcy Hauschildt, ou filho homônimo, tinha ligações com uma das testemunhas que constam na certidão de nascimento de Rosângela: o também escrevente cartorial Alcindo Quintino Ribeiro, amigo do pai adotivo de Rosângela e testemunha que

---

2   Cópia da Certidão de Nascimento obtida no dia 10 de janeiro de 2017, assinada pelo tabelião substituto André Souza Salgado.

assina o documento. Além disso, ele foi protagonista de episódio na vida do famoso compositor carioca Cartola.

Hauschildt pai assinou a certidão de nascimento de Cartola em 1908. O escrevente simplesmente errou o nome do compositor. Grafou-o como Angenor de Oliveira, em vez de Agenor. Cartola só foi descobrir o erro anos mais tarde, quando preparava a papelada para se casar com dona Zica. E para evitar mudanças em toda sua documentação pessoal resolveu deixar o nome grafado errado mesmo. Outro compositor famoso que tem o Catete como local de nascimento é Chico Buarque, que nasceu na rua Bento Lisboa.

Ironicamente, nesta importante rua Marquês de Abrantes, a cerca de cem metros do número 160, funcionava já no século XIX uma instituição que abrigava órfãos. Era a Casa dos Expostos, conhecida como Casa da Roda. Crianças indesejadas eram deixadas na chamada roda dos excluídos. A instituição ficava num terreno que pertencia ao Conde D'Eu, que foi casado com a princesa Isabel e genro de Dom Pedro II. Também nas proximidades do número 160, em meados da década de 1940, funcionava uma pensão. Era conhecida como Pensão das Russas. Um dos quartos do local foi ocupado pela escritora Clarice Lispector, entre os meses de março e novembro de 1942. Foi nessa dependência, isolada de todo mundo, que Clarice concluiu seu primeiro romance, *Perto do Coração Selvagem*.

A calçada bem em frente ao imóvel número 160 da Marques de Abrantes foi palco de um assassinato em 1º de junho de 1957. Um desentendimento levou Antônio Carlos Correa, rapaz de classe média, e seus amigos a ferirem e matarem Adalmir Marteco, morador na favela do Morro Azul, localizada em rua atrás da Marques de Abrantes. Parte do núcleo habitacional

224   EDUARDO REINA

fica no morro que faz divisa com a parte dos fundos do imóvel em questão.[3] Correa foi preso. De seu julgamento participaram iminentes advogados que mais tarde se tornariam pessoas públicas de grande envergadura. A defesa do acusado foi feita por João Romeiro Neto e Milton Pacheco Pereira. Romeiro Neto se transformou, anos depois, em ministro do Superior Tribunal Militar, além de ter atuado em julgamentos históricos, como do caso Aida Curi. O caso Aida marcou a sociedade carioca entre 1958 e 1960. Ela foi levada à força por Ronaldo Castro e Cássio Murilo ao terraço de um prédio na Avenida Atlântica, praia de Copacabana, no 12º andar. Foi espancada até desmaiar. Depois acabou jogada para baixo, numa simulação de suicídio. Morreu ao bater violentamente na calçada. Um crime que se transformou num julgamento histórico.

Além de Castro e Murilo, o porteiro, Antônio João de Sousa, que ajudou os rapazes na trama, foram acusados e detidos provisoriamente. Foram realizados três julgamentos, o último em 1960. O defensor de Castro foi o advogado Romeiro Neto, o mesmo que conseguiu absolver o matador de Aldamir Marteco. Rapaz de 19 anos e com família influente na sociedade carioca, Castro foi inocentado da acusação de homicídio. Recebeu condenação apenas por atentado violento ao pudor e tentativa de estupro. Murilo, como era menor de idade, terminou condenado pelo assassinato da jovem e encaminhado ao Sistema de Assistência ao Menor. Deixou o local para fazer o serviço militar. Murilo era enteado de um coronel do DOPS (Departamento de Ordem Política e Social) – órgão ligado à repressão e síndico do prédio onde ocorreu o crime. Já o porteiro Sousa também es-

---

3   *Correio da Manhã*, 10/5/1960. 1º Caderno, Sessão Julgamentos, p. 16.

CATIVEIRO SEM FIM   225

capou da penalização pelo homicídio, mas foi condenado pelos
outros crimes. Só que ele desapareceu e nunca mais foi encontrado. O juiz presidente da corte nesse famoso julgamento foi
Talavera Bruce, integrante da elite judiciária do Rio de Janeiro e
que deu nome a um complexo penitenciário na cidade.

Também na Marquês de Abrantes, no número 12, próximo ao Largo do Machado, morou um integrante da família
Paraná. Era Manoel Hemetério de Oliveira Paraná, médico,
major do Exército, alinhado com integrantes das forças militares que deram o golpe em 1964 e comandaram o Brasil até 1985.
Manoel Hemetério era irmão de Arcy Paraná, pai de Odyr de
Paiva Paraná, que por sua vez era pai adotivo de Rosângela.

O médico militar morou na Marquês de Abrantes por
vários anos. Boletim eleitoral publicado em 24 de março de
1936 pela Secretaria do Tribunal Superior de Justiça Eleitoral
constata a residência do militar em imóvel no número 12 da
via, então ponto nobre do Rio. Essa casa não existe mais. Foi
derrubada e em seu lugar há um enorme edifício chamado
Boulevard des Italiens.

O imóvel que consta de forma falsa na certidão de nascimento de Rosângela como local de seu nascimento teve vários moradores e proprietários. Pertence desde 1958 ao atual
RioPrevidência, instituto de previdência privada dos funcionários públicos do estado do Rio de Janeiro.[4]

Mas desde a segunda década do século XX, moradores
das mais diversas origens protagonizaram inúmeras histórias
no local. Nenhuma relacionada diretamente a Rosângela Serra

---

4   De acordo com informação da RioPrevidência enviada em 3 de outubro
     de 2016.

Paraná ou à família Serra Paraná. Em fevereiro de 1923, o jornal *Correio da Manhã* trazia um anúncio de locação de um cômodo nesse local. Oito anos depois, em dezembro de 1931, o construtor Miguel Ângelo Bremo ocupava a casa. E deu azar. Ao tomar um bonde na rua num ponto quase em frente à sua residência, levou um tombo do estribo, caiu e teve várias fraturas expostas no rosto. Sobreviveu. Em 29 de julho de 1937, o terreno e a construção existente foram adquiridos por Luigi Rosario Eugenio Giglio. O novo proprietário colocou tudo para alugar.

Quando chegou janeiro de 1953, Dinorá de Jesus era a inquilina da vez. E 90 dias depois, outra pessoa ocupava um dos cômodos da ampla casa construída no terreno. Tratava-se de um homem com problemas com a Justiça. Notícias de jornal relatam que esse homem era um criminoso. Era o ladrão Ernesto Raimundo de Carvalho, conforme reportagem publicada no *Correio da Manhã*.[5] Carvalho acabou preso em flagrante pela polícia depois de invadir um depósito de alimentos de propriedade de portugueses em outro bairro carioca, naquele 1953. Antes desse crime envolvendo morador do local, mais precisamente em 1951, integrantes da família Giglio assumiram a posse do imóvel como herança deixada após o falecimento de Luigi Rosario Eugenio Giglio. Registro geral do 9º Cartório de Registro de Imóveis,[6] localizado no centro do Rio de Janeiro, aponta como proprietários do imóvel Carmela (viúva), Noêmia (dentista), Evilásio (funcionário municipal), José Eugênio (den-

---

5   Edição de 25/04/1953, 1º Caderno, "Surpreendido o ladrão dentro do armazém", p. 3.

6   Documento obtido em 10 de janeiro de 2017, assinado pelo 2º oficial substituto Luciano de Oliveira PInto.

CATIVEIRO SEM FIM 227

tista), Antonieta (do lar), Nelson (médico), Lorimar (do lar), Concetta (do lar), Luís (comerciante) e Mário (dentista).

Quando chega março de 1955, os herdeiros colocaram a casa novamente para alugar. Publicaram anúncios na imprensa e inovaram chamando os cômodos de apartamentos. É possível entender que o amplo quintal longitudinal tinha em um de seus lados pequenos cômodos que eram separados em várias moradias ocupadas por famílias diferentes, os chamados cortiços.

Vinte e cinco meses depois – no dia 30 de abril de 1957 – um proclama de casamento publicado na imprensa anuncia o nome de outra ocupante do imóvel. Era a noiva Geraldina Vitorino Leite, cearense, bancária, nascida em 18 de junho de 1937, filha de José Vitorino da Silva e Irinéa Vitorino Leite. O futuro marido era o também cearense Juraci Silva Coelho, que residia na região central da cidade. Nenhum deles, assim como os outros inúmeros inquilinos dos cômodos, tinha relação com a família Paraná.

Depois, em 1958, os Giglio venderam a propriedade para o Montepio dos Empregados Municipais do antigo Distrito Federal, segundo dados do 9º Cartório de Registro de Imóveis. Está registrado na certidão número 1602/2017, obtida em janeiro de 2017. Com o passar dos anos, o Montepio se transformou no Instituto de Previdência do Estado da Guanabara (Ipeg), no Instituto de Previdência Social do antigo Estado do Rio de Janeiro e, em 1974, recebeu o nome de Instituto de Previdência do Estado do Rio de Janeiro (Iperj), atual RioPrevidência, que funciona no endereço até hoje.

A unidade da autarquia nessa propriedade na Marquês de Abrantes foi aberta ao público em 1965, de acordo com publicação do *Correio da Manhã* de 26 de fevereiro de 1965 e com a própria RioPrevidência. De 1957 até a abertura da agência, segundo moradores vizinhos e a própria autarquia, o imóvel teria ficado fechado. Temos, assim, mais uma forte evidência de irregularidade do endereço do local de nascimento de Rosângela que consta na certidão de nascimento.

***

Consta nesse documento de registro que ela nasceu no dia 1º de outubro de 1963, exatos seis meses antes do golpe militar. Data que familiares adotivos dizem ser escolhida para se fazer homenagem a Odilma, uma irmã de Odyr, o pai adotivo. De onde se conclui que a data de nascimento da bebê na década de 1960 não é exatamente essa. Só que o registro foi feito no Cartório do Catete somente quatro anos depois, em 22 de setembro de 1967. Integrantes da família adotiva afirmam em algumas conversas que o ano de nascimento de Rosângela foi 1967 ou 1968. Pela data do registro existente em cartório, mesmo sendo falso, pode ter sido em 1967.

Uma outra coincidência revela a possível escolha do endereço Marquês de Abrantes para localidade do nascimento como uma homenagem. Pesquisa em documentos e *Diário Oficial* permitiu a descoberta de que Manoel Paraná, pai do avô adotivo de Rosângela, o sargento Arcy Oscar Paraná, teve um filho que morreu quando trabalhava numa colônia agrícola no estado do Paraná, na cidade de Tunas do Paraná. Manoel chegou ao posto de major, de acordo com *Diário Oficial*, exerceu função de escrevente no Exército, cuidava do andamento de processos judiciais.

O acidente que vitimou o filho de Manoel, o engenheiro agrônomo Manoel Victor de Oliveira Paraná, ocorreu em Tunas do Paraná, no centenário bairro Colônia Marquês de Abrantes. O rapaz faleceu no dia 28 de agosto de 1935, um mês e meio depois

CATIVEIRO SEM FIM   229

de ter sido nomeado para a função,[7] quando desenvolvia um trabalho para o Exército.

O corpo foi trasladado de barco e depois caminhão para o Rio de Janeiro. O velório aconteceu na Catedral de São João Baptista, em Niterói, e o enterro no Cemitério Santíssimo Sacramento, bairro Barreto, também em Niterói, na campa da família, de acordo com publicações em jornais da época.

Manoel, o pai do engenheiro morto, também era militar e morava em Niterói. No começo do século passado ocupava o posto de tenente da Brigada de Artilharia do Exército, de acordo com informação do *Diário Oficial da União* de setembro de 1905 e do jornal *O Século*, de 9 de dezembro de 1911. Depois galgou degraus na instituição. Trabalhou ainda como tabelião em vários cartórios de registro de pessoas no estado da Guanabara e Niterói. Está tudo registrado na imprensa da época e em *Diário Oficial*.[8] Também era integrante da maçonaria na Loja Capitular Hiram, em Niterói, conforme consta do Ato nº 67, de 28 de abril de 1907 do Grande Oriente do Brasil.

***

As próximas etapas da investigação sobre o documento de registro de Rosângela, a bebê sequestrada, apontam outras incongruências factuais.

Assinam duas testemunhas. Uma é Alcindo Quintino Ribeiro, brasileiro, desquitado. Então morador na Rua Ferreira Sampaio, bairro Piedade, Rio de Janeiro, segundo consta na certidão que registra o nascimento da vítima da ditadura. Alcindo é

---

7   *Diário Oficial da União* de 12/7/1935, página 58 da Seção 1.

8   *Almanak Administrativo, Mercantil e Industrial do Rio de Janeiro*. Rio de Janeiro, 1891 a 1940, p. 1402 e 00165.

amigo de Odyr, pai adotivo de Rosângela, e de Arcy, o avô. É também pessoa muito ligada a funcionários do Cartório do Catete à época, onde foi feito o registro de nascimento falso. Trabalhou durante anos em serviços cartoriais de registro de pessoas, órgão responsável pela confecção de certidões de nascimento.

Decreto publicado no *Diário Oficial da União* (DOU) de 8 de dezembro de 1949 mostra a exoneração de Alcindo das funções de escrevente auxiliar da 10ª Circunscrição do Registro Civil das Pessoas Naturais da Justiça do Distrito Federal (Rio de Janeiro). Ele fora nomeado nove anos antes – conforme publicação no DOU – para exercer as funções de escrevente em cartório na região de Niterói, onde residia a família Paraná. Foi onde manteve contato e desenvolveu amizade com Manoel, Arcy e Odyr.

Alcindo também seria o dono de um prédio pequeno de apartamentos, com três andares, situado no começo da rua Bernardo Guimarães, bairro de Quintino, zona norte do Rio. Num desses apartamentos morou a família Serra Paraná, já com Rosângela integrada. São dois blocos de apartamentos com três andares e uma entrada de pedestre no meio, separados por um vão e interligados por corredores a partir do primeiro andar. Atualmente, os dois blocos estão pintados de bege.

É possível imaginar a pequena Rosângela, sempre com o cabelo curto que a mãe adotiva mandava aparar, andando na larga calçada de cimento queimado na rua Bernardo Guimarães. Ela costumava ir, contente, comprar doces na casa de Alcindo. Doce feito pela própria mulher do tabelião. "Era uma espécie de canudo de doce de leite", diz ela. O endereço desse imóvel onde a menina ia é Rua Ferreira de Sampaio número 11, que consta como residência de Alcindo na certidão de nascimento da sequestrada. É um sobrado que atualmente abriga comércio na parte inferior. Num dos apartamentos do prédio na Rua Bernardo Guimarães, diz Rosângela, eram realizadas festas patrocinadas por Alcindo, com bebidas e amigos. Odyr e Nilza sempre participavam desses encontros.

Inicialmente, a família Serra Paraná residiu no bloco do lado direito, o mais antigo do imóvel, no primeiro andar, apartamento dos fundos. Alcindo adquiriu o predinho quando só havia um bloco de três andares. O bloco mais novo foi erguido depois, na década de 1970. Quando foi terminada a construção do novo conglomerado de habitações, os Serra Paraná se mudaram e passaram a habitar um apartamento melhor, de frente para a rua.

A outra testemunha que consta na certidão de nascimento é Paulo Cardoso de Oliveira, motorista de profissão, assim como Odyr, pai adotivo de Rosângela. No cartório do Catete, o escrivão registrou no documento como endereço residencial de Paulo a Rua Rodrigues Alves, 738, Rio. Esse endereço fica no bairro Santo Cristo, onde atualmente funciona a rodoviária da cidade. Em numeral próximo ao que consta na certidão, funcionava nesta rua antigamente a 2ª Vara da Infância e Juventude e Menor Infrator. Ficava entre os nº 639 e 731, lado ímpar da via. No lado par não havia e não há até hoje o nº 738. Nesse lado da calçada está a Baía de Guanabara. É o mar, Oceano Atlântico. Rosângela não consegue se lembrar de Paulo.

Todas essas descobertas colocam enorme ponto de interrogação sobre o conteúdo da certidão de nascimento. Advogados criminalistas e especialistas em direito da família ouvidos sobre o caso são unânimes em dizer que o documento é irregular, com conteúdo que não condiz com a realidade. Ou seja: falso. É uma fraude. Isso também comprova um outro crime, o de falsificação ideológica de documento público.

A família Serra Paraná e Rosângela também moraram num apartamento na rua General Belegard, no Engenho Novo, zona norte do Rio, até 1980. Os pais adotivos Odyr e Nilza viveram nesse apartamento até a morte. No ano seguinte, com o casamento de Rosângela com o primeiro marido, ela se mudou.

***

O pai adotivo de Rosângela – Odyr de Paiva Paraná – tem relações de trabalho, através de prestação de serviços, com o ex-presidente da República e general Ernesto Geisel. Foi seu motorista por algum tempo. Odyr é motorista de profissão. Nome dele aparece em várias convocatórias publicadas na imprensa do Rio de Janeiro nas décadas de 1950 e 1960 para realização de exame médico para condutor de veículo que exerce função pública.

Antes de se tornar motorista profissional, Odyr serviu o Exército. Ficou pouco tempo como praça e deu baixa. Não seguiu a carreira militar como seu pai (Acyr Oscar Paraná), seu avô (Manoel Paraná), seu tio-avô (Manoel Hemetério de Oliveira Paraná), seu bisavô (Oscar Gregório Paraná) e outros Paraná.

As gerações de Paraná estiveram sempre ligadas ao Exército e ao funcionalismo público. Manoel Paraná, chamado de Manoelzinho pela família, além da carreira militar trabalhou como escrivão em cartórios no Rio de Janeiro e Guanabara. Adelina da Fonseca Paraná, esposa de Oscar Gregório (bisavô), era costureira do Exército,[9] de acordo com informe do Ministério da Guerra, Departamento de Administração, publicada no *Diário Oficial da União* de 8 de junho de 1912. Adelina faleceu em fevereiro de 1971.

---

9   *Diário Oficial da União* de 8/06/1912, p. 36, Seção 1.

CATIVEIRO SEM FIM   233

Oscar era da Cavalaria. Foi classificado para o 4º
Regimento no Rio de Janeiro em 6 de outubro de 1895, segundo
Diário Oficial da União.[10] No ano seguinte foi transferido para a
Escola Militar do Rio Grande do Sul,[11] onde conheceria os mili-
tares da família Geisel.

Acyr, pai de Odyr, chegou ao posto de segundo sargento. Foi barrado na carreira militar, enquanto seu irmão, Manoel
Hemetério de Oliveira Paraná, alçou voo e atingiu o posto de
general de brigada, segundo informações do próprio Exército.[12]

A explicação para a distinção na carreira de ambos é simples. Acyr admirava o comunista Luís Carlos Prestes; era seu se-
guidor. Manoel Hemetério, não. Esteve ao lado dos militares no
golpe de 1964. Acyr estudou engenharia com Prestes na Escola
Militar do Realengo, Rio de Janeiro. Especializou-se no Serviço
Geográfico Militar. Conviveram por muito tempo, o que só au-
mentava a admiração entre ambos.

O então sargento do Exército Arcy esteve presente numa
missa que homenageou o nascimento de Prestes, em janeiro
de 1929, quando este estava exilado na Argentina. O nome de
Arcy está ao lado de quase uma centena de outros militares
prestistas, segundo publicado na página 10 do *Jornal do Brasil*
de 4 de janeiro de 1929.

Mas o maior problema do avô adotivo de Rosângela foi
a militância política. Em 1945, Arcy participou de mobilização

---

10 *Diário Oficial da União* de 6/10/1895, p. 3, Seção 1.

11 *Diário Oficial da União* de 29/2/1896, p. 6, Seção 1.

12 Informações confirmadas pelo Comando do Exército, solicitados
    em novembro de 2016 e abril de 2017, sob os protocolos do Sistema
    Acesso a Informação nº 60502001940201662 e 60502000614201719,
    respectivamente.

dos servidores públicos pela obtenção do abono de Natal. Seu nome está em lista da polícia política federal e também no jornal do PCB *Tribuna Popular*, como participante das assembleias que reivindicavam o abono.[13]

Parte da vida de Arcy, chamado por Rosângela a vida inteira como "General", é relatada em 2 de maio de 1918 na revista *Jornal das Moças*, uma espécie de publicação sobre celebridades e fofocas da época. O semanário circulou em todo Brasil de 1914 a 1965, e era anunciado como revista semanal ilustrada. Circulava às quartas-feiras, com média de 74 páginas. Seu slogan era *Jornal das Moças* – a revista de maior penetração no lar. Abordava assunto de interesse feminino como moda, conselhos de economia doméstica, moldes de roupa e fotos da sociedade fluminense. Custava uma moeda de 500 réis. "Eu não sabia quem era o Arcy. No início, achava que era algum parente mais próximo. Depois eu acreditava que era um bom velhinho. Só soube quem ele era quando já estava casada com o Wilson", descreve Rosângela.

Ela lembra, ainda criança, que Arcy estava sempre bravo e carrancudo, com óculos escuros no rosto. Tanto que falavam na casa que era 'neurótico de guerra'. Mas com Rosângela era gentil.

Na edição de número 150 do *Jornal das Moças*, Arcy Paraná é citado na sessão 'Galanteios e perversidades',[14] página 6. Uma pessoa denominada 'Verdadeira' escreve uma nota sob o título 'Dos rapazes meus conhecidos', e adjetiva cada um dos homens de seu círculo de amizade, como o "mais bonito, João Pina Júnior", "o mais sympathico, Filó Gomes", e assim vai. O

---

13 "Mobilizam-se os servidores públicos pela obtenção do abono de Natal", *Tribuna Popular*, 21/11/1945, p. 1 e 8.

14 *Jornal das Moças*. Edição especial sobre o 1º de maio. 2/5/1918.

CATIVEIRO SEM FIM   235

então rapaz Arcy aparece quase no fim da nota, como "o mais enganador". Menciono apenas este fato como curiosidade sobre esse personagem ligado ao caso Rosângelo.

Já o irmão de Arcy, Manoel Hemetério de Oliveira Paraná, tinha outra visão da carreira militar e também de mundo. Chegou ao posto de General de Brigada, um oficial general topo de carreira, mas com duas estrelas. O grau máximo é o General de Exército, e o Marechal, com cinco estrelas, reservado para os militares que participam de combates.

Dados sobre a carreira de Manoel Hemetério foram sonegados pelo Exército, apesar de terem sido solicitados pela Lei de Acesso à Informação. O órgão alega que tais informações só podem ser dadas pela família do militar, já falecido. Mas alguns desses dados simples que o Exército não disponibiliza podem ser acessados livremente, por exemplo, no site do Hospital Militar Geral do Exército, em Belém do Pará. Nesse local, Manoel Hemetério foi diretor geral nos anos de 1963 e 1964, quando era Tenente-Coronel Médico.[15] Foi nomeado para a reserva em dezembro de 1963.[16] Também trabalhou em várias organizações militares no Rio de Janeiro, segundo o Centro de Comunicação Social do Exército. Depois, manteve-se aliado às forças militares durante o período da ditadura. E tinha grande amizade com Wilson Rodrigues, o primeiro marido de Rosângela, cuja história será abordada adiante.

Um integrante da família Paraná e que hoje reside na Europa relata que a saga militar da família Paraná teria começado na época da proclamação da República, com um integrante defendendo com a própria vida um dos quartéis atacados por

---

15   Lista de ex-diretores do hospital militar Geral de Belém (1952-).

16   *Correio da Manhã*, 12/12/1963, p. 6, 2° Caderno.

forças resistentes do Exército. Essa pessoa, um homem, descreve uma história muito bonita, novelesca, para as gerações de militares que se sucederam na família.

Esse homem, que morou muito tempo no Brasil, confirma que Arcy, pai de Odyr, foi colega de banco no Colégio Militar de Luís Carlos Prestes e que o acompanhou na marcha que ficou conhecida como Coluna Prestes, o que o "marcou para toda vida": "Comunista não podia ser promovido", explica. Assim, Aracy permaneceu sargento, "enquanto seu irmão, Manoel Hemetério de Oliveira Paraná, muito mais novo, sobe na carreira atingindo o generalato".[17]

Quando chega na parte que envolve Rosângela ele se cala. Nada revela. O avô adotivo de Rosângela manteve-se sargento por longos anos, recorda essa fonte da família, em conversa através de e-mail com o autor. Mas nunca abdicou de "sua dedicação ao PCB e a Prestes".

"Um dia eu perguntei ao próprio Prestes, durante a inauguração do CIEP que tem seu nome no Rio, quais eram as funções de meu avô. Ele respondeu-me que era a de manter-se junto da tropa para quando a Revolução Comunista eclodisse haver homem de total confiança do partido em posto estratégico crucial para o movimento de tropas, e, assim se perdeu a carreira de meu avô", relata o homem, que teve muito contato com Rosângela no período em que morou no Brasil.

Ele cita uma "maldição" existente junto as gerações de Paraná, relacionada ao comunismo e ao nome do pai e avô. "Sonhador até o fim de uma revolução que nunca viria. Muita gente nas seguintes gerações ingressou no Exército, mas a mal-

---

17 História descrita em e-mail enviado ao autor, em 26/1/2017.

dição do nome do pai e avô, aconselhou mau futuro e todos buscaram outros caminhos".

"Meu avô (Arcy) era um tipo moreno, alto, rijo, bonito, galante, dava-se com a nata da sociedade do Rio, o médico de minha avó era o Barata Ribeiro, vários generais iam a sua casa, governadores o chamavam para estar no palácio, e alguns presidentes, posto que era dos Dragões da Independência, unidade de cavalaria montada, garbosa em seus cavalos brancos com uniformes de gala. Tudo isso ele tinha por ser filho de quem era, e por isso nunca lhe tocaram, mas era sargento, morreu sargento, nunca pôde subir, mesmo tendo feito todos os cursos que lhe permitiram fazer, posto que era comunista e amigo íntimo de Luís Carlos Prestes", descreve o sobrinho de Odyr, pai adotivo de Rosângela.

Esse mesmo sobrinho de Odyr diz com muita segurança que nunca será descoberto esse segredo da família Serra Paraná. Alega que todos estão tranquilos, pois os principais responsáveis pela adoção irregular da bebê sequestrada já não estão mais vivos. E acredita que o crime [o sequestro e apropriação da bebê] já prescreveu.

"Outra coisa que pode ficar a saber, esse é um segredo de família que motivou um pacto de silêncio que nunca será quebrado por várias razões. E a Rosângela deveria dar-se por feliz pois teve pais amorosos, bastante liberais segundo me lembro, e o que a biologia rege nesse caso creio pouco importar, sobretudo, devo acreditar, para você e sua pesquisa... [Qualquer investigação] não dará em nada pois estão defuntos todos os que sabiam esse segredo", vaticina.

***

O pai adotivo de Rosângela, Odyr de Paiva Paraná, faleceu em 21 de julho de 1994, aos 65 anos de idade, dentro do próprio

238 EDUARDO REINA

apartamento que habitava, na rua General Belegard, bairro de Engenho Novo, zona norte do Rio de Janeiro.[18] De acordo com certidão de óbito, a causa mortis foi infarto agudo do miocárdio e insuficiência coronária. Odyr fumava e bebia muito, contam os parentes. Também gostava de jogar baralho, o que lhe trouxe muitas dívidas, segundo Rosângela.

Desde o início da década de 1960, vivia com Nilza da Silva Serra, mãe adotiva de Rosângela. Antes de Nilza, ele fora casado com Yeda Barreto. União que gerou o primeiro filho, Charles Barreto Paraná. O casamento em cartório entre Odyr e Nilza só foi realizado em novembro de 1981, quando também Rosângela casou-se com Wilson Rodrigues.[19] Foi Wilson que arcou com as despesas cartoriais desse casamento. Ele e Rosângela foram testemunhas do enlace oficial.

Nilza não podia gerar filhos, de acordo com entrevista com Maria Luiza Serra Nogueira, filha da irmã de Nilza, Helena Serra Nogueira. Uma das irmãs de Odyr, Odilma, também confirmou a esterilidade da mulher, em entrevista ao autor deste livro.

A mãe adotiva de Rosângela tinha um centro espírita dentro de casa. Fazia atendimentos duas vezes por semana. Jogava búzios e cartas. Durante as sessões, recebia santos. Esse centro era frequentado, diz Rosângela, por muitos bicheiros do Engenho Novo, Mangueira e Cascadura, além de policiais, amigos da família e moradores do bairro.

---

18 Certidão de óbito n° 131.947 lavrada no Cartório da Tijuca, 8ª Circunscrição, em 21/7/1994.

19 De acordo com o Termo n° 16.852 registrado no Cartório da Tijuca, 8ª Circunscrição, em 21/11/1991.

Na sala havia um altar com muitas estátuas de divindades, que às vezes assustavam a menina Rosângela. "Dava medo de passar lá à noite", conta. Ela lembra das peças de São Jorge e Yemanjá, mas havia outras. Ficavam num canto da sala do apartamento no bairro de Quintino.

Algumas vezes, relata Rosângela, Nilza e Odyr iam até cemitérios em busca de ossos de cadáveres. "Eu ficava no carro ou trancada em casa. Tinha muito medo". Soldado, ou praça, do Exército por pouco tempo, Odyr exercia o cargo de motorista como profissão registrada na Carteira de Trabalho.[20] Parecia ser um homem discreto e formal. Na família, os irmãos e pais o chamavam de Didi. No trabalho recebia o nome de Paraná. No entanto, era uma pessoa "brava". Brigava por qualquer coisa, segundo a filha adotiva. Trajava sempre calça social, camisa lisa e clara e sapatos pretos. Rosângela lembra que a formalidade de sua vestimenta era tão grande que nem em casa usava chinelos. Mas gostava de beber, principalmente uísque e fumava muito. Tal formalidade era quebrada constantemente quando estava sozinho com Nilza. Sempre discutiam e brigavam.

Houve um período na vida da família que Odyr manteve armas dentro de casa. "Eram muitas", diz a filha adotiva, que entregou as armas para um amigo policial após a morte de Odyr, em 1994. Com ele sempre estava um revólver calibre 38.

De acordo com sua Carteira de Trabalho, Odyr foi registrado como funcionário da Viação Rodoviária A. Matias, na cidade do Rio de Janeiro, de 1977 a 1983. Conduzia a linha Castelo-Engenho de Dentro, cujo ônibus tinha o apelido de

---

20   Carteira de Trabalho de Odyr Paiva Paraná, n° 19411, página 10, fornecida por Rosângela Serra Paraná.

240   EDUARDO REINA

"Frescão", por causa do ar condicionado e do espaço entre os bancos, que o tornava confortável. Esses sete anos de registro como motorista coincidem com o trabalho desempenhado em vários órgãos do governo federal, além de ter prestado serviços particulares para o general Ernesto Geisel.[21] O primeiro trabalho num órgão federal de Odyr foi ainda na década de 1960. Um crachá o identifica como servidor do Instituto Nacional do Mate, em fevereiro de 1964.[22] Esse instituto era uma autarquia do Ministério de Agricultura e foi criado pelo presidente Getúlio Vargas em 1938. Ele tinha em casa um copo com a inscrição "mate", que ninguém podia mexer, diz a filha. Ficava numa cristaleira na sala.

Em 29 de janeiro de 1970, o então presidente da República, Emilio Garrastazu Médici, assinou decreto que transferiu Odyr do posto de motorista ocupado no Ministério da Agricultura para o posto de motorista nível 8-A no Ministério de Minas e Energia.[23] É o mesmo período que o então general Ernesto Geisel é nomeado por Médici para a presidência da Petrobrás. Geisel e sua equipe tinham amplos poderes no Ministério de Minas e Energia e no Conselho Nacional do Petróleo.

Odyr permaneceu cerca de dez anos, até a década de 1980, no cargo comissionado federal no ministério de Minas e Energia, paralelamente ao posto de motorista da Viação Rodoviária. A. Matias. Dois crachás confirmam sua ligação com o ministério:

---

21   Procurada, a direção da Viação Rodoviária A. Matias não se pronunciou.

22   Documento (crachá) nº 104, de 07/02/1964, fornecido por Rosângela Serra Paraná.

23   *Diário Oficial da União*, 29/1/1970, página 710, Seção 1 – Parte 1.

CATIVEIRO SEM FIM   241

um de setembro de 1978,[24] em que aparece como ocupante do cargo de motorista oficial, e outro na década de 1980, cuja identidade funcional mostra cargo no setor administrativo, no escritório do Rio de Janeiro.[25]

Em 1986 ele também trabalhou, a partir de fevereiro, no Ministério da Fazenda, na cidade do Rio de Janeiro. Atuou na Delegacia do Ministério da Fazenda, Divisão de Atividades Auxiliares – Administração de Edifícios.[26] Uma coincidência observada na análise dos documentos e crachás é que Odyr manteve o trabalho comissionado no ministério do governo federal e na viação A. Matias, ambos no Rio de Janeiro, durante o mesmo período em que se mudou com a família para Brasília. Isso no começo da década de 1970 ou no fim de 1969.

Uma das funções de Odyr era a prestação de serviços para Ernesto Geisel. Para Geisel, Odyr fazia serviços de pagamento de contas bancárias e de funcionários do general, compras de miudezas em supermercados, entre outras atividades. "O Odyr trabalhava como faz-tudo do Geisel, principalmente como motorista. Tudo o que o general precisasse, o Odyr fazia. Se precisasse buscar uma pessoa ou se precisasse pegar uma encomenda ou pagar salários dos funcionários do Geisel, ele ia. Cuidava do carro, um carro grande e preto, de placa branca, como se fosse de vidro. Estava sempre limpando com uma flanela", conta

---

24 Crachá nº 935.909, expedido em 26/9/1978, fornecido por Rosângela Serra Paraná.

25 Crachá do Conselho Nacional do Petróleo, fornecido por Rosângela Serra Paraná.

26 Crachá nº 17, expedido em 02/2/1986 pelo Ministério da Fazenda, Rio de Janeiro, fornecido por Rosângela Serra Paraná.

Rosângela. Não tinha horário fixo para os trabalhos. Era chamado a qualquer hora do dia ou da noite, fins de semana, feriados. Em Brasília, onde a família Serra Paraná permaneceu por quase três anos, a vida foi difícil. Rosângela conta que moravam numa espécie de barraco. Era um bairro pobre chamado Guará. "Não tinha luz e a rua era de terra", conta. Fica a aproximadamente 11 quilômetros do Distrito Federal, próximo do Plano Piloto. Começou a ser erguido em 1967, em esquema de mutirão. Rosângela não sabe explicar o motivo da mudança do Rio para Brasília. Lembra apenas que foi repentina. Boa parte dos móveis da casa em que moravam no bairro de Quintino foram deixados com a empregada da casa, Maria de Jesus. "Saímos num caminhão fornecido pelo Ministério de Minas e Energia", descreve Rosângela. No retorno ao Rio de Janeiro, foram morar no Engenho Novo.

Nesse período da volta ao Rio, o general Ernesto Geisel também deixava Brasília. Em julho de 1973, Geisel pediu demissão da presidência da Petrobras, dentro do prazo de desincompatibilização, pois havia sido anunciado por Médici como seu candidato à sucessão presidencial. Geisel e família mudaram-se do Distrito Federal para residência da família no bairro do Leblon, no Rio, e depois para casa pertencente ao Ministério da Agricultura, no Jardim Botânico, também na cidade do Rio. Nesse local começou a preparar sua equipe de governo.

Foi um período muito difícil para a família Serra Paraná. Os anos de Geisel na presidência o afastaram de Odyr.

Depois disso, Rosângela lembra de ter acompanhado o pai Odyr em viagens que fazia com Geisel ao sítio do ex-presidente em Teresópolis, região serrana do Rio, mais ou menos no fim da década de 1970. Ela lembra da viagem, das curvas da serra na estrada que leva à cidade de Teresópolis, até o Parque do Imbuí, onde está localizada a propriedade do presidente, a Vivenda dos Cinamomos. Geisel era dono de um apartamento na cidade serrana e de um terreno. Como ele mesmo conta, logo que assumiu a presidência da República, mandou vender o apartamento e cogitou a construção dessa casa no terreno, o que foi feito.[27]

Nessa época, Rosângela ainda era uma menina. Costumava ficar numa casa com Odyr longe da sede principal do sítio de Geisel. Mas mantinha contato com o militar. [Ela diz que interagia com Geisel poucas vezes e brevemente]. Chegou a ganhar presentes de Geisel, como uma bicicleta cor de rosa e bonecas, além de cestas de vime com comida.

A presença da menina em Teresópolis acontecia quando a família de Geisel não estava presente. Mesmo assim ela e o pai ficavam em aposentos longe da casa principal. "Numa das poucas conversas que tive com ele, me lembro dele rindo de mim, quando perguntou o motivo de eu estar triste. E eu falar que era por causa do meu cabelo curto, que eu não gostava de piolho. Nessa hora ele ficou rindo", descreve ela sobre um contato com o general e presidente.

Aliás, os cabelos de Rosângela eram mantidos curtos quase sempre. Nilza não a queria com cabeleira. E quando teve as madeixas longas, sofria na hora de pentear, devido à força exercida pela mãe adotiva para passar o pente, queixa-se ela agora. Também se recorda de constantemente ter de usar roupas de menino.

A Rosângela garota lembra-se de sofrer constantes castigos. Quando havia visitas na casa da família, era obrigada a ficar

---

27 D'ARAUJO, Maria Celina e CASTRO, Celso. *Ernesto Geisel*. Rio de Janeiro: Editora Fundação Getúlio Vargas, 1997, p. 424.

trancada no quarto ou no banheiro. Nunca a deixavam fazer as refeições junto de todos, comia separadamente, com o prato no chão em outro cômodo. Durante a semana, diz ela, Nilza a doparia com medicamentos para dormir. Chegava da escola, fazia a refeição e era obrigada a tomar um comprimido. Dormia a tarde toda e só acordava no início da noite. Assim que ingeria o remédio, ia para a frente da televisão. Conseguia assistir um pouco da programação, normalmente Vila Sésamo, e depois apagava.

Esse maltrato levou Rosângela a ter dois problemas. Um deles perdurou até os 14 anos. Ela fazia xixi na cama todos os dias. Era chamada de "Maria Mijona" por vários parentes, primos e primas, uma vez que Odyr tinha treze irmãos, muitos casados e com filhos.

***

A data exata de nascimento de Rosângela é uma incógnita. Assim como os nomes de seus pais biológicos.

Uma sobrinha de Nilza, Maria Luiza Serra Nogueira, afirma que ela ainda não havia completado dez anos de idade, quando Rosângela, criança pequena, apareceu na casa dos Serra Paraná. Isso teria acontecido depois de agosto de 1967. Considerando o ano de nascimento de Luzia – 1957 – e agosto o mês de aniversário dessa mulher, temos mais uma evidência da provável irregularidade da certidão de nascimento lavrada no Cartório do Catete com a data de 1963 como marco do nascimento de Rosângela.

Irmã de Odyr, Odilma Paraná, também confirma que Rosângela foi adotada. Mas alega não se lembrar de quando a bebê foi para a casa do irmão. Diz apenas que a mãe biológica seria uma "baderneira" e que Arcy pegou a bebê num hospital no Rio. Não diz qual. Fala ainda que a bebê foi dada na porta do hospital.[28]

---

28   Entrevista concedida em março de 2017, por telefone.

Também são semelhantes as citações de Luzia e Odilma sobre o segredo de família: que Arcy Oscar Paraná, pai de Odyr, sempre pediu para que ninguém contasse que ela era adotada ou falasse o nome dos pais biológicos. Algumas informações ditas por integrantes da família chegaram a apontar que a mãe biológica de Rosângela seria de Caxias do Sul (RS). Que essa mulher seria uma militante política contra a ditadura, quando estava grávida. E que, ao nascer a bebê, foi retirada de dentro da maternidade devido aos contatos que o tio-avô de Odyr, Manoel Hemetério, tinha com oficiais militares.

Não consegui comprovar essa história, que parece coincidir com o modo de agir dos militares na Argentina e outros países da América do Sul durante o sequestro de bebês e crianças filhos de opositores do regime militar. O mesmo modo de atuação aparece no manual de procedimentos utilizado pelo Exército argentino citado neste livro. Importante destacar que esse caso pode remeter a um outro crime, o de apropriação de bebê ou criança, mesmo não mantendo vínculo dos pais biológicos com atividade política.

O filho de Odyr do primeiro casamento, Charles, contou para Rosângela, depois que ela descobriu a farsa, que a mãe biológica era uma mulher muito bonita e jovem. As conversas com parentes de Odyr e Nilza revelam ainda que a mãe seria uma pessoa envolvida em vários problemas e que o pai biológico estaria preso.

***

O segredo de família veio à tona em setembro de 2013, quando Rosângela se desentendeu com uma prima.[29] Durante a discussão, a filha de sua tia adotiva revelou parte de uma história secreta. Foi quando Rosângela passou a contatar os outros

---

29 Fato registrado em ata em cartório em Curitiba (PR) por Rosângela Serra Paraná, em 15/7/2014.

parentes da família adotiva em busca de suas origens. Ninguém falou nada além do que já se sabe. O desentendimento, segundo Rosângela, provocou muitas marcas e traumas na sua vida.

Mas uma conversa de Rosângela com outra irmã do pai adotivo, Odilla, evidenciou problemas existentes dentro da família. "Nossa, por que ela [a prima que brigou com Rosângela] foi abrir a boca. Não era para você saber nunca disso. O nosso pai [Arcy] proibiu que você soubesse que era adotada", teria contado Odilla à própria vítima. "Minha mãe ficou em choque e depois disso só recebemos negativas em todas as conversas", diz a filha de Rosângela, Stheffanne Rodrigues, sobre as buscas pela verdade.

***

O primeiro marido de Rosângela, Wilson Rodrigues, chegou a fazer uma busca na documentação da família e investigou parte da vida da então esposa. Rosângela conta que Wilson brigou várias vezes com Nilza e Odyr. Mas nunca revelou à própria mulher o que foi descoberto. O esposo manteve para si boa parte do segredo que descobriu e morreu com as informações que teve acesso.

A investigação realizada secretamente por Wilson teve início em 1982. O ponto de partida foi o mesmo que eu tive: a certidão de nascimento. Realizou até exame papiloscópico no documento. Esse exame foi feito pelo técnico Laurenio Lapa, do Instituto Félix Pacheco (IFP), em 9 de março de 1982,[30] cerca de seis meses depois do casamento entre Rosângela e Wilson. O Félix Pacheco é um instituto de identificação do governo do Rio de Janeiro. Não consegui descobrir nada sobre essa investigação

---

30 De acordo com carimbo existente na Certidão de Nascimento original de Rosângela Serra Paraná.

CATIVEIRO SEM FIM 247

ou o que foi concluído no exame no IFP. "Ele já sabia muita coisa ao meu respeito. Mas nunca me contou nada", fala Rosângela.

Wilson Rodrigues era um homem muito bem relacionado no governo militar da época. Estava ligado ao ministro da Educação no governo Médici, Jarbas Passarinho. Também foi secretário de Educação do governo de Mato Grosso do Sul por duas vezes. Em 1980, Wilson conheceu Rosângela numa escola na cidade do Rio de Janeiro onde era diretor: Instituto de Educação do Rio de Janeiro. Tinha 34 anos a mais que ela, levando-se em conta a data de nascimento que consta na certidão de nascimento: 1963. Nesse período, era casado e tinha filhos nesse casamento. Achou a garota muito bonita e passaram a se relacionar.

Pouco mais de um ano depois do primeiro contato foram morar juntos, em 16 de outubro de 1981. O divórcio do primeiro casamento veio somente em 1983, mesmo ano que nasceu a primeira filha do casal: Tyffanne.

O general Severino Sombra, dono de uma universidade no interior do Rio de Janeiro, na cidade de Vassouras, e muito amigo de Wilson, foi o padrinho de batismo da menina. Rosângela afirma que foi obrigada pelos pais adotivos a ir morar com Wilson, que passou a sustentar o casal Odyr e Nilza com parcelas mensais de dinheiro. "Tive que sair de casa e não levar nada do que eu tinha. Wilson comprou tudo novo. Mas ele me humilhava muito", relembra. Casaram-se oficialmente somente dez anos depois, em 1991.

Seguindo a cronologia ditada por Rosângela, ela foi morar com o marido, 34 anos mais velho que ela, quando tinha 14 anos, se nasceu em 1967, ou 18 anos, se o nascimento foi realmente em 1963. E teve a primeira filha quando tinha 17 ou 21 anos de idade. O marido percorria o Brasil fazendo a implantação de

248   EDUARDO REINA

universidades e fundações, como a da cidade de Vassouras, de Severino Sombra.

Em Vassouras, na Universidade Severino Sombra, que Wilson ajudou a implantar, Rosângela cursou Medicina.[31] Mas não concluiu o curso com a residência médica. Também fez Fonoaudiologia na Universidade Veiga de Almeida, que ficava à época na Praça da Bandeira, centro do Rio.[32]

Terminou a graduação e obteve registro profissional no Conselho Regional de Fonoaudiologia no Rio de Janeiro. Registro esse transferido depois para o Paraná, onde ela mora hoje.[33] Mas nunca exerceu a profissão. Apenas o fez em alguns trabalhos esporádicos.

Rosângela ingressou em ambos os cursos com ajuda do marido. "Ele pagava minha inscrição e os professores para me ajudarem", fala. Wilson levou Rosângela a várias viagens ao exterior. Antes, mandou ela fazer um curso de etiqueta e boas maneiras. Nessas aulas, a então esposa aprendeu a andar e a se comportar numa mesa com autoridades. O marido comprava suas roupas e joias. E lhe dava presentes caros. Mas nunca entregava dinheiro na mão da mulher. "Todo ano ganhava um carro novo. Minha carteira de motorista foi ele que comprou, com a ajuda de um irmão do Odyr que trabalhava no Detran", diz Rosângela.

Foram juntos a reuniões do órgão especial da ONU para a Educação no Japão e outros países. Participaram de eventos

_____

31 De acordo com o Diploma publicado em fevereiro de 1996, apresentado por Rosângela Serra Paraná.

32 De acordo com o Diploma publicado em 1989, apresentado por Rosângela Serra Paraná.

33 De acordo com informação enviada pelo Conselho Regional de Fonoaudiologia da 1ª Região em 28/11/2016.

CATIVEIRO SEM FIM 249

com imortais da Academia Brasileira de Letras. Estiveram em festas em vários estados, promovidas por universidades e grupos de empresários. Frequentaram a *high society* carioca. Moraram numa cobertura no bairro da Tijuca, zona norte do Rio. Era o edifício Marupiara. Também habitaram uma mansão na Barra da Tijuca, zona oeste do Rio.

Nas festas familiares, relembra a ex-esposa, Wilson costumava ficar em separado com Manoel Hemetério. As conversas, diz, eram longas, regadas a bebidas. "Wilson e Hemetério deviam se conhecer há muito tempo. Conversavam muito. E o Odyr nem chegava perto", conta. Wilson também participou da vida política no Rio de Janeiro. Foi candidato derrotado a vereador pelo então PDS na eleição de 1982. O PDS era o novo nome da Arena, partido de sustentação do regime militar. Ficou na 147ª colocação, com 2.856 votos. "Ele participou da eleição e não tinha objetivo de ganhar", diz a ex-mulher.

Na cédula de votação que fazia propaganda eleitoral teve ao seu lado Moreira Franco, candidato a governador do Rio de Janeiro, que perdeu aquela eleição para Leonel Brizola. Franco, de acordo com Rosângela, à época costumava frequentar reuniões promovidas na residência do casal.

Na disputa eleitoral pelo senado aparecia na propaganda conjunta o candidato Célio Borja, que foi ministro da Justiça de Fernando Collor, ministro do STF e presidente da Câmara Federal no período 1975-1977. O candidato a deputado federal era um militar, o ex-coronel do Corpo de Bombeiros Aralton Lima. Este esteve envolvido, em 2007, com quadrilha que desviava verba do Banco do Brasil, segundo a Polícia Federal.

Rosângela ficou viúva no ano de 2006. Depois, mudou-se para o Paraná e lá casou novamente, com Gil Melo Sicuro. Gil era um homem bastante agressivo com Rosângela. A união durou algum tempo. O segundo marido foi assassinado em junho de 2014.

***

Rosângela mora hoje num pequeno apartamento na cidade de Curitiba. Diz que perdeu praticamente tudo que havia conseguido na vida. Só não perdeu a esperança de um dia encontrar seus pais biológicos. Mas é uma corrida contra o tempo. Está debilitada fisicamente, acometida por várias doenças. Ela chora muito ao narrar os vários episódios dessa história e de sua busca incessante. Conta que chegou a se martirizar, lanhando os braços com lâmina, sempre que esteve numa situação delicada junto aos familiares adotivos.

"Minha tia Odilma disse que fui retirada [da minha mãe biológica] e que o pai dela [Arcy, pai de Odyr], junto do irmão dele [o general Manoel Hemetério] tomaram todas as providências para jamais ser descoberta a verdade. Hoje vivo na angústia de não saber quem eu sou, quantos anos eu tenho, e sequer saber quem foram ou quem são os meus pais. Saber onde se encontra a minha verdadeira família. Todos se negam terminantemente a falar sobre esse assunto. Só desejo saber quem sou, e onde está a minha família. Acredito que esse direito eu tenho, depois de sofrer tantos anos, tantas humilhações. Hoje eu só sei que sou um ser humano que nada sabe sobre seus pais. Que jamais poderei sentir o colo da minha mãe e o carinho do meu pai. Eu desejo só a Justiça; saber a minha verdade. Eu tenho versões que a minha mãe foi uma prostituta, uma baderneira, uma agitadora, uma subversiva. E ninguém fala absolutamente nada. Todos os familiares me bloquearam e não dizem nada", desabafa Rosângela Serra Paraná, mais uma vítima da ditadura militar brasileira.

CATIVEIRO SEM FIM

***

Durante 2017 e 2018 recebi vários contatos de pessoas que também diziam querer saber do paradeiro de sua filha(o) que fora roubada(o) na maternidade, no Rio de Janeiro. Somam perto de uma centena de mensagens escritas e faladas. Como ponto comum entre tais pessoas estava a história de Rosângela. Diziam ter feito contato com ela, se apresentado. E acompanhavam o desenrolar do drama dessa mulher apropriada por uma família de militares. Realmente ela foi procurada por várias pessoas desconhecidas.

Mas havia uma coincidência entre todos esses contatos. Eles se avolumavam sempre que a pesquisa e investigação sobre a família de Rosângela chegava a um ponto mais esclarecedor e/ou sensível. As mensagens recebidas por mim ou repassadas a ela tinham objetivo claro de plantar informações que pudessem desacreditar o que havia sido levantado. Um óbvio trabalho de contrainformação.

Inicialmente cheguei a averiguar os primeiros fatos narrados por essas pessoas, verificado endereços e histórias. Tudo parecia muito verossímil. Chegaram a me enviar fotos.

Depois, mais calejado com as intervenções, as histórias repassadas começaram a soar como pistas falsas ou no mínimo prejudiciais ao destino que minha pesquisa estava sendo levada.

O ápice dessas ingerências aconteceu em janeiro e fevereiro de 2018, quando a própria Rosângela foi procurada por um jornalista que mora no Rio de Janeiro. Houve encontro dos dois em Curitiba. Esse jornalista especulou sobre as informações que eu havia repassado a ela. Também foi procurada por um detetive particular, que ofereceu ajuda na busca aos seus pais biológicos.

Esse jornalista da reunião em Curitiba disse várias vezes a Rosângela que seu objetivo era esclarecer a ela que eu, Eduardo Reina, não avançaria mais nada na procura pelos pais biológicos da sequestrada sem que recebesse uma quantia em dinheiro. Falou ainda que eu estava enrolando e não iria mais ajudá-la. Mas afirmou, principalmente, que era para Rosângela "esquecer tudo" o que eu havia investigado e informado a ela até agora. Esse jornalista – pesquisei, ele existe e mora no Rio – garantiu ainda que iria colocar Rosângela com uma pessoa que "realmente pudesse" cooperar na solução do problema. "Inicialmente achei que ele queria me ajudar. Mas só falava para eu esquecer de tudo. Queria fazer eu esquecer a minha história.", desabafa Rosângela.

Este é um caso em aberto. Necessita que pessoas rompam o silêncio e falem tudo o que sabem, para que os pais biológicos dessa mulher, vítima da ditadura brasileira apareçam.

Rosângela bebê e criança; abaixo: os pais adotivos, Nilza e Odyr, no período em que Rosângela chegou à casa deles na década de 1960 no Rio de Janeiro. Fonte: Arquivo pessoal de Rosângela

Cópia do registro do imóvel localizado na rua Marquês de Abrantes, 160, no Flamengo (RJ), que mostra que a casa pertencia à família Giglio e depois foi vendida para a autarquia dos funcionários públicos do governo do Rio. A família Paraná afirma ter sido esse local de nascimento de Rosângela (conforme registrado na certidão de nascimento). Fonte: arquivo do autor

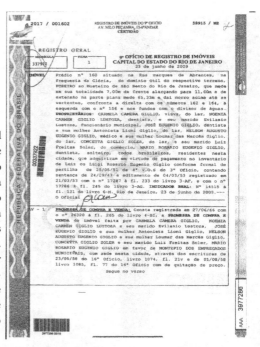

O pai adotivo de Rosângela, Odyr, com o uniforme de soldado (à esquerda), quando serviu ao Exército. Fonte: Arquivo pessoal de Rosângela

Certidão de nascimento feita pelo pai adotivo de Rosângela no cartório do Catete, no Rio de Janeiro. Foi lavrada em 1967, mas a família informa que a bebê teria nascido em 1963. Fonte: Arquivo pessoal de Rosângela

Carteira de Trabalho de Odyr, que registra que o filho de militar atuou em empresa de ônibus na cidade do Rio de Janeiro ao mesmo tempo em que prestava serviços ao governo federal, como Ministério de Minas e Energia e Conselho Nacional do Petróleo (CNP). Fonte: Arquivo pessoal de Rosângela

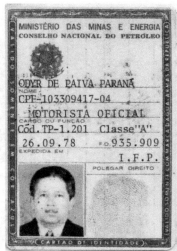

Crachás de Odyr. Fonte: Arquivo pessoal de Rosângela

Certidão de casamento de Odyr e Nilza. União foi feita em 1981, no mesmo dia e mesmo cartório em que Rosângela se casou com o primeiro marido, Wilson Rodrigues. Fonte: Arquivo pessoal de Rosângela

Rosângela com o primeiro marido, Wilson, no início da década de 1980. O marido era amigo do ex-ministro Jarbas Passarinho e trabalhava com a implementação de universidades pelo país. Abaixo, o casal participa de cerimônia na Academia Brasileira de Letras, no Rio. Fonte: Arquivo pessoal de Rosângela

OUTRO LADO

Como dever de ofício e pela ética é necessário procurar o chamado outro lado dessa história toda, no caso as Forças Armadas – a fim de que se tenha dado oportunidade de pronunciamento sobre tais denúncias de sequestro e apropriação de bebês, crianças e adolescentes durante a ditadura.

Não bastasse os depoimentos de pessoas ouvidas neste livro e dos documentos apresentados, ainda haverá algum cético que venha exigir a apresentação de prova documental sobre os sequestros e apropriações.

Dificilmente haverá um ofício, uma ordem, um papel que seja, que contenha ordem de algum general ou outro oficial determinando que um grupo de combate ou algum outro militar pegue ou sequestre um filho de militante político contrário ao regime de exceção ou o filho de algum simpatizante de esquerda. Menos ainda uma ordem escrita para matar essa pessoa; ou que ela fosse dada para alguma outra família.

Ainda que na Argentina tenha sido criado um manual com orientações para esse tipo de ação, conforme já explicado anteriormente neste livro. As *Instrucciones sobre procedimento a seguir com menores de edad hijos de dirigentes políticos o gremiales cuando sus progenitores se encuentran detenidos o desaparecidos*[1] foram ditadas pelo então chefe do Estado Maior do Exército, general Roberto Eduardo Viola, e contemplavam a maneira que deviam atuar os encarregados das operações de segurança nacional em relação às detenções de militantes políticos, homens, mulheres, adolescentes, crianças ou bebês.[2] Viola chegou a assumir a presidência do país em 1981. O manual foi encontrado em arquivos do Ministério do Interior argentino.

Ainda na Argentina, segundo depoimentos de pessoas presas no Centro Clandestino de Detenção da Escuela de Mecânica de la Armada (ESMA), centro clandestino de prisão, tortura e morte localizado em Buenos Aires, havia uma lista de casais de marinheiros que não podiam ter filhos e que estariam dispostos a adotar filhos de desaparecidos políticos. Essa lista ficava no Hospital Naval, ao lado da Praça Centenário.

Foi nesse Hospital Naval que, em 2010, morreu aos 85 anos um dos ex-chefes da ditadura argentina, o almirante Emilio Massera, conhecido como Comandante Zero. Massera foi responsável pela ESMA, por onde passaram mais de 5 mil opositores. Ele integrou a junta militar que deu o golpe de Estado em 24 de março de 1976. A ditadura argentina foi responsável pelo

---

1   QUADRAT, Samantha Viz. "O direito à identidade: a restituição de crianças apropriadas nos porões das ditaduras militares no Cone Sul". In: *História*, vol. 22, n.2, p.167-181.

2   Ver "Desaparicion de menores durante la ditadura militar – Presentan un documento clave". *Clarín*, 14/09/1997. Disponível em: https://www.clarin.com/politica/presentan-documento-clave_0_S1JZW2gZRFg.html. Acesso em 7/1/2019.

desaparecimento de 30 mil pessoas. E pelo sequestro de mais de quinhentos bebês. Até o momento que escrevo este livro, 149 conseguiram ser localizados e puderam conhecer a própria história, graças à militância incansável dos grupos de Mães e Avós da Praça de Maio.

***

A negação desse crime cometido durante a ditadura continuará em território brasileiro. As instituições envolvidas mantêm a posição de negação. Assim como se nega a prática da tortura e do assassinato nos porões do DOI-CODI, nas bases militares, nos quartéis e nas prisões. Negação de tortura e assassinato que vai ao chão facilmente.

Basta olhar com atenção declarações de alguns dos envolvidos nesses fatos para saber que os chefes militares tinham amplo domínio do que estava acontecendo. Essas declarações apareceram quando não eram mais os mandatários no Brasil.

Nesse diálogo entre o general Ernesto Geisel e o general Dale Coutinho, que chefiou o 4º Exército (Comando Militar do Nordeste), fica muito claro que os acontecimentos nos porões e prisões eram de domínio de toda a estrutura militar. E mais explícito ainda os assassinatos. A conversa aconteceu no dia 16 de fevereiro de 1974, um mês antes da posse de Geisel na Presidência da República:[3]

> Coutinho: E eu que fui para São Paulo logo em 69, o que vi naquela época para hoje... Ah, o negócio melhorou muito. Agora, melhorou, aqui entre nós, foi quando nós começamos a matar. Começamos a matar.

---

3   GASPARI, Elio. *A ditadura derrotada*. São Paulo: Companhia das Letras, 203, p. 324 e 325.

Geisel: Porque antigamente você prendia o sujeito e o sujeito ia lá para fora. (...) Ó Coutinho, esse troço de matar é uma barbaridade, mas eu acho que tem que ser.

Coutinho: Eu fui obrigado a tratar esse problema lá e tive que matar. Tive que matar. Outro dia ainda tive uma satisfação que, no último relatório do CIE, a origem, o fio, o início da meada dessa guerrilha lá em Xambioá começou num estouro que nós fizemos em 72 lá em Fortaleza. Foi dali que um falou que tinha guerrilheiros no norte de Goiás (atual Tocantins), não sei o que.

Geisel: Sabe que agora pegaram o tal líder e liquidaram com ele. Não sei qual o nome dele.

Coutinho: É. O Chicão. Luizão. (referia-se a Osvaldão, o guerrilheiro Osvaldo Orlando da Costa, morto semanas antes dessa conversa)

Geisel: Bom, o que eu queria assinalar é isso. Nós vamos ter que continuar ano que vem. Nós não podemos largar essa guerra. Infelizmente nós vamos ter que continuar. É claro que vamos ter que estudar algum (...)[4] processo, vamos ter que repensar...

Note-se também que, conforme as revelações contidas no já mencionado *A ditadura derrotada*, de Elio Gaspari, o assassinato dos prisioneiros da "guerrilha rural" era orientação oficial, autorizada pelo presidente Geisel.[5]

Para a polícia política, a tortura era rotina praticada usualmente; para oficiais-generais que comandavam linhas de frente da

---

4   Trecho de difícil audição. Pode ser "algum processo" ou "um novo processo". GASPARI, Elio. *A ditadura derrotada*, p. 324 e 325.

5   FICO, Carlos. *Além do golpe – versões e controvérsias sobre 1964 e a ditadura militar*. Rio de Janeiro: Record, 2014, p. 84.

CATIVEIRO SEM FIM   263

repressão, era prática consabida e assistida; curiosamente, tanto
para os linhas-duras "ideológicos" (militares radicalmente contrários à "subversão", mas que não atuavam diretamente na repressão) quanto para os pragmáticos rigorosos (como Ernesto Geisel),
a tortura tinha o mesmo significado: era um "mal menor".[6]

Os repressores que arrancavam as crianças e bebês de suas
casas e de suas famílias decidiam a vida daquelas criaturas com
a mesma frieza de quem reparte um botim de guerra. Num dos
mais importantes documentos sobre Ernesto Geisel, a entrevista
concedida aos professores Maria Celina D'Araujo e Celso Castro,
da Fundação Getúlio Vargas, que foi publicada no livro *Ernesto
Geisel* em 1997, o ex-presidente narra sua versão para muitos fatos
da ditadura. A obra é resultado de 33 horas e 20 minutos de entrevistas realizadas em 19 sessões, de julho de 1993 até março de
1994. Não se deve esperar a confissão de crimes cometidos pelas
Forças Armadas nas respostas dadas por Geisel. Mas são indícios
do que aconteceu; e sobre os envolvidos. Ele divide a responsabilidade das ações com empresários e governos dos Estados:

> Houve, consequentemente, uma forte repressão.
> Acusam muito o governo pela tortura. Não sei se
> houve, mas é provável que tenha existido, principal-
> mente em São Paulo. É muito difícil que alguém como
> eu, que não participou nem viveu diretamente essas
> ações, fazer um julgamento do que foi realizado. Por
> outro lado, parece-me que, quando se está envolvido
> diretamente no problema da subversão, em plena luta,
> não se consegue, na generalidade dos casos, limitar a
> própria ação. Houve aí muita cooperação do empre-
> sariado e dos governos estaduais. A organização que

---

6   *Ibidem*, p. 83.

funcionou em São Paulo, a Oban, foi obra dos empresários paulistas. As polícias estaduais também participaram da repressão. O problema da subversão tinha caráter nacional e o seu combate, principalmente por isso, devia ser feito pelas Forças Armadas.

Geisel acreditava que era preciso exterminar os focos de resistências. Principalmente o que era denominado guerrilha. "Era essencial reprimir. Não posso discutir o método de repressão: se foi adequado, se foi o melhor que se podia adotar. O fato é que a subversão acabou. Quando assumi o governo, havia casos isolados em que a linha dura se engajava, mas o problema do Araguaia tinha acabado".

Sobre a tortura e o aprendizado brasileiro junto às Forças Armadas estrangeiras, volta o general a descrever seu pensamento na página 225:

> Acho que a tortura em certos casos torna-se necessária, para obter confissões. Já contei que no tempo do governo Juscelino alguns oficiais, inclusive o Humberto de Melo, que mais tarde comandou o Exército de São Paulo, foram mandados à Inglaterra para conhecer as técnicas do serviço de informação e contra-informação inglês. Entre o que aprenderam havia vários procedimentos sobre tortura. O inglês, no seu serviço secreto, realiza com discrição. E o nosso pessoal, inexperiente e extrovertido, faz abertamente. Não justifico a tortura, mas reconheço que há circunstâncias em que o indivíduo é impelido a praticar a tortura, para obter determinadas confissões e, assim, evitar um mal maior.

É feita a defesa do seu irmão, Orlando Geisel, responsável pelas ações de combate à guerrilha do Araguaia, em resposta

CATIVEIRO SEM FIM 265

publicada na página 227. Orlando foi ministro do Exército no governo Médici a entre outubro de 1969 a março de 1974:

> Não posso avaliar exatamente, porque nem sei o que o CIE fez. Sei que a repressão na época era relativamente forte, inclusive porque havia Xambioá, havia uma série de questões que surgiram no fim do governo Costa e Silva e no início do governo Médici. Não critico a atuação do Orlando. Não sei se mais adiante as coisas poderiam ter sido mais abrandadas. Como já disse, naquela época eu estava inteiramente voltado para a Petrobrás. Não conhecia o que estava acontecendo. Sabia o que os jornais davam e, às vezes, em uma ou outra conversa, tinha informações,

observou o militar, esquecendo-se que à época a censura era muito forte e os jornais não publicavam matérias sobre o Araguaia.

Ainda dentro do tema sobre quem era o comandante das ordens de repressão e combate aos subversivos no período presidencial de Médici, Geisel se contradiz, conforme resposta na página 232, sobre pergunta de quem era a grande cabeça do plano de combate à subversão:

> Creio que não houve uma centralização. Podia haver interferência do governo e dos ministros militares numa série de questões, como o ocorreu na luta contra a guerrilha em Xambioá. Nessa ocasião, a repressão foi mais ou menos centralizada. Havia, contudo, uma orientação geral, e os comandantes do Exército, das diferentes áreas, tinham autonomia para atuar. Não havia um trabalho centralizado. Havia uma orientação geral. Era o combate à subversão, era o combate ao sequestro.

E na página 366, Geisel diz que quem cuidava do assunto guerrilha do Araguaia era "o ministro do Exército e o pessoal que estava lá", no Araguaia.

***

As Forças Armadas negam informações sobre estes crimes de sequestro e apropriação de bebês, crianças e adolescentes cometidos durante a forte repressão exercida entre os anos de 1964 e 1985. Procurados em abril de 2018, os ministérios não responderam aos questionamentos enviados. Foram perguntas que dizem respeito a todos os casos citados neste livro. Foram acionados através do Serviço de Informações ao Cidadão (SIC).

O Ministério da Defesa foi contatado no dia 5 de abril de 2018, às 10h16. Uma solicitação enviada para se ter acesso à informação. Um direito do cidadão brasileiro e um dever do Estado em responder, de acordo com a Constituição Federal. Na demanda enviada foi relatado resumo dos 19 casos e solicitado posicionamento a respeito. A resposta chegou no dia 9 de abril, às 18h38,[7] quatro dias depois do protocolo ter sido criado. Nesse breve período havia um fim de semana no meio – ou dois dias sem expediente.

A resposta do Ministério da Defesa foi uma sugestão para que novas solicitações fossem enviadas para os comandos do Exército, Aeronáutica e Marinha, a fim de se obter um posicionamento a respeitos dos dezenove casos de sequestro e apropriações de bebês, crianças e adolescentes durante a ditadura. Foi alegado que o procedimento aberto no SIC do Ministério da Defesa não era o local adequado para se obter tais informações, que estariam custodiadas sob o comando desses órgãos

---

7   Documento registrado protocolo n° 60502000682201869.

CATIVEIRO SEM FIM   267

militares. "Órgão não tem competência para responder sobre o assunto" é a classificação descrita no tipo de resposta enviada.

Importante destacar que em eventos anteriores, quando o Ministério da Defesa foi procurado através do SIC, eles mesmos reencaminharam a demanda para o Exército. Mas desta vez sugeriram que os outros ministérios fossem acionados diretamente pelo requerente das informações. Então, Exército e Aeronáutica foram acionados através do SIC no mesmo dia 9 de abril. A resposta chegou dentro do prazo constitucional de vinte dias. Aeronáutica respondeu no dia 27 de abril[8] e o Exército três dias depois, em 30 de abril.[9]

Ambas as instituições alegaram que o SIC não é o canal adequado para obter esse tipo de informação solicitada, sob a justificativa de que a Lei de Acesso à Informação não prevê atendimento a pedidos acerca de manifestações, entendimento e/ou posicionamento sobre determinado fato ou circunstância. Mas houve respostas específicas para minha solicitação sobre o sequestro e apropriação de bebês, crianças e adolescentes durante o período de ditadura. O Exército, respondeu que "a Instituição esclarece que nada tem a informar sobre o assunto".

A Aeronáutica afirmou "em 16 de novembro de 2009, a Procuradoria-Geral de Justiça Militar manifestou interesse na análise dos documentos produzidos e acumulados pelo Comando da Aeronáutica, do período de 1964 a 1985. Nesse sentido, em 3 de fevereiro de 2010, o acervo, contendo 212 caixas com 49.867 documentos, foi recolhido à Coordenação Regional

---

8   Documento registrado protocolo nº 60502000701201857

9   Documento registrado protocolo nº 60502000700201811

do Arquivo Nacional do Distrito Federal (COREG), onde são de domínio público, onde talvez possa realizar sua pesquisa".

***

E é a mesma negação sistemática que vem sendo utilizada ao longo dos tempos, das entrevistas, desde o fim do regime de exceção em 1985. As Forças Armadas negam peremptoriamente o sequestro de bebês e crianças. Sob a censura e após o "fim" desse arbítrio, um amplo trabalho de contrainformação vem sendo desenvolvido pelas forças militares para tentar desmontar fatos de sequestro e desaparecimento de opositores.

> Mas diferentemente de outros "pilares básicos" da repressão, como a espionagem ou a censura, a tortura [e eu acrescento o sequestro de bebês, crianças e adolescentes] envergonhava, comprometia a honra de todos os militares, até mesmo porque era a primeira vez que a corporação se envolvia direta e sistematicamente, com a violência policial. Era preciso negar a existência da tortura, já que não era possível abrir mão de sua eficácia nem denunciá-la frontalmente. Esta foi uma das principais tarefas da "comunidade de informações": socorrer a "comunidade de segurança" construindo uma retórica negadora da tortura que seria amplamente absorvida pelos militares e autoridades civis comprometidas com a ditadura. A eficácia com que a "comunidade de informações" cumpriu essa tarefa pode ser facilmente percebida na unidade do discurso de negação da tortura que, durante muitos anos, prevaleceu como explicação: assim, não teria havido tortura, mas apenas alguns "excessos" de uns poucos exaltados, subalternos que não estariam agindo sob o mando dos oficiais-generais, mas que se "autonomizaram" indevidamente. Esta tese, como se vê, é a condição prévia necessária

para a glorificação da iniciativa de Geisel de 'acabar com a tortura', que, se não falsa, oculta o fato básico de que o general admitiu a existência da tortura até sua posse na Presidência da República.[10]

Esse trabalho de contrainformação e de comunicação da comunidade de comunicação militar surtiu efeito. Tanto que na memória coletiva brasileira a ação da repressão durante os anos de ditadura é vista como algo normal. Há até quem diga que o que ocorreu no Brasil foi uma "ditabranda",[11] nada comparável com o que aconteceu na Argentina, por exemplo.

Mas basta ler depoimentos dos próprios generais e de outras patentes militares que integraram a cúpula do golpe militar e dos governos que se sucederam desde 1964 até 1985 para verificar que a situação foi cruel e desumana em território brasileiro durante os anos de chumbo.

É rigorosamente impossível que a atividade sistemática da tortura pudesse ser praticada dentro de unidades militares sem o conhecimento de seus comandantes. Os martírios demandavam equipamentos e instalações permanentes, sendo inviável a construção, por exemplo, de celas climatizadas (para confinamento de prisioneiros sob temperaturas muito baixas ou elevadas) ou sonorizadas (para a exposição das vítimas a barulhos, gritos etc.)

---

10 FICO, Carlos. *Além do golpe – versões e controvérsias sobre 1964 e a ditadura militar.* Rio de Janeiro: Record, 2014, p. 84.

11 Publicado no editorial do dia 17/2/2009, p. 2, "Limites a Chávez". *Folha de São Paulo.* Disponível em: https://www1.folha.uol.com.br/fsp/opiniao/fz1702200901.htm. Acesso em 7/1/2019.

sem o conhecimento dos oficiais-generais. Aliás, a tortura também era amplamente conhecida pela Justiça Militar.[12]

Mas os principais articuladores e comandantes das ações de combate àqueles contrários ao regime ditatorial mantêm discurso de negação. Mas algumas vezes deixam vazar algum indício de culpa.

O jornalista A.C. Scartezini, em seu livro *Segredos de Médici*, narra que o ex-general presidente do Brasil Emílio Garrastazu Médici assumiu a ordem para que se radicalizasse a repressão, num diálogo em 1970 com o ministro da Aeronáutica, marechal Márcio de Souza Melo. "Médici deixou claro que a ordem para radicalizar a repressão partia dele, que assumiria as suas consequências, como, de fato, assumiu".[13]

Scartezini fez várias entrevistas com Médici em 1982 e 1983. No mesmo *Segredos de Médici*, o ex-general disse que, "uma vez, os ministros militares quiseram usar as Forças Armadas para combater o terrorismo, mas eu não deixei. 'Isso não é trabalho para vocês, é trabalho para a polícia', disse aos ministros. Mas houve um tiroteio num aparelho, um sargento foi ferido e um major morreu ao socorrer o sargento. Então falei: 'Só os nossos estão morrendo'. Ele respondeu: 'Nós não podemos matar, precisamos não desfazer a cadeia'. Eu perguntei: 'Mas só os nossos morrem? Quando invadirem um aparelho, vocês têm que invadir metralhando. Nós estamos numa guerra e não podemos sacrificar os nossos'. Ainda hoje, não há dúvida de que era uma guerra, depois da qual foi possível

---

12 FICO, Carlos. *Além do golpe – versões e controvérsias sobre 1964 e a ditadura militar*, p. 82.

13 SCARTEZINI, Antonio Carlos. *Segredos de Médici*. São Paulo: Marco Zero, 1985, p. 35.

CATIVEIRO SEM FIM   271

devolver a paz ao Brasil. Eu acabei com o terrorismo nesse país.
Se não aceitássemos a guerra, se não agíssemos drasticamente, até
hoje teríamos o terrorismo".[14] Sobre a censura à imprensa naquela
época, Médici foi didático nesta entrevista: "Aquela guerrilha de
Xambioá acabou antes que a população tomasse conhecimento
de sua existência. Era preciso esconder as operações para que
elas tivessem sucesso. Por isso a censura".

Em outro livro – *Médici, o depoimento* –, entrevista realizada pelo seu próprio filho, Roberto Nogueira Médici, em 1993,
o ex-presidente foi mais brando em suas declarações. Sobre as
ações das Forças Armadas, escreve o filho do general: "quanto
ao comportamento que deveriam ter as Forças Armadas nesta
guerra entre irmãos, sua determinação aos chefes militares era
de que o guerrilheiro, uma vez vencido, era um brasileiro a ser
respeitado. E, para que não pairasse dúvida de que essa era uma
ordem de comandante, advertia os ministros militares, em uma
reunião ministerial, convocada especialmente com essa finalida-
de, e na presença de todo ministério como testemunha, que se
era válido matar e morrer em luta franca na defesa do governo
e dos valores que ele representava, era inadmissível maus tratos
a prisioneiro desarmado".[15] Uma contradição em relação ao que
falara antes e aos próprios fatos históricos.

Importante destacar que Roberto Nogueira Médici informa no seu livro sobre o pai que coube ao Exército, "sob o
comando do general Orlando Geisel, o maior peso da luta antiguerrilha". Orlando era irmão do ex-presidente Ernesto Geisel.

---

14 *Idem*, p. 35-36.

15 MÉDICI, Roberto Nogueira. *Médici – o depoimento*. Rio de Janeiro:
    Mauad, 1995, p. 47.

Para as solicitações de esclarecimentos sobre tortura, sequestro, desaparecimento de oposicionistas e ações do governo militar junto a civis, como a da Organização dos Estados Americanos, a ditadura resolveu fazer silêncio. Um silêncio oficial adotado como política de comunicação.

Após estudos feitos no Conselho de Segurança Nacional, no Serviço Nacional de Informações (SNI), na Assessoria Especial de Relações Públicas (Aerp), no Ministério das Relações Exteriores e no Estado-Maior das Forças Armadas, foi criada a "Política Governamental de Comunicação Social no Campo Externo" que norteou todo o processo de comunicação das Forças Militares.

Essa política de comunicação social tinha como estratégia principal o silêncio: nada deveria ser respondido às acusações e solicitações de organismos internacionais. Essa estratégia foi consolidada pelo secretário-geral do Conselho de Segurança Nacional – futuro presidente da República João Figueiredo –, que a comunicou, em outubro de 1972, ao ministro da Justiça Aldredo Buzaid, com a aprovação do presidente Médici.[16]

Tal estratégia integra o documento *Política Governamental de Comunicação Social no Campo Externo*, que foi classificado como confidencial pelo Exército. Está contido no processo nº 61397, de 31 de outubro de 1972. Pertence ao fundo "Divisão de Segurança e Informações", guardado no Arquivo Nacional no Rio de Janeiro.

É um documento salvado da destruição, pois a documentação, principalmente a produzida pelo Exército, foi destruída pe-

---

16 FICO, Carlos. *Além do golpe – versões e controvérsias sobre 1964 e a ditadura militar*, p. 86.

CATIVEIRO SEM FIM 273

los agentes de repressão. Ação essa que se constata na entrevista dada pelo general Ivan de Souza Mendes em 1992 a Maria Celina D'Araujo e Gláucio Ary Dillon Soares, publicada no livro *Os anos de chumbo – a memória militar sobre repressão*, da Fundação Getúlio Vargas, dois anos depois.

Ivan de Souza Mendes chefiou a 8ª Região Militar, sediada em Belém do Pará, a partir de 1974. Teve atuação direta na guerrilha do Araguaia. Sobre a destruição da documentação, o general foi claro, conforme publicado na página 177: "Não fiz fogueira nenhuma. Se queimaram os documentos, queimaram normalmente. Evidentemente, quando eles foram se retirando, não iam deixar as coisas para trás. Deram destino ao que tinham que trazer, e o restante, provavelmente, devem ter incinerado. Mas não havia muitos documentos, porque eles não tinham condições de fazer arquivos, nada disso".

O general Agnaldo Del Nero Augusto dá outro detalhe de toda essa política envolvida pelo manto da segurança nacional. Del Nero, que também trabalhou no SNI, é explícito ao dizer que o combate à Guerrilha do Araguaia era primordial para manter o "monopólio da força de coação da sociedade". "Havia ainda o receio de que pudesse ser estabelecida uma zona liberada, isto é, uma área onde o Governo deixaria de exercer uma de suas mais importantes prerrogativas, que é o monopólio da força de coação da sociedade".[17]

O Informe Confidencial nº 1/74, de março de 1974, do SNI, relata o que teria ocorrido na Guerrilha do Araguaia durante a operação batizada de Marajoara. Esta foi a mais importante

---

17 DEL NERO, Agnaldo Augusto. *A grande mentira*. Rio de Janeiro: Biblioteca do Exército, 2001, p. 438.

operação militar na região, quando centenas de agentes retornaram ao local, disfarçados, para fazer levantamento sobre os guerrilheiros e suas posições, em 1973. No período entre outubro de
1973 e fim de 1974 a guerrilha foi exterminada. O documento
do SNI mostra que o serviço secreto e o presidente da República
tinham conhecimento de que as ordens dadas aos soldados no
Araguaia eram para "destruir os elementos que ainda se encon-
travam na região".[18]

Armando Falcão, ex-ministro de Ernesto Geisel, em seu livro *Geisel – do tenente ao presidente*, relata conversa com o ex-presidente que comprova conhecimento e cumplicidade do general com
a tortura e outros "meios não convencionais" utilizados durante a
ditadura. "O povo se mobilizou nas ruas e as Forças Armadas não
podiam faltar à nação atônita. Incorporei-me ao esforço que teve
como inspiração básica a salvação dos nossos valores tradicionais,
preservados, felizmente, pela Revolução de 31 de março. Foi necessário, sem dúvida, impor em determinadas emergências, soluções
não rigorosamente convencionais e ortodoxas", disse.[19]

O próprio Armando Falcão, mais à frente no texto, culpa os
partidos de oposição e oposicionistas ao regime pelos atos cruéis
das Forças Armadas. Oposição e oposicionistas que ele chama de
"eles", subversivos.

> Contra a ideia deles, conspiravam as provocações in-
> toleráveis, os atos nascidos do inconformismo incen-
> diário, o ódio armado, a guerra subversiva caracteri-

---

18 FIGUEIREDO, Lucas. *Ministério do Silêncio*. Rio de Janeiro: Record, 2005,
p. 239.

19 FALCÃO, Armando. *Geisel, do tenente ao presidente*. Rio de Janeiro: Nova
Fronteira, 1995, p. 229.

CATIVEIRO SEM FIM   275

zada. Não se esqueçam os cronistas do futuro de que foi da subversão a iniciativa das hostilidades. Foram os terroristas, nas cidades e no campo, que começaram o que alguns comentaristas dos fatos passados chamam de "guerra suja" Foram os grupos de fogo do terror que primeiro atacaram, mataram, fuzilaram, sob a capa cínica do "justiçamento" criminoso e assaltaram e roubaram designando o próprio delito de "expropriação". Em resumo: a guerrilha urbana e rural, os assassinatos brutais, os sequestros de embaixadores estrangeiros, os ataques a quartéis, a luta bélica contra a Revolução responderam, sem dúvida, pelo endurecimento da reação governamental, que a pretexto algum poderia permitir que o terrorismo trunfasse contra a nação.[20]

Outro ministro dos governos militares, o paraense Jarbas Passarinho, também coronel do Exército e ex-senador pela Arena, em sua autobiografia denominada *Um Híbrido Fértil*, deixa explícito o endurecimento das Forças Armadas no combate ao movimento oposicionista e ao que denomina terrorismo comunista. Em 1968, com a assinatura do Ato Institucional nº 5, que retirou inúmeros direitos do cidadão da constituição, ele escreveu: "O AI-5, como resposta ao dilema de defender-se ou suicidar-se, optou pela defesa, contra a agressão das minorias comunistas". Aliás, sobre o AI-5, é de Passarinho a célebre frase dita durante a assinatura deste ato: "A mim me repugna, senhor presidente, enveredar pelo caminho da ditadura, mas já

---

20   *Ibidem*, p. 265.

que não há como evitá-la, às favas os escrúpulos de consciência". Era dada a senha para o vale tudo.[21]

Passarinho cita muito superficialmente a guerrilha do Araguaia em algumas das páginas de sua extensa autobiografia. "Só restavam as poucas dezenas de guerrilheiros rurais do PCdoB no Araguaia. Não representavam, nem de longe, a ameaça concreta que houvera sido a guerrilha urbana de Marighella, mas foi usada como pretexto, não tenho dúvida, para a continuação do regime inaugurado pelo AI-5, então irrecusavelmente necessário".[22]

Passarinho defende o ex-chefe Médici em relação às ações de extermínio dos guerrilheiros do Araguaia decididas pelo então presidente da República. O ex-ministro e militar tem o cuidado de dizer que as responsabilidades desses atos são dos "comandantes de área". "A concepção de Médici era a da existência de uma guerra, na qual 'se mata ou se morre'... Visando agilizar a luta contra a guerrilha e o terrorismo, descentralizou os comandos. Ficaram os comandantes de área responsáveis diretos pelas ações de contra-insurreição. Certamente, não partiu dele a ordem de institucionalizar a tortura, mas ficou sobre ele a mancha da deformação dos encarregados da segurança do Estado".[23] Um pouco mais à frente no texto do livro, o ex-ministro afirma que a tortura foi praticada "clandestinamente".

O general Hugo Abreu, chefe do Gabinete Militar do presidente Geisel, defendeu publicamente o uso da força contra os

---

21 PASSARINHO, Jarbas. *Um híbrido fértil*. Rio de Janeiro: Expressão e Cultura, 1997, p. 332.

22 *Ibidem*, p. 433.

23 *Ibidem*, p. 391.

CATIVEIRO SEM FIM 277

oposicionistas ao regime militar. "Não defendo, nem poderia fazê--lo, certos exageros, nem a violência policial inútil contra o preso indefeso. Apenas explico a violência como modo de luta nas operações contra a guerrilha. E creio que a única forma de evitar essa violência é acabar com a guerrilha e eliminar o arbítrio".[24]

"Não vejo como assegurar direitos humanos dentro de um Estado inseguro", afirma o tenente Marco Pollo Giordani, em seu livro *Brasil Sempre*, em texto que defende a comunidade de informações, e ex-integrante do serviço secreto do Comando Militar do Sul e DOI-CODI gaúcho. Esse livro foi lançado como contraponto ao projeto *Brasil: Nunca Mais*, desenvolvido por Dom Paulo Evaristo Arns, pelo rabino Henry Sobel e pelo pastor Jaime Wright e equipe, que denunciou os desmandos e crimes da ditadura brasileira em 1985.

Mas houve quem afirmou consistentemente que foram cometidos erros pelas Forças Armadas. "O pessoal da comunidade de informações colocava rótulos e praticava abuso de poder. Houve abusos de poder dos serviços de informações das Forças Armadas: Cenimar, CIE e CISA. Eles se tornaram praticamente poderes paralelos aos poderes constituídos, o que os levava, em certas ocasiões, a entrar em choque com os princípios da hierarquia e da ética militar... Houve uma ideologia de 'segurança nacional', para se contrapor à ideologia comunista, quando, na realidade, a opção oposta ao comunismo devia ser a democrática e não uma totalitária. A ideologia de 'segurança nacional' é que foi base de todo o aparato repressivo, em que foram desrespeitadas as Convenções de Genebra para os presos. A luta armada foi desastrosa para os dois

---

24 ABREU, Hugo. *O outro lado do poder*. Rio de Janeiro: Nova Fronteira, 1979, p. 200-201.

278   EDUARDO REINA

lados e aprofundou o desgaste", declarou o almirante Armando
Amorim Ferreira Vidigal ao jornalista Hélio Contreiras no livro
Militares: confissões – histórias secretas do Brasil. O almirante foi
membro do Estado-Maior da Esquadra nos anos 1970 e integrou o
gabinete do Ministro da Marinha no governo Geisel.

Um documento elaborado em 1975 por agente do Centro
de Informações do Exército (CIE) denominado "Apreciação sumá-
ria (campo interno) número 06/GAB/75" descreve em cinco páginas as atividades contra a chamada subversão e práticas das Forças
Armadas. O documento leva o carimbo de "secreto". É assumido
o problema dos chamados "excessos no combate", além do que
foi chamado de "deformação no enfoque dados aos prisioneiros".
"Não há qualquer estrutura de segurança voltada para o combate
à subversão... As Forças Armadas, embora muitas vezes ao arrepio
da lei, não tiveram outra alternativa senão a de chamar para si o
combate, rápido e enérgico, aos diferentes agrupamentos antirre-
volucionários. Sem a devida experiência e sem o necessário tempo
para treinamento específico, há que assinalar-se terem os militares
suprido essas deficiências com o denodo e a dedicação com que se
empenharam na missão... A conjuntura, à época, determinou um
grau de independência muito elevado à Oban e enormes tensões
vividas por seus integrantes. Daí resultou certa gradual deformação no enfoque dado ao trato com os prisioneiros, tendente a nive-
lar todos com os terroristas mais perigosos e duros."[25]

---

25   BAFFA, Ayrton. *Nos porões do SNI – o retrato do monstro de cabeça oca.*
     Rio de Janeiro: Objetiva, 1989, p. 81-83.

MINISTÉRIO DA DEFESA
EXÉRCITO BRASILEIRO
GABINETE DO COMANDANTE
CENTRO DE COMUNICAÇÃO SOCIAL DO EXÉRCITO

Prezado Senhor,

Ao cumprimentá-lo, cordialmente, o Serviço de Informações ao Cidadão do Exército Brasileiro (SIC-EB) acusa o recebimento do pedido formulado por V. Sa, registrado com o protocolo n° 60502000700201811.

A respeito do assunto o SIC-EB informa a V. Sa. que:

1. Este serviço não é o canal adequado para reclamação, denúncia, sugestão ou elogios, bem como não é para solicitações de providências administrativas, consulta, interpretação normativa e análise de casos concretos, limitando-se, assim, aos objetivos estabelecidos pela Lei n° 12.527, de 18 de novembro de 2011 (Lei de Acesso à Informação – LAI).

2. A LAI dispõe sobre o acesso às informações contidas em registros ou documentos, produzidos ou acumulados por seus órgãos ou entidades, recolhidos ou não a arquivos públicos (art.7°, inc. II), *in verbis:*

> "Lei n° 12.527/2011
> Art. 7° O acesso à informação de que trata esta Lei compreende, entre outros, os direitos de obter:
> [...]
> II - informação contida em registros ou documentos, produzidos ou acumulados por seus órgãos ou entidades, recolhidos ou não a arquivos públicos:"

3. Neste sentido, cabe destacar que o presente pedido caracteriza-se como uma solicitação de posicionamento sobre material coletado em pesquisa, o que está fora do escopo da LAI.

4. Ademais, a Instituição esclarece que nada tem a informar sobre o assunto.

5. Por fim, eventual recurso deve ser dirigido ao Chefe do Estado-Maior do Exército, no prazo de 10 (dez) dias, a contar da data desta decisão.

Brasília-DF, 30 de abril de 2018.

Cordialmente,

Serviço de Informações ao Cidadão do Exército Brasileiro

Resposta do Exército Brasileiro aos questionamentos do autor deste livro

Dados do Pedido

Protocolo	60502000701201857
Solicitante	Eduardo Reina
Data de Abertura	09/04/2018 19:51
Orgão Superior Destinatário	MD – Ministério da Defesa
Orgão Vinculado Destinatário	COMAER – Comando da Aeronáutica
Prazo de Atendimento	30/04/2018
Situação	Respondido
Status da Situação	Acesso Concedido (Resposta solicitada inserida no e-SIC)
Forma de Recebimento da Resposta	Pelo sistema (com avisos por email)
Resumo	Posicionamento da Aeronáutica sobre material coletado em pesquisa sobre sequestro e apropriação de bebês, crianças e adolescentes no Brasil durante o período da ditadura.
Detalhamento	Por gentileza, verificar anexo, onde está contida explicação detalhada sobre esta demanda.

Dados da Resposta

Data de Resposta	27/04/2018 14:40
Tipo de Resposta	Acesso Concedido
Classificação do Tipo de Resposta	Resposta solicitada inserida no e-SIC

Resposta da Aeronáutica aos questionamentos do autor deste livro

Resposta

MINISTÉRIO DA DEFESA

COMANDO DA AERONÁUTICA

Centro de Comunicação Social da Aeronáutica

Prezado Cidadão,

Agradecemos seu contato com o Comando da Aeronáutica (COMAER) pelo sistema e-SIC. Sobre a solicitação em comento cumpre-nos, inicialmente, informar a V.Sa. que a Lei de Acesso à Informação não prevê atendimento a pedidos acerca de manifestações, entendimento e/ou posicionamento acerca de determinado fato ou circunstância.

Não obstante, cumpre-nos informar a V.Sa. que, em 16 de novembro de 2009, a Procuradoria-Geral de Justiça Militar manifestou interesse na análise dos documentos produzidos e acumulados pelo Comando da Aeronáutica, do período de 1964 a 1985. Nesse sentido, em 03 de fevereiro de 2010, o acervo, contendo 212 caixas com 49.867 documentos, foi recolhido à Coordenação Regional do Arquivo Nacional do Distrito Federal (COREG), onde são de domínio público, onde talvez possa realizar suas pesquisas.

Por fim, cabe ressaltar que, nos termos do art. 21, do Decreto nº 7.724/2012, eventual recurso sobre esta resposta poderá ser dirigido ao Chefe do Estado-Maior da Aeronáutica, no prazo de dez dias, a contar da data desta resposta.

Serviço de Informações ao Cidadão

COMANDO DA AERONÁUTICA

Centro de Comunicação Social da Aeronáutica

Esplanada dos Ministérios - Bloco M - 7º andar - Brasília - Distrito Federal

CEP 70.045-900.

Responsável pela Resposta	Respondente do E-SIC
Destinatário do Recurso de Primeira Instância:	Chefe do Estado Maior da Aeronáutica
Prazo Limite para Recurso	09/05/2018

Classificação do Pedido

Categoria do Pedido	Ciência, Informação e Comunicação
Subcategoria do Pedido	Informação - Gestão, preservação e acesso
Número de Perguntas	1

Histórico do Pedido

Data do evento	Descrição do evento	Responsável
09/04/2018 19:51	Pedido Registrado para para o Órgão COMAER – Comando da Aeronáutica	SOLICITANTE
27/04/2018 14:40	Pedido Respondido	MD – Ministério da Defesa/COMAER – Comando da Aeronáutica

BIBLIOGRAFIA DE REFERÊNCIA

ABREU, Hugo. *O outro lado do poder.* Rio de Janeiro: Nova Fronteira, 1979.

ABREU, Hugo. *Tempo de crise.* Rio de Janeiro: Nova Fronteira, 1980.

Ação Civil Pública que tramita na Justiça Federal de Barra do Garças (MT), nº 2766-51.2016.4.01.3605. Disponível em: http://www.mpf.mp.br/mt/sala-de-imprensa/ Documentos%%20para%20link/acp-maraiwatsede-02-12. pdf. Acesso em 14/08/2018.

ACE 54730/86. Cópia disponível em: http://www.dhnet.org.br/ verdade/rn/combatentes/glenio/participantes_guerrilha_ araguaia.pdf. Acesso em 23/7/2018.

ALMANAK Administrativo, Mercantil e Industrial do Rio de Janeiro. Rio de Janeiro, 1891 a 1940, p. 1402 e 00165.

AMORIM, Carlos. *Araguaia – histórias de amor e de guerra.* Rio de Janeiro: Record, 2014.

ARENDT, Hannah, *Eichmann em Jerusalém – um relato sobre a banalidade do mal.* São Paulo: Companhia das Letras, 2013.

ARQUIDIOCESE de São Paulo. *Brasil: nunca mais.* São Paulo: Vozes, 1985.

ARROYO, Angelo. *Relatório sobre a luta no Araguaia.* São Paulo: Anita Garibaldi, 2009.

AVIGHI, Carlos Marcos; PINTO, Virgílio Noya. *Euclides da Cunha jornalista.* 1987. Universidade de São Paulo, 1987.

BAFFA, Ayrton. *Nos porões do SNI – o retrato do monstro de cabeça oca.* Rio de Janeiro: Objetiva, 1989.

BARBOSA, José Humberto Gomes. *A guerrilha do Araguaia, memória, esquecimento e ensino de história na região do conflito.* Dissertação. Universidade Federal do Tocantins, 2016.

BARRETO, Anna Flávia Arruda Lanna. *Memória de histórias de violação dos direitos humanos durante as ditaduras militares no Brasil e no Cone Sul.* Artigo apresentado Seminário 1964-2014: um olhar crítico para não esquecer. Minas Gerais: Universidade Federal de Minas Gerais, 2014.

BAUER, Caroline Silveira. *Um estudo comparativo das práticas de desaparecimento nas ditaduras civil-militares argentina e brasileira e a elaboração de políticas de memórias de ambos os países.* Tese de Doutorado. Rio Grande do Sul: Universidade Federal do Rio Grande do Sul, 2011.

BETTO, Frei. *Das catacumbas – cartas da prisão 1969-1971.* Rio de Janeiro: Civilização Brasileira, 1978.

BRASIL. *Direito à Memória e à Verdade – histórias de meninas e meninos marcados pela ditadura.* Secretaria Especial de Direitos Humanos – Presidência da República, 2009.

BRASIL. *Habeas Corpus, que se apresente o corpo: a busca dos desaparecidos políticos no Brasil.* Brasília: Secretaria Especial de Direitos Humanos. Presidência da República,

2010. Disponível em: https://www.marxists.org/portugues/tematica/livros/diversos/corpus.htm.

BRASIL. Presidência da República. Secretaria Especial dos Direitos Humanos. Direito à Memória e à Verdade: *histórias de meninas e meninos marcados pela ditadura / Secretaria Especial dos Direitos Humanos*. Brasília: Secretaria Especial dos Direitos Humanos, 2009.

BRUM, Liniane Haag. *Antes do passado – o silêncio que vem do Araguaia*. Porto Alegre: Arquipélago, 2012.

CABRAL, Pedro Corrêa. *Xambioá – guerrilha no Araguaia*. Rio de Janeiro: Record, 1993.

CABRAL, Reinaldo e LAPA, Ronaldo (orgs.). *Desaparecidos políticos – prisões, sequestros, assassinatos*. Rio de Janeiro: Edições Opção, Comitê Brasileiro pela Anistia, 1979.

CALVEIRO, Pilar. *Poder e desaparecimento*. São Paulo: Boitempo, 2013.

CAMPOS FILHO, Romualdo Pessoa. *Araguaia – Depois da guerrilha, outra guerra*. São Paulo: Anita Garibaldi, 2014.

CAMPOS FILHO, Romualdo Pessoa. *Guerrilha do Araguaia – a esquerda em armas*. São Paulo: Anita Garibaldi, 2015.

CARDOSO, Irene de Arruda Ribeiro. "Memória de 68: terror e interdição do passado". In: *Tempo Social*. São Paulo: Universidade de São Paulo, 1990, v. 2, n. 2, p. 101-112.

CARDOSO, Irene. *Para uma crítica do presente*. São Paulo: Editora 34, 2001.

CARVALHO, Luiz Maklouf. *Cobras criadas*. São Paulo: SENAC, 2001.

CARVALHO, Luiz Maklouf. *Contido a bala – a vida e a morte de*

Paulo Fonteles, advogado de posseiros no sul do Pará. Belém: Editora Cejup, 1993.

CARVALHO, Luiz Maklouf. *O coronel rompe o silêncio – Lício Augusto Ribeiro, que matou e levou tiros na caçada aos guerrilheiros do Araguaia, conta sua história*. São Paulo: Objetiva, 2004.

CASTRO, Celso e D'ARAUJO, Maria Celina (organizadores). *Dossiê Geisel*. Rio de Janeiro: FGV Editora, 2002.

CAVALCANTI, Klester. *O nome da morte – a história real de Júlio Santana, o homem que já matou 492 pessoas*. São Paulo: Planeta, 2006.

CENTRO DE INFORMAÇÕES DO EXÉRCITO (CIE), org. general Agnaldo Del Nero – *Projeto Orvil* – Brasília, 1988. Disponível em: https://www.averdadesufocada.com/images/orvil/orvil_completo.pdf> Acesso em 17/02/2019.

CHINEM, Rivaldo. *Jornalismo de guerrilha – a imprensa alternativa brasileira, da ditadura à internet*. São Paulo: Disal, 2004.

CHINEM, Rivaldo. *Sentença – padres e posseiros do Araguaia*. São Paulo: Paz e Terra, 1983.

CLARÍN. "Desaparicion de menores durante la ditadura militar – Presentan un documento clave". 14/09/1997. Disponível em: https://www.clarin.com/politica/presentan-documento-clave_0_S1JZW2gZRFg.html. Acesso em 7/1/2019.

COMISSÃO CAMPONESA DA VERDADE. Relatório Final. *Violações de direitos no campo (1946-1988)*. Brasília, 2014. Disponível em: https://cpdoc.fgv.br/sites/default/files/Relat%C3%B3rio%20Final%20Comiss%C3%A3o%20

CATIVEIRO SEM FIM   287

Camponesa%20da%20Verdade%20-%2009dez2014.pdf. Acesso em 17/02/2019.

COMISSÃO DA VERDADE DO ESTADO DE SÃO PAULO. *Infância roubada – Crianças atingidas pela Ditadura Militar no Brasil.* São Paulo: Edição da Assembleia Legislativa do Estado de São Paulo, 2014.

COMISSÃO DE FAMILIARES DE MORTOS E DESAPARECIDOS POLÍTICOS, Instituto de Estudo da Violência do Estado (IEVE), Grupo Tortura Nunca Mais – RJ e PE. *Dossiê dos mortos e desaparecidos a partir de 1964.* Pernambuco: CEPE (Companhia Editora de Pernambuco), Governo do Estado de Pernambuco, 1995.

Comissão Especial sobre mortos e desaparecidos políticos. *Ficha descritiva de Rodolfo de Carvalho Troiano.* Disponível em: http://cemdp.sdh.gov.br/modules/desaparecidos/acervo/ficha/cid/62. Acesso em 26 de dezembro de 2018.

COMISSÃO NACIONAL DA VERDADE. *Relatório Final.* Brasília, DF, 2014.

CONTREIRAS, Hélio. *Militares: confissões - Histórias secretas do Brasil.* Rio de Janeiro: Mauad, 1998.

CORDEIRO, Janaína Martins; LEITE, Isabel Cristina (org.). *À sombra das ditaduras – Brasil e América Latina.* Rio de Janeiro: Mauad X, 2014.

CORREIA, Itamar. *Araguaia meu Brasil.* Goiânia: Edição do Autor, 1981.

CORREIO DA MANHÃ. 10/5/1960. 1º Caderno, Sessão Julgamentos, p. 16.

CORREIO DA MANHÃ. 12/12/1963, p. 6, 2º Caderno.

288   EDUARDO REINA

COUTO, Ronaldo Costa. *História indiscreta da ditadura e da abertura – Brasil: 1964-1985*. Rio de Janeiro: Record, 1999.

D'ARAUJO, Maria Celina e CASTRO, Celso. *Ernesto Geisel*. Rio de Janeiro: Editora FGV, 1997.

D'ARAUJO, Maria Celina; SOARES, Gláucio Ary Dillon; CASTRO, Celso. *Os anos de chumbo – a memória militar sobre a repressão*. Rio de Janeiro: Relume Dumará, 1994.

D'ARAUJO, Maria Celina; SOARES, Gláucio Ary Dillon; CASTRO, Celso. *Visões do golpe – a memória militar sobre 1964*. Rio de Janeiro: Relume Dumará, 1994.

DEL NERO, Agnaldo Augusto. *A grande mentira*. Rio de Janeiro: Biblioteca do Exército, 2001.

DELUCI, Luciana Akeme Sawassaki Manzano. *"Ti'a roptsimani'õ: os A'uwe Marãiwatsédé tecem saberes para a construção de uma proposta curricular intercultural*. Dissertação. Brasília: Universidade de Brasília, 2013.

Depoimentos de Zulmira Pereira Neres e Luiz Martins dos Santos. Ministério Público Federal. Procuradoria Regional dos Direitos dos cidadãos no Estado do Pará. Disponível em: https://www. marxists.org/portugues/tematica/livros/diversos/araguaia_16. pdf. Acesso em 26 de dezembro de 2018.

DIÁRIO OFICIAL DA UNIÃO. 12/7/1935, página 58 da Seção 1.

DIÁRIO OFICIAL DA UNIÃO. 29/2/1896, p. 6, Seção 1.

DIÁRIO OFICIAL DA UNIÃO. 6/10/1895, P. 3, SEÇÃO 1.

DIÁRIO OFICIAL DA UNIÃO. 8/06/1912, p. 36, Seção 1.

DIÁRIO OFICIAL DA UNIÃO. 29/1/1970, página 710, Seção 1 – Parte 1.

DIAS, Cristiane Medianeira Ávila. "O terrorismo de estado e

a luta armada no Rio Grande do Sul: 1970". In: *Estudios Históricos*, Rivera, Uruguay, año VI, diciembre 2014, nº 13, 2014. Disponível em: http://www.estudioshistoricos. org/13/eh11%2013%20-%20O%20TERRORISMO%20 DE%20ESTADO%20(TDE)%20E%20A%20LUTA%20 ARMADA%20NO%20RIO%20GRANDE%20DO%20 SUL%201970.pdf. Acesso em 17/02/2019.

DÓRIA, Palmério; BUARQUE, Sérgio; CARELLI, Vincent; SAUTCHUK, Jaime. *A guerrilha do Araguaia*. São Paulo: Alfa-Ômega, 1978.

DREIFUSS, René Armand, *1964: a conquista do estado, ação política, poder e golpe de classe*. Petrópolis: Vozes, 1981.

DROSDOFF, Daniel. *Linha dura no Brasil – o governo Médici 1969-1974*. São Paulo: Global, 1986.

DUHALDE, Eduardo Luis. *El Estado Terrorista Argentino*. Bueno Aires: Colihue, 2013.

FALCÃO, Armando. *Geisel, do tenente ao presidente*. Rio de Janeiro: Nova Fronteira, 1995.

FALCÃO, Armando. *Tudo a declarar*. Rio de Janeiro: Nova Fronteira, 1989.

FERREIRA, Paulo Roberto. *A censura no Pará – a mordaça a partir de 1964 (registros e depoimentos)*. Belém: Paka-Tatu, 2015.

FICO, Carlos. *Além do golpe – versões e controvérsias sobre 1964 e a ditadura militar*. Rio de Janeiro: Record, 2014.

FICO, Carlos. *Como eles agiam – os subterrâneos da ditadura militar: espionagem e polícia política*. Rio de Janeiro: Record, 2001.

FICO, Carlos. *O golpe de 1964 – momentos decisivos*. Rio de Janeiro: Editora FGV, 2014.

FICO, Carlos. *Reinventando o otimismo – ditadura, propaganda e imaginário social no Brasil.* Rio de Janeiro: Editora FGV, 1997.

FIGUEIRA, Ricardo Rezende. *A justiça do lobo – posseiros e padres do Araguaia.* Petrópolis: Vozes, 1986.

FIGUEIREDO, Lucas. *Ministério do Silêncio.* Rio de Janeiro: Record, 2005.

FIGUEIREDO, Lucas. *Olho por olho – Os livros secretos da ditadura.* Rio de Janeiro: Record, 2013.

FOLHA DE S. PAULO. Editorial do dia 17/2/2009, p. 2, "Limites a Chávez". Disponível em: https://www1.folha.uol.com.br/fsp/opiniao/fz1702200901.htm. Acesso em 7/1/2019.

FONTELES FILHO, Paulo. *Araguaianas, as histórias que não podem ser esquecidas.* São Paulo: Anita Garibaldi, 2013.

FRAGOSO, Heleno Cláudio. *Terrorismo e criminalidade política.* Rio de Janeiro: Editora Forense, 1981.

FROTA, Sylvio. *Ideais traídos: a mais grave crise dos governos militares narrada por um de seus protagonistas.* São Paulo: Zahar, 2006.

GASPARI, Elio. *A ditadura derrotada.* São Paulo: Companhia das Letras, 2003.

GASPARI, Elio. *A ditadura encurralada.* São Paulo: Companhia das Letras, 2004.

GASPARI, Elio. *A ditadura envergonhada.* São Paulo: Companhia das Letras, 2002.

GASPARI, Elio. *A ditadura escancarada.* São Paulo: Companhia das Letras, 2002.

GIACCARIA, Bartolomeu, HEIDE, Adalberto. *Xavante: Povo autêntico.* São Paulo: Editora Salesiana Dom Bosco, 1984.

CATIVEIRO SEM FIM   291

GIORDANI, Marco Pollo. *Brasil sempre.* Porto Alegre: Tchê, 1986.

GODOY, Marcelo. *A casa da vovó.* São Paulo: Alameda Editorial, 2014.

GOMES, Paulo César. *Os bispos católicos e a ditadura militar brasileira – a visão da espionagem.* Rio de Janeiro: Editora Record, 2014.

GRABOIS, Maurício. *Relatório sobre guerrilha Araguaia, de 1972 a 1973.* São Paulo: Anita Garibaldi.

GUERRA, Cláudio, NETTO, Marcelo, MEDEIROS, Rogério. *Memórias de uma guerra suja.* Rio de Janeiro: Topbooks, 2012.

GUISONI, Divo (org.). *Livro negro da ditadura militar.* São Paulo: Anita Garibaldi, 2014.

HUNTINGTON, Samuel P. *A ordem política nas sociedades em mudança.* São Paulo: Editora da Universidade de São Paulo, 1975.

HUNTINGTON, Samuel P. *O soldado e o Estado,* Rio de Janeiro: Biblioteca do Exército Editora, 1996.

JABINE, Thomas B.; CLAUDE, Richard Pierre; SOUZA, Gilson César Cardoso de. *Direitos humanos e estatísticas: o arquivo posto a nu.* São Paulo: Edusp, 2007.

JIMENEZ, José Vargas. *Bacaba – memórias de um guerreiro de selva da guerrilha do Araguaia.* Campo Grande: Edição do Autor, 2007.

JIMENEZ, José Vargas. *Bacaba II.* Campo Grande: Edição do Autor, 2011.

JORNAL DAS MOÇAS. *Edição especial sobre o 1º de maio.* 2/5/1918. Disponível em: http://memoria.bn.br/pdf/111031/per111031_1918_00150.pdf. Acesso em 19/08/2018.

JÚNIOR, Osvaldo; HENRI, Guilherme. "Defensor da Ditadura, Chico Dólar é encontrado morto com dois tiros no peito". *Campo Grande News*, 3/9/2017. Disponível em: https://www.campograndenews.com.br/politica/defensor-da-ditadura-chico-dolar-e-encontrado-morto-com-2-tiros-no-peito. Acesso em 17/10/2018.

KOTCHO, Ricardo. *O massacre dos posseiros – conflito de terras no Araguaia-Tocantins*. São Paulo: Brasiliense, 1981.

KUCINSKI, Bernardo. *Abertura, a história de uma crise*. São Paulo: Editora Brasil Debates, 1982.

KUCINSKI, Bernardo. *Jornalistas e revolucionários: nos tempos da imprensa alternativa*. São Paulo: Scritta Editorial, 1991.

LEMOS, Renato (organizador). *Justiça Fardada – o general Peri Bevilaqua no Superior Tribunal Militar (1965-1969)*. Rio de Janeiro: Bom Texto, 2004.

LÈVI-STRAUSS, Claude. *Antropologia estrutural*. Rio de Janeiro: Tempo Brasileiro, 2003.

MACHADO, Ismael. *Golpe, contragolpes e guerrilhas: o Pará e a ditadura militar*. Belém: IAP (Instituto e Artes do Pará), 2014.

MACHADO, Ismael. *Paulo Fonteles – sem ponto final*. São Paulo: Anita Garibaldi, 2017.

MADRES Y FAMILIARES DE URUGUAYOS DETENIDOS DESAPARECIDOS. *A Todos Ellos*. Informe de Madres y Familiares de Uruguayos Detenidos Desaparecidos. Montevideo, 2004. Disponível em: https://desaparecidos.org.uy/. Acesso em 17/02/2019.

MAGALHÃES, Mário. *Marighella – o guerrilheiro que incendiou o mundo*. São Paulo: Companhia das Letras, 2014.

MAGALHÃES, Marion Brepohl de. *"Documento: manual do*

interrogatório". In: História: Questões & Debates, n. 40, p. 201-240. Curitiba: Editora UFPR, 2004.

MAIA, Iano Flávio; DANTAS, Renata; SAVIGNANO, Verónica. Guerrilheiras do Araguaia – os caminhos de quatro jovens militantes. Campinas: Editora do Autor, 2005.

MARKUN, Paulo; HAMILTON, Duda. 1961: que as armas não falem. São Paulo: SENAC, 2001.

MARTINS FILHO, João Roberto. Segredos de Estado – o governo britânico e a tortura no Brasil (1969-1976). Curitiba: Editora Prismas, 2017.

MECHI, Patrícia Sposito. Protagonistas do Araguaia: representações, trajetórias e práticas de camponeses, militantes e militares na guerrilha. Rio de Janeiro: Arquivo Nacional, 2015.

MÉDICI, Roberto Nogueira. Médici – o depoimento. Rio de Janeiro: Mauad, 1995.

MELLO, Alessandra. "Mãe espera reencontrar filho raptado pelo Exército durante guerrilha do Araguaia". Estado de Minas, 22/9/2013. Disponível em: https://www.em.com.br/app/noticia/nacional/2013/09/22/interna_nacional,452154/mae-espera-reencontrar-filho-raptado-pelo-exercito-durante-guerrilha-do-araguaia.shtml. Acesso em 09/08/2018.

MELLO, Jayme Portella. A revolução e o governo Costa e Silva. Rio de Janeiro: Guavira, 1979.

MIRANDA, Nilmário; TIBÚRCIO, Carlos. Dos filhos deste solo – mortos e desaparecidos durante a ditadura militar: a responsabilidade do Estado. São Paulo: Boitempo, 2008.

MONTENSANTI, Beatriz. "Por que a ditadura argentina roubava crianças de militantes contrários ao regime.

Nexo, 1/7/2016. Disponível em: https://www.nexojornal. com.br/expresso/2016/07/01/Por-que-a-ditadura-argentina-roubava-crian%C3%A7as-de-militantes-contr%C3%A1rios-ao-regime. Acesso em: 23/7/2018.

MORAES, João Quartin de; COSTA, Wilma Peres; OLIVEIRA, Eliézer Rizzo de. *A tutela militar*. São Paulo: Editora Revista dos Tribunais, 1987.

MORAES, Maria Lygia Quartim de. *"Límites de la justicia de transicion e impactos subjetivos del terrorismo de estado em Brasil: testimonios de militantes políticas"*. Santiago: Revista Historia y Justicia, n. 3, p. 12-32, out. 2014.

MORAIS, Taís. *Sem vestígios – revelações de um agente secreto da ditadura militar brasileira*. São Paulo: Geração Editorial, 2008.

MORAIS, Taís; SILVA, Eumano. *Operação Araguaia – os arquivos secretos da guerrilha*. São Paulo: Geração Editorial, 2005. Disponível em: https://www.documentosrevelados.com. br/wp-content/uploads/2015/06/documentos-e-relatorios_ araguaia_parte1.pdf. Acesso em 25/7/2018.

MOURA, Clóvis. *Diário da guerrilha do Araguaia*. São Paulo: Alfa-Ômega, 1979.

NEPOMUCENO, Eric. *A memória de todos nós*. Rio de Janeiro: Record, 2015.

NOSSA, Leonêncio, Documento indica sequestro de bebê por militares em 1972. *O Estado de S. Paulo*, 23/6/2009, p. A8. Disponível em: https://acervo.estadao.com.br/ pagina/#!/20090623-42252-nac-8-pol-a8-not. Acesso em 29 de julho de 2018.

NOSSA, Leonencio. *"Curió abre arquivo e revela que Exército executou 41 no Araguaia"*. *O Estado de S. Paulo*, 20/6/2009.

Disponível em: https://politica.estadao.com.br/noticias/ geral,curio-abre-arquivo-e-revela-que-exercito-executou-41-no-araguaia,390566. Acesso em 10/08/2018.

NOSSA, Leonêncio. *Mata! O major Curió e as guerrilhas do Araguaia.* São Paulo: Companhia das Letras, 2012.

NOSSA, Leonencio. Exército levou 4 bebês de guerrilheiros, diz mateiro. *O Estado de S. Paulo*, 14/7/2009. Disponível em: https://politica.estadao.com.br/noticias/geral,exercito-levou-4-bebes-de-guerrilheiros-diz-mateiro,402291

PADRÓS, Enrique Serra (org.). *A ditadura de segurança nacional no Rio Grande do Sul (1964-1985): História e memória. Repressão e resistência nos "anos de chumbo"*, v. 2, Porto Alegre: Corag, 2009.

PADRÓS, Enrique Serra (org.). *Memória, Verdade e Justiça: as marcas das ditaduras no Cone Sul.* Porto Alegre: Assembleia Legislativa do Rio Grande do Sul, 2011.

PADRÓS, Enrique Serra. *"'Botim de guerra': desaparecidos e apropriação de crianças durante os regimes civil-militares platinos".* In: *Revista História & Cultura*, v. 6, Caxias do Sul, 2007.

PADRÓS, Enrique Serra. *Como el Uruguay no hay-: terror de Estado e segurança nacional Uruguai (1968-1985): do pachecato à ditadura civil-militar.* Tese de Doutorado. Rio Grande do Sul: Universidade Federal do Rio Grande do Sul, Instituto de Filosofia e Ciência Humanas, 2005.

PADRÓS, Enrique Serra. *Guerra contra as crianças: práticas de sequestro, desaparecimento e apropriação de identidade no século XX – "Butim de Guerra" no Cone Sul da Segurança Nacional.* Apresentado no XI Encontro Estadual de História. Universidade Federal do Rio Grande do Sul – Associação

Nacional de História – Seção Rio Grande do Sul: Porto Alegre, 2012.

PADRÓS, Enrique Serra. *Terror de Estado e segurança nacional, Uruguai (1968- 1985): do Pachecato à ditadura civil-militar,* Tomo I. Porto Alegre: Universidade Federal do Rio Grande do Sul, 2005.

PADRÓS, Enrique Serra; NUNES, Carmen Lúcia da Silveira; LOPEZ, Vanessa Albertinence; FERNANDES, Ananda Simões (orgs.). *Memória, verdade e justiça [recurso eletrônico]: as marcas das ditaduras do Cone Sul.* Porto Alegre: Assembleia Legislativa do Rio Grande do Sul, 2011.

PASSARINHO, Jarbas. *Um híbrido fértil.* Rio de Janeiro: Expressão e Cultura, 1997.

PCdoB, e vários autores. *Guerrilha do Araguaia – uma epopeia pela liberdade.* São Paulo: Anita Garibaldi, 2005.

PEREIRA, Airton dos Reis. *Do posseiro ao sem-terra – a luta pela terra no sul e sudeste do Pará.* Recife: Editora UFPE, 2015.

PINHEIRO, Álvaro de Souza. "Guerrilha na Amazônia: uma experiência no passado, o presente e o futuro". In: Edição brasileira da *Military Review*, primeiro trimestre de 1995, p. 58 a 79. Disponível em: http://www.defesanet.com.br/toa/noticia/5193/TOA---GUERRILHA-NA-AMAZONIA--A-Experiencia-dos-Anos-70-Parte-2/. Acesso em 26 de julho de 2018.

PINTO, Julia Kertesz Renault. *O direito à memória e à verdade e os direitos humanos: o caso "Guerrilha do Araguaia",* Coimbra: Instituto Ius Gentium Conimbrigae – Faculdade de Direito da Universidade de Coimbra, 2011.

POMAR, Wladimir. *Araguaia – O partido e a Guerrilha –*

Documentos inéditos. São Paulo: Brasil Debates, 1980.

PORTELA, Fernando. *Guerra de guerrilhas no Brasil, a saga do Araguaia*. São Paulo: Terceiro Nome, 2002.

PORTELA, Fernando. *Guerrilha de guerrilhas no Brasil – informações novas, documentos inéditos e na íntegra*. São Paulo: Global, 1979.

QUADRAT, Samantha Viz. *"O direito à identidade: a restituição de crianças apropriadas nos porões das ditaduras militares do Cone Sul"*. In: *História*, São Paulo, 2003, v. 22, n.2, p.167-181. Disponível em: http://www.redalyc.org/articulo. oa?id=221014790010. Acesso em 17/02/2019.

QUADRAT, Samantha Viz; ROLLEMBERG, Denise (orgs.). *História e memória das ditaduras do século XX*. Volume 1. Rio de Janeiro: Editora FGV, 2015.

QUADRAT, Samantha Viz; ROLLEMBERG, Denise (orgs.). *História e memória das ditaduras do século XX*, Volume 2. Rio de Janeiro: Editora FGV, 2015.

REINA, Eduardo. *Depois da rua Tutoia*. São Paulo: 11 Editora, 2016.

REINOSO, Gilou Royer de García. *"Matar la muerte"*. In: *Revista Psyche*, n. 1, Buenos Aires: Matrice Argentina, 1986.

REIS, Daniel Aarão. *Ditadura militar, esquerdas e sociedade*. São Paulo: Zahar, 2000.

REIS, Daniel Aarão. *Luís Carlos Prestes – um revolucionário entre dois mundos*. São Paulo: Companhia das Letras, 2004.

RELATÓRIO DO EXÉRCITO. *Subversivos que participaram da Guerrilha do Araguaia*. Disponível em: http://www.dhnet. org.br/verdade/rn/combatentes/glenio/participantes_ guerrilha_araguaia.pdf. Acesso em 23/7/2018.

298 EDUARDO REINA

REZENDE, Maria José de. *A ditadura militar no Brasil – repressão e pretensão de legitimidade – 1964-1984*. Londrina: Eduel, 2013.

RIBEIRO, Bruno. *Helenira Resende – e a guerrilha do Araguaia*. São Paulo: Expressão Popular, 2007.

ROCHA, Jan. *Solidariedade não tem fronteiras – a história do grupo Clamor, que acolheu refugiados das ditaduras sul-americanas e denunciou os crimes do Plano Condor*. São Paulo: Outras Expressões, 2018.

RODRIGUES, Vicente Arruda Câmara. *Documentos (in)visíveis – arquivos da ditadura militar e acesso à informação em tempos de justiça de transição no Brasil*. Aracaju: Edise, 2017.

RODRIGUEZ, Sérgio Aldo e BERLINK, Manoel Tosta (orgs.). *Psicanálise de sintomas sociais*. São Paulo: Editora Escuta, 1988.

SÁ, Glênio. *Araguaia – relato de um guerrilheiro*. São Paulo: Anita Garibaldi, 2004.

SÁBATO, Ernesto (org.). *Informe da Comissão Nacional sobre o Desaparecimento de Pessoas na Argentina – 30 mil mortos, 340 campos de concentração: o saldo da repressão militar na Argentina*. Porto Alegre: LP&M, 1984.

SANJURJO, Liliana Lopes. *Sangue, identidade e verdade: memórias sobre o passado ditatorial na Argentina*. Tese de Doutorado. Campinas: Universidade Estadual de Campinas, Instituto de Filosofia e Ciência Humanas, 2013.

SANTANA, Verônica Neuma Ferreira; PONTES, Demóstenes Jesus de Lima; e Barbosa, Jonas da Costa. *Espiritismo no Pará – 100 anos de União Espírita Paraense*. Belém: Editora União Espírita Paraense, 2006.

SCARTEZINI, Antonio Carlos. *Segredos de Médici*. São Paulo:

Marco Zero, 1985.

SCHILLING, Paulo R. *Como se coloca a direita no poder*. São Paulo: Global Editora, 1981.

SILVA FILHO, José Carlos Moreira da (org.). *Justiça de transição no Brasil – violência, justiça e segurança*. Porto Alegre: EdiPUCRS, 2012.

SILVA, Carla Luciana; CALIL, Gilberto Grassi; SILVA, Márcio Antônio Both da (organizadores). *Ditadura, Transição e Democracia: estudos sobre a dominação burguesa no Brasil contemporâneo*. Porto Alegre: FCM Editora, 2016.

SILVA, Hélio, CARNEIRO, Maria Cecília Ribas. *Os governos militares, 1969-1974*. Rio de Janeiro: Editora Três, 1998.

SILVA, Hélio. *O poder militar*. Porto Alegre: L&PM, 1987.

SKIDMORE, Thomas. *Brasil: de Castelo a Tancredo*. São Paulo: Paz e Terra, 1994.

SOARES, Gláucio Ary Dillon; D'ARAUJO, Maria Celina; CASTRO, Celso. *A abertura – a volta aos quartéis*. Rio de Janeiro: Relume Dumará, 1995.

SOUSA, Deusa Maria de. *Lágrimas e lutas: a reconstrução do mundo de familiares de desaparecidos políticos do Araguaia*. Tese de Doutorado. Florianópolis: Universidade Federal de Santa Catarina, Centro de Filosofia e Ciências Humanas, 2011.

SOUZA, Aluísio Madruga de Moura e. *Movimento comunista brasileiro – Guerrilha do Araguaia – revanchismo, a grande verdade*. Brasília: Edição do autor, 2002.

SOUZA, Josias de. "Araguaia, 27 anos. Exército chama sua operação de 'Anjo da Guarda'". *Folha de S. Paulo*, 2/8/2011. Disponível em: https://www1.folha.uol.com.br/fsp/brasil/

fc0208200111.htm. Acesso em 26 de julho de 2018.

SOUZA, Percival. *Autópsia do Medo*. São Paulo: Globo, 2000.

STEPAN, Alfred. *Os militares: da abertura à nova república*. Rio de Janeiro: Paz e Terra, 1986.

STUDART, Hugo. *A lei da selva*. São Paulo: Geração Editorial, 2006.

STUDART, Hugo. *Em algum lugar das selvas amazônicas: as memórias dos guerrilheiros do Araguaia (1966-1974)*. Tese de Doutorado. Brasília: Universidade de Brasília, 2013.

TAFNER Jr., Armando Wilson. Expansão da fronteira agripecuária do oeste paulista para a Amazônia: a trajetória das famílias Omett e da Riva e a colonização do Norte Matogrossense. Dissertação. Núcleo de Altos Estudos Amazônicos, Belém: Universidade Federal do Pará, 2015.

TELES, Janaina (org.). *Mortos e desaparecidos políticos: reparação ou impunidade?* São Paulo: Humanitas/FFLCH/USP, 2001.

TRIBUNA POPULAR. "Mobilizam-se os servidores públicos pela obtenção do abono de Natal". 21/11/1945, p. 1 e 8.

USTRA, Carlos Alberto Brilhante. *Rompendo o silêncio*. Brasília: Editerra Editorial, 1987.

VALENTE, Rubens. *Os fuzis e as flechas – história de sangue e resistência indígena na ditadura*. São Paulo: Companhia das Letras, 2017.

VENTURA, Zuenir. *1968, o ano que não terminou*. Rio de Janeiro: Nova Fronteira, 1988.

VISACRO, Alessandro. *A guerra na era da informação*. São Paulo: Contexto, 2018.

VISACRO, Alessandro. *Guerra irregular – terrorismo, guerrilha e movimentos de resistência ao longo da história*. São Paulo: Contexto, 2009.

VÍDEO

Documentário produzido pelo Ministério Público Federal de Mato Grosso sobre os Marãiwatsédé. Disponível em: https://www.youtube.com/watch?v=r5i3i8n6w-0. Acesso em 14/08/2018.

ENTREVISTAS REALIZADAS PELO AUTOR

Adriano Diogo, Airton dos Reis Pereira, Ana Maria Lima de Oliveira Baia, Antonio Viana da Conceição, Cacique Tiwaku, Cacique Mairá Suruí, Cacique Massu, Claudio Ferreira, Claudio Douglas Cardoso, Controladoria Geral da União (CGU) – Ministério da Defesa, Comunicação Social, Dejocy Vieira da Silva, Diva Santana, Eliana de Castro, Elio Gaspari, Eugênia Augusta Gonzaga, Eumano Silva, Emmanuel Wanbergue, Fernando Portela, Francivaldo Suruí de Freitas, Gilson Dias, Guiomar de Grammont, Hugo Studart, Jone Carlos Ferreira Neves, José Batista Afonso, José de Paula, José Genoino Neto, José Vieira de Almeida, Josias Gonçalves – Guerrilheiro Josias, Juracy Bezerra, Lia Cecília Martins, Liniane Haag Brum, Luzia Canuto, Maria Oneide Costa Lima, Matias Spektor, Mercês de Castro, Ministério da Defesa – Comunicação Social, Ministério do Exército – Comunicação Social, Ministério da Aeronáutica – Comunicação Social, Moises Alves, Myryan Alves, Padre

Bruno Cechi, Paulo Fonteles Filho, Paulo Lucena, Paulo Roberto Ferreira, Pedro Matos do Nascimento – Pedro Marivete, Ricardo Rezende Figueira, Padre Robert de Vallicourt, Patricia Mechi, Sesostry Alves da Costa, Dinorah Gebennini, Rosângela Serra Paraná, Stheffanne Rodrigues, Odilma Paraná, Humberto Barreto, Helder do Couto, Ministério da Aeronáutica, Ministério do Exército, Ministério da Defesa, Mônica Eustáquio Fonseca, Vitor Necchi, Ouvidoria Hospital Geral do Exército Rio de Janeiro, Seção de Comunicação Social do Hospital Central do Exército – Rio de Janeiro, Ouvidoria Policlínica Militar de Niterói, Ouvidoria Hospital Geral Militar de Belém do Pará, Samantha Viz Quadrat. Edilene C. Lima, Guilherme Fernandes Ferreira Tavares, Luciana Akeme Sawassaki Manzano Deluci, Padre Bartolomeo Giaccaria, Rubens Valente, Assessoria Comunicação Instituto Socioambiental, Assessoria Comunicação Operação Amazônia Nativa (Opan), Carlos Magno Cysneiros Sampaio, Iracema de Carvalho Araujo, Manoel Moraes.

Alameda nas redes sociais:

Site: www.alamedaeditorial.com.br
Facebook.com/alamedaeditorial/
Twitter.com/editoraalameda
Instagram.com/editora_alameda/

Esta obra foi impressa em São Paulo
em 2019, primeiro ano de governo do
presidente Jair Bolsonaro, apologista
da ditadura militar brasileira.

No texto foi utilizada a fonte Minion
Pro em corpo 10,7 e entrelinha de 15,7
pontos.